헤르메스 콤플렉스

헤르메스 콤플렉스

번역에 대한 철학적 관점들

샤를 르 블랑

손주경 옮김

KOREA
UNIVERSITY
PRESS
고려대학교
출판문화원

한국어판 저자 서문[1]

《헤르메스 콤플렉스》는 다음의 두 문제를 검토하려는 책이다.

첫 번째는 번역에 관한 이론들의 토대를 세우는 것이 이성적으로 가능한지를 알아보는 것이다. 이런 이론들이 만약 방법론적인 고찰을 벗어날 때, 과연 이러저러한 과학성을 지니고 있다고 주장할 수 있는 것인가? 두 번째 문제는 우리가 번역에 대해, 아니 좀더 폭을 넓혀서, 우리가 인문학이라는 것에 대해 말할 때, 하나의 체계 자체가 가능한 것인지에 대해서 의문을 던진다. 마치 이야기나 콩트가 이해되기 위해서는 일관성을 지녀야 하는 것과 유사한 그런 내적 일관성의 요구는 차치한다 하더라도, 이런 체계들이 어떤 객관적 현실과 진정 일치해야만 하는 것인가?

---

1 [옮긴이 주] 옮긴이는 저자에게 소제목이 부재한 단락 구분이 논지를 명확하게 이해하는 데 도움이 되지 않는다는 여러 독자의 견해를 전달하면서, 과연 각 단락에 소제목을 다는 것이 이 책을 저술할 때의 저자의 관점에 부합하는 것인지를 물었다. 그리고 나아가 저자가 이 책에 에세이로서의 가치를 부여하길 원한다면 굳이 각 단락에 소제목을 추가하여 단락마다 형식과 논리전개 차원의 경계를 굳이 세울 필요는 없을 것이라는 의견을 밝힌 바 있다. 번역 자체가 어떤 확고한 요지부동의 원칙에 의해 수행되는 것도 아니라는 입장을 지닌 저자 역시 소제목을 추가하는 것이 불필요하다는 의견을 전해왔다. 그렇지만 한국어 독자의 이해를 돕기 위해 한국어판 서문에 이 책의 전체 구성에 관한 간략한 소개를 포함시키겠다는 의견을 덧붙였다.

나는 이 에세이를 연속적인 장chapitre보다는 단락(§)paragraphe으로 구분하기로 결정했는데, 여기에는 두 가지 이유가 있다. 우선, 저자의 생각이 연속되는 흐름을 따르는 경우가 드물기 때문이며, 그 생각도 매 순간 흔들림이나 갑작스런 도약 그리고 직관에 의해 만들어진 것처럼 여겨지기 때문이다. 장으로 연결되었을 때 줄 수 있을 일관된 체계의 인상을 단락을 이어가며 표현하길 원했다. 게다가 저자는 이 책을 계몽주의에서 탄생한 철학의 전통 한복판에 새겨놓길 바랐으며, 여전히 희망하고 있다. 크리스티안 볼프에서 칸트, 셸링에서 헤겔, 니체에서 하이데거에 이르기까지 이들 모두가 이런 구분방식을 이용하였다.

게다가 이것은 "에세이essai"이다. 즉 저자는 다루어진 주제를 "가늠해보려고mesurer"(에세이라는 어휘는 라틴어 "exagium"에서 유래) 했을 뿐, 해당 문제를 "객관적으로" 풀어보길 원치 않았다. 따라서 대학에서의 학술연구 전통이 요구하는 것과는 달리, 프랑스어판에 서문을 싣지 않았고, 지명이나 고유명사 색인도 달지 않았으며, 심지어는 참고문헌도 덧붙이지 않았다. 이 책은 인문학의 에피스테몰로지를 독자들이 곰곰이 생각하게 만든다는 것 이외의 다른 목적을 지니지 않은, 일종의 철학의 모양새를 띤 사족들일 뿐이다. 번역은 스콜라철학의 공식에 따르자면 언술내용의 진실성, 체계들에 대한 실질적이고 객관적인 개념가치, 우리의 생각과 사물과의 일치성adequation rei et intellectus 등과 같은 일종의 우리 모두를 넘어서는 어떤 영역에 관한 좀더 넓은 성찰을 위한 변명과 같다.

따라서 모든 에세이와 마찬가지로, 이 책의 첫 번째 소재는 책 자체이다. 이것을 이해하기 위해서는 약간의 이성적인 수고와 좋은 도서관이 필요하다. 한 권의 책을 읽는다는 것은 단지 페이지를 넘기는 일이 아니다. 그것은 무엇보다도 그 책이 참조하고 의지하고 있는 여러 책들의 페이지를 넘기는 일이다. 그것은 또한 독자가 저자의 책에 무언가가 결여되어 있다고 생각하고 자신의 한 문장을 덧붙임으로써 혹은 저자와 논의하기를 바라며 페이지 하단에 각주를 달아가는 가운데 자기 것이 되어버린 책들의 페이지를 넘기는 것이기도 하다. 따라서 하나의 에세이는 연구의 대상이 아니라 저자의 개성과 독자의 개성을 테스트해본다. 저자와 독자는 종이로 만들어진 배에 올라타서 바다를 여행하기 위해 서로 한 팀을 이룬다. 모든 책은 무엇보다도 자기 자신을 종착지로 삼은 여행인 것이다.

***

단락 §40에서 독자는 이 책의 첫 번째 질문에 대한 답을 찾을 수 있다. 사실에 기초하기 이전의 모든 이론, 그리고 번역이란 사실이 아니라 의미의 가정들에 오히려 기반을 두기 때문에, 번역이론에는 합리적인 토대가 있다고 할 수는 없다. 이런 이유로 인해 번역이론은 그 어떤 객관적 의미도 지니지 않은 가정에 기초해서 세워질 수밖에 없다. 이 책의 끝에 저자는 "혀를 놀리지 말라Favette linguis"라는, 라틴어를 있는 그대로 옮기면 "잠자코 있으라!"라는 제목을 지닌 하나의 권고를 덧붙였다. 세 가지 사례(탈레스 드 밀레, 골드바흐 그리고 보르헤스)의 도움을 얻어, 저자는 온갖 종류의 사실명제들 모두가 열려있는 모든 체계 안에서는 완벽한 체계화의 대상을 만들어낼 수 없다는 것을 보여주고자 했다(이 모두는 "공리화될 수 없는 것이다"). 그런데 번역이론은, 폐쇄적이어야 한다는 필요성 때문에, 한 텍스트에 관한 사실인 명제들 모두를 담아두려 하지만 그럴 수 없을 것이며, 거기에서 저자는 번역에 관한 하나의 이론이란 존재할 수 없다는 결론을 내리게 되었다. 텍스트들에 관한 그리고 언어의 전이에 관한 다양한 층위의 진실임 직한 가정들만이 있을 뿐이다.

그렇다면 이제 헤르메스라는 비유를 살펴보자. 이 비유는 본질적으로 하나의 토대를 세우려는 이런 노력을 드러내는 데 사용되지만, 그런 목적은 결코 달성되지 않는다. 헤르메스는 이론의 신이 아니다. 이론의 신은 사실 아폴론이며, 또한 그가 "창조"를 주재한다. 여기에 우리가 밝혀야만 하는 하나의 지표가 생긴다. 만약 헤르메스가 단순한 메시지 전달자라는 소외된 상황에서 벗어나고자 원한다면, 그는 창조적인 활동을 통해서만, 그리고 자신의 현재 상황, 즉 자신을 거부함으로써만 그럴 수 있다. 그러나 아폴론에게 리라를 넘겨주며 창조자로서의 재능을 선물한 헤르메스는 말의 정확한 의미에서 보면 창조적인 활동을 할 수 없다. 게다가 이 책의 서두에 놓인 헤르메스에 대한 찬가는 그리스 신화를 구성하는 핵심적인 측면을 지적한다. 자기 목소리로 말을 하려는 욕망의 포로이며, 그렇게 할 수도 없는 헤르메스는 그리하여 콤플렉스("헤르메스 콤플렉스")를 갖게 만드는 긴장된 실존 상황 안에서 살아간다.

헤르메스 콤플렉스는 다양한 방식들로 설명된다. 그러나 이것들 가운데에서 무엇보다도 이해할 수 없음의 전략이 단락 §1-8에서 다소간 노골적인 논쟁적 성격을 띤 방식으로 소개되었다. 저자는 여기에서 번역이론이 사용하는 언어의 난해성을 문제 삼았다. 이 난해성은 헤르메스의 은밀한 행동을 증명하며, 그것을 저자는 "이해할 수 없음의 전략"으로 명명하였다.

포스트모던한 사고가 문제가 되는데, 이것은 지난 1950년 이래로 이성을 통한 앎과는 어울릴 수 없는 지식의 분열화와 분권화를 부추겼을 뿐이다. 이런 생각을 지지할 목적으로 저자는 우선 오르테가 이 가세트의 번역이론을 검토하였는데(§10-11), 번역을 생각하고, 그 이론들을 읽을 때에는 어떤 일관된 요소가 있는지를 반드시 살펴보아야 한다는 것을 여기에서 암시했다(§14). 저서의 말미에서 이런 암시는 다시 되풀이될 것이다.

헤르메스는 자신만이 그 비밀을 알고 있는 여러 함정들을 파놓고 우리를 속이며, 그 함정들이 한때 그에게 아폴론의 암소떼들을 훔치게 허락하기도 했다. 이런 함정들의 하나가 난해성의 도취(§20)이다. 헤르메스는 우리를 현실과는 전혀 연관이 없는 말들로 취하게 만들었으며, 여기에서 저자는 다음과 같은 결과들을 추측할 수 있었다. 사실 실재라는 것은 정치[2]에서 그런 것처럼 철학의 영역 안에서 보자면 가장 고약하게 머리를 띵하게 만드는 요소이다… 앙투안 베르만이 전개한 '낯섦' 이론이 여러 많은 것들 가운데에서 이런 난해성의 도취에 관한 가장 좋은 실례가 된다. 레비나스 철학에 관한 베르만의 독서가 이 책에서 철학의 "주제화"라고 이름 붙여진 바로 그것을 만들어낸다. 이 주제화는 자기가 읽은 저자들의 생각들에서 우리에게 적합한 요소들을 뽑아내지만, 이 요소들이 체계적인 측면에서 정당화될 수 있는지 여부를 따지지 않는 그런 경향을 가리킨다(§22-37). 그리하여 단락 §38은 번역에서의 중요한 난제가 무엇인지를 드러낸다. 사실 번역은 텍스트에 내재된 한 문제, 즉

2 [옮긴이 주] 정치인들이 말하는 '실재'가 실재와는 아무런 상관이 없고, 혹은 의도적으로 왜곡된 정치적 목적의 '실재'임을 우리는 경험으로 잘 알고 있다.

"심리명제"와 "언어명제" 사이에 존재하는 경계를 바라보게 만든다. 번역은 한 언어에서 다른 언어로 언어명제가 이전할 때 그 안에 내재된 어려움을 드러낸다. 심지어는 심리명제를 언어명제로 표현할 가능성이 없다는 것은 말할 것도 없다. 바로 이 지점에 번역에 관한 모든 사상들에 어쩔 수 없이 깃들어있는 이중성, 즉 "정신과 글자의 대립"이라는 양립성이 자리를 꿰차고 들어선다. 모든 언어명제는 심리명제에 토대를 두어야 한다는 생각은 결국 거짓 전제이다. 바로 이것이 적어도 이 책의 저자가 주장하는 내용이다.

또 다른 난해성의 도취는 발터 벤야민의 생각에서 만나게 된다. 번역가의 의무에 관한 그의 유명하고도 마술 같은 글은 수많은 번역이론 전개에 기괴한 미신으로 사용되었다. 이 도취는 단락 §50-52에서 검토되었다. 우리는 이런 이론들이 진정 번역을 관심의 중심에 놓고 있는지, 아니면 여전히 또 다른 주제화의 사례가 되고 있는지를 자문해볼 수 있으며, 저자 역시 이것을 공개적인 의문으로 삼는다. 번역에 관한 이런 이론들의 독특한 성격을 드러내기 위해 저자는 "아담의 언어"라는 개념에 근거해 고찰하면서 바벨 신화의 "언어의 혼돈"을 출발점으로 삼아 하나의 모델을 고안해냈는데, 그것은 벤야민의 "순수언어"에 대립한다(§63-65).

단락 §66에서 §78까지는 번역에 관한 성찰의 역사를 짧게 고찰한다. 우선은 독일 전기낭만주의로 시작했다. 전기낭만주의와 더불어 번역을 가리면서 비평 개념을 돋보이게 만드는 형세를 목도하게 된다는 점을 지적하고자 했다. 이것은 언어행위를 예술로 고려하는 그들의 사상에 기반을 둔다. 번역과 비평의 이런 구분 때문에 수사학이 언어시학의 표현이라고 소개하지 않을 수 없었다. 호라티우스 이후에, 번역에 자리하는 충실성의 의지는 언어를 통한 표현기능과 생각의 소통을 강조하기 위해 수사학을 묘사와 논증표현의 기능으로 국한하여 제거하려는 어떤 욕망을 대변하는 것인지도 모르겠다. 여기에서 우리는 아폴론에 맞서 자신을 알리려는 헤르메스의 시도를 보게 된다(§83). 계몽주의자들에게서 부각되는 이런 경향은(§84) 빌헬름 폰 훔볼트의 아이스킬로스 《아가멤논》의 번역 서문에서 볼 수 있다시피 수사학을 완전히 팽개쳤다는 것을 의미한다. 언어의 정신을 표현하는 것은 언어가 아니라 작가의 언어 사용이라는 것을 훔볼트가 인정하지 않았기에(§88), 우리는 다시 한 번 아폴론 앞에서 자신을 드러내려는 헤르메스가 취한 한 방식을 만날 수 있다. 더불어 언제나 아폴론을 헤르메스가 극복하려 한다는 것은 번역시학에 관한 성찰을 자기에게서 떼어내는 것처럼 보이기도 한다(§89-92). 이에 관해서는 이탈리아 철학자 베네데토 크로체가 한 사례가 된다. 그러나 언어사용을 검토해 보면, 우리는 이 언어사용이 실제로는 그러하지 않다는 것, 오히려 그것은 아이러니와 대화, 프레시오지테 혹은 잠언의 경우에서 그러하듯이, 수없이 많은 수사학의 사용을 초래한다는 것을 인정해야만 한다(§100-115). 그리하여 이 책의 앞부분에 키르케고르를 인용한 이유가 설명된다. 그에게 소통 "방식"의 문제는 "무엇"을 소통하느냐만큼이나 의미심장한 것이었기 때문이다. 거기에서 아폴론은 어찌되었든 언어의 신이라는 명예를 회복하기에 이른다. 텍스트의 수사적 구조가 있다면, 헤르메스는 승리를 얻을 수 없을 것이며, 나아가 우리는 이 신이 패배에 이르게 된다는 것을 보게 된다(§117-118). 맨 앞자리를 차지하기 위해 수없이 자리를 박차고 솟아오르는 것, 속임수를 쓴다는 것, 그리고 거짓말을 해댄다는 것은 여하튼 간에 헤르메스 콤플렉스를 드러낼 뿐이다.

자, 그렇다면 번역에 대해서는 진정 아무런 말도 할 수 없단 말인가? 헤르메스의 셀 수 없는 농간에 놀아나야만 한단 말인가? 서양에서의 번역의 역사를 한번 살펴보면, 성 히에로니무스의 《성 파마키우스에게 보내는 편지Lettre à Pammaque》와 레오나르도 브루니Léonardo Bruni라는 이름의 이탈리아 인문주의자 사이의 천 년 동안 번역에 대한 이론이 침묵하고 있음을 발견하게 된다(§119-125). 어째서 천 년 동안 이론은 침묵했단 말인가? 어째서 브루니를 기점으로 번역에 대한 이론이 다시 살아났단 말인가? 이것은 독서라는, 번역의 가장 기본적인 행위에 대한 서로 다른, 그리고 거듭나는 개념 때문이라고 설명될 수 있다. 중세의 독서와는 결코 같지 않은 양상을 띠게 된 르네상스 초기의 독서에 의해 이론으로의 회귀가 가능해졌고, 15세기에 번역작업이 다시 시작되었기 때문이다. 이런 역사적인 고찰은 매우 중요하다. 번역이 무엇인가를 이해하기 위해서라면, 독서라는 이런 기본적인 활동이 무엇인지를 무엇보다도 먼저 이해하는 것이 중요하다는 것을 생각하게 만들기 때문이다. 한마디로 정리한다면, 번역이론은 독서이론이라는, 이제야 비로소 주목을 끌게 된 이론에 기반을 두어야 하기 때문이다.

⁂

한국의 마고 신화는 하나의 샘에서 흘러나와, 흘러가면서 모든 인간들을 행복하게 만든 지유地乳/Lait de la terre를 언급한다.[3] 저자는 책이란 것이 이런 샘물이며, 모든 번역된 작품은 인간의 목을 축여 행복하게 만드는 하나의 시도이길 원한다고 생각한다. 왜냐하면 공간적 거리와 여러 언어들에도 불구하고 누군가를 먹여 살리는 행위에는 분명 행복이란 것이 있기 때문이다. 따라서 저자가 저자의 번역에 대해서 그러하듯이 번역가들에게 감사를 표해야만 한다. 독자여, 만약 그대가 이 책이 난해하다고 생각한다면, 그대의 유일한 행복을 위해 수많은 고통을 짊어졌던 자보다는 엉겨버린 내 젖을 비난해야만 할 것이다.

2016년 2월 22일, 오타와에서

샤를 르 블랑

---

3 [옮긴이 주] 마고 신화에 따르면 네 개의 하늘을 각기 지배하던 청궁青穹, 황궁黃穹, 흑소黑巢, 백소白巢가 결합하여 낳은 열두 명의 자식들이 한반도 인간의 선조를 이루었다. 불멸하는 이들은 땅젖, 즉 지유를 마셨으며, 만 년 동안 평온을 이루며 살았다.

차례

Le complexe d'Hermès

일러두기

1. 원문의 이탤릭체는 굵은 명조체로 표기하였다.
2. 원문의 대문자 표기는 작은따옴표로 묶어 표기하였다.
2. 저자의 주는 [원주]로, 옮긴이의 주는 [옮긴이 주]로 표기하였다.
3. 본문의 주요 어휘나 문장에 필요한 경우 원문을 병기하였다.
4. 인용 저서들 가운데 이미 한국어로 번역된 작품이 있을 경우 필요에 따라 괄호 안에 소개하였다.

"내가 보기에
당나귀âne를 네덜란드어로 번역하면
말cheval이 되는 것 같다."*
리히텐슈타인, 《잡문집Sudelbücher》, H 166.

"현대문명은—그리고 나는 이것을
현대문명의 주된 결함으로 간주하는데—
개인의 독창성을 폐기처분하고,
모든 것을 객관성 쪽으로 이끌고 간다.
그런 까닭에 '소통하다'가 의미하는 바를
알기 위해 시간을 쓰기보다는,
오히려 소통되는 **대상**objet에
허겁지겁 달려든다."
쇠렌 키르케고르, 《일기Pap》, VIII^2 B78-79.

---

* [옮긴이 주] 영어의 '당나귀'라는 어휘의 어감은 네덜란드인에게는 자기네 언어의 '말'에 담긴 어감을 상기시킨다. 그래서 '당나귀'라는 영어 어휘를 듣는 네덜란드인들이 먼저 떠올리는 단어는 '말'이다. 당나귀가 말로 여겨지는 우스꽝스러운 상황이 벌어지는 것이다. 한국어의 '말(mal)'을 프랑스어로 음차하면 '악'을 의미하는 형국과 같다. 이 제사는 번역이 진정 고려해야 할 것이 무엇인지를 암시하기 위해 사용되었다. 동시에 사제 역할을 기꺼이 수행하는 수많은 번역이론가들이 전해주는 신비들이 지극히 모호하여 이제는 이해하기 어렵게 된 현상을 비판하기 위해 사용되기도 했다.

헤르메스 찬가[1]

뮤즈여, 찬양하라, 양떼들로 넘쳐나는 아르카디아 키레네의 국왕이며, 당당하고 어여쁜 마이아가 제우스와 사랑으로 맺어 낳은, 신들의 자애로운 전령사 헤르메스를.

마이아는 유복한 신들로부터 멀리 떨어져 그늘진 동굴에 살고 있었다. 헤라의 위엄 가득한 얼굴을 잠이 달랠 때, 신들과 인간들의 눈이 꿈으로 넘쳐날 때, 어둠을 공범으로 삼은 제우스는 이 젊은 님프와 잠자리를 같이했다. 플레이아드의 가장 아름다운 여인은 말 잘하면서도 음험한, 솜씨 좋은 도둑이며 꿈들의 주인이고, 닫힌 문들의 수호자이며, 흑단 같은 밤을 뜬 눈으로 지키는 자, 헤르메스를 낳았다. 어미의 가슴에서 나온 헤르메스가 성스러운 강보에 오랫동안 싸여있었던 것은 아니다.

아침에 태어난 그는 반나절이 되자 벌써 말을 하기 시작했다. 저녁이 되자 어두운 동굴의 문턱을 넘어 그는 모험을 찾아 뛰어나갔다. 들판에 핀 꽃들 사이로 몸을 끌고 가는 걸음 느린 거북이를 본 아이는 그것을 잡아 청동 칼로 껍질을 벗겨내어 소가죽으로 껍데기를 두르고 창자 일곱 개를 길게 늘여, 그렇게 빵을 주식으로 삼는 인간들의 마음을 사로잡을 리라를 만들어 냈다. 작품이 완성되자 헤르메스는 즉흥적으로 시를 지어 리라

---

1 [원주] 호메로스의 〈헤르메스 찬가〉를 각색. 호메로스 텍스트로는 〈호메로스의 찬가Hymnes homériques〉, in 헤시오도스, 《신통기Théogonie et autres poèmes》, texte présenté, traduits et annotés par Jean-Louis Backès, Paris, Gallimard, coll. Folio/Classique, 2001, pp. 242-276 참조.

를 연주했다. 즐기고 싶으면 술에 취하는 젊은이들처럼 아버지 제우스와 아름다운 어머니 마이아가 나눈 사랑의 대화를 음악으로 옮겨놓았다. 자신의 고매한 출생을 찬양했고, 풀로 무성한 님프의 목초지와 그 풍요로운 처소를, 동굴 속에 있던 마음을 달래주던 삼각의자와 그릇들을 노래하였다. 오, 비범한 아들이여, 네 목소리가 네 것이었고, 네 말들이 여전히 네 것이었을 때, 너는 멈춰야만 했다. 그러나 **자만심**은, 어리석은 과도한 야망은 인간들처럼 불사의 신들에게도 위협이 되었으니!

은은하고도 사악한 고기 굽는 냄새가 마음을 뒤흔들어놓았을 때, 그는 여전히 동굴에서 강보에 싸여있었다. 신에게 봉헌될 운명을 띤 짐승, 아폴론의 암송아지떼가 풀을 뜯고 있던 그 늘진 피에리아 비탈에 냄새가 퍼져나갔다. 헤르메스는 신들에게만 허용된 희생물의 살맛을 보고 싶어졌다. 그는 리라를 내려놓고, 수많은 근심으로 흔들리는 인간의 머릿속을 뚫고 지나가는 생각만큼이나 재빠르게 비탈로 달려갔다. 대개 온갖 도둑들이 그러한 것처럼, 그의 영혼 안에는 음험한 계획이 떠올랐다. 마이아의 아들은 울어대는 오십 마리의 송아지들을 훔쳐냈다. 그리고는 흔적을 없애기 위해 모래 깔린 좁은 길들로 이리저리 끌고 다녔다. 다른 교묘한 계책도 꾸며냈다. 소떼들을 뒤로 걷게도 했다. 그리고 바닷가에서 신발을 풀고는 도금양과 능수버들 가지를 그러모아 놀랍고도 이해할 수 없는 신비한 수완을 발휘해 그것들을 엮어냈다. 숲속의 푸른 잔가지들로 피에리아 산비탈에서 묻어나온 잎들이 아직도 붙어있는 가벼운 신발싸개를 만들었다. 이때부터 그는 자기 메시지를 전달하길 바랄 때마다 이 술책을 기억해냈다. **보이지 않음**이 그의 두 번째 본성이 될 것이다.

이 재간이 뛰어난 제우스의 아들은 아폴론에게서 훔쳐낸 눈이 선하고 이마가 얌전한 송아지들을 알페이오스의 강변으로 끌고 갔다. 아침이 되자 불구덩이에서 튀어 오르는 불씨만큼이나 민첩하게 키레네 꼭대기로 올라갔다. 신들도 인간들도 그 누구도 그를 알아차리지 못했다. 심지어 개 한 마리마저 짖지 못했다. 오직 어머니 마이아만이 그를 알아보고 이렇게 말했다. "교활하고도 무모함으로 가득 찬 아들아, 어찌하여 밤의 어둠을 깨뜨려 송아지떼를 훔치고, 라토나의 저 힘센 아들이 네 사지를 무겁게 묶어버리고, 너에게 온갖 비난을 쏟아붓도록 위험을 자초하느냐?" 헤르메스는 어미의 투덜거림에 술수로 가득한 이런 말로 답하였다. "별거 아닌 도둑질을 하고, 아직도 엄마 목소리에 벌벌 떠는 이 연약한 아이가 어찌 두려울까요? 어째서 제가 이 불멸의 신들 사이에서 선물도 희생물도 얻지 못하고 혼자 남아있어야 한단 말인가요? 저 제단의 명예를 받을 자격이 제겐 없는 건가요? 나를 위해 그 누구도 희생의 소들을 불태우지 않을 거란 말인가요? 불멸의 신들처럼 부와 보물을 누리는 것이 이 어두운 동굴 안에서 한가롭게 여위어가는 것보다 더 나은 것 아닌가요? 저는 아폴론과 똑같은 명예를 누리고 싶어요. 아버지가 제게 그걸 거부했으니, **그 명예를 얻기 위해 온갖 짓을 할 거예요.**"

이것이 방패를 소유한 제우스 아들의 말이었다. 불길한 말이었다. 하늘은 법도를 넘어선 자를 언제나 저버리기 때문이다. 하늘을 향해 너무 자라버린 나무가 벼락을 세게 맞기 쉽듯이, 불멸의 신들 사이에 당당히 자리 잡으려는 어리석은 계획을 지닌 헤르메스는 그렇게 피해갈 수 없는 화살을 지닌 아폴론과 불화에 들어서게 되었다. 그런데 신들은 파멸시키려는 자의 기도는 들어주었다. 헤르메스가 그리하였다. 그는 불멸의 신이 되었건만, **자기 자유**를 상실하고 말았다.

암 송아지들을 도둑맞아 분노한 아폴론은 도둑을 찾으러 세상을 돌아다니다 마침내 키레네에 이르게 되었다. 헤르메스는 그를 알아보자마자 향내 은은한 강보 속으로 들어가 쌓아놓은 잿더미 속의 깜부기불처럼 몸을 숨겼다.

그러자 "요람 안에 머무는 아이여, 내 송아지들이 어데 있는지 말하라. 그렇지 않으면 우리 사이에는 죽음의 논쟁이 일어날 것이다. 나는 너를 붙잡아 눈도 없는 저 무시무시한 그림자들로 넘쳐나는 타르타르의 어둠 속에 처넣을 것이다. 훌륭한 네 아비도 네 어미도 너를 빛 속으로 데려오지 못할 것이며, 너는 단지 몇 안 되는 인간들만 지배하며 땅 밑에 묻혀 살게 될 것이다"라고 황금 활을 든 아폴론이 말했다.

헤르메스는 자기가 그런 도둑질을 한 장본인이 아니라고 맹세하며, 라토나의 아들에게 저 높은 곳에서 천둥을 내리치는 제우스에게 이런 분쟁을 맡길 것을 제안했다.

제안을 하는 그의 눈은 빛나는 광채로 번득였다. 그는 눈썹을 치켜세우고 아이러니의 불꽃이 내비치는 시선으로 주변을 뻔뻔하게 둘러보았다.

헤르메스와 라토나의 명석한 아들 사이에 이렇게 대화가 오갔지만, 그들의 상반된 감정은 부글부글 끓고 있었다. 아폴론은 진지한 마음으로 말을 걸었고, 영매한 헤르메스를 암송아지 떼의 도둑으로 간주하였다. 반면 키레네의 어린 왕 헤르메스는 교활함과 간교함으로 가득 찬 말로 포이보스 아폴론을 속이려 들었다. 하지만 그의 교활함이 아무리 능란했을지라도, **헤르메스는 바로 이 순간에 자신의 주인이 될 수 있을 적수를 만난 것**

이었다.

헤르메스를 강보에서 잡아챈 아폴론은 그를 올림포스 정상으로 데려갔다. 그곳에는 신들만이 사용할 수 있는 정의의 저울이 보관되어있었다. 그들이 도착하자, 하늘에는 조화롭고 감미로운 음악이 울려 퍼졌고, 불멸의 신들은 올림포스 회당에 모여 자리를 잡았다. 헤르메스와 아폴론은 제우스를 알현했다. 벼락을 내리치는 신이 다음과 같은 말을 포이보스에게 건넸다. "이 멋진 희생물, 시동으로 삼을 만한 이 애송이와 함께 온 까닭이 무엇이냐? 분명 중요한 일이 너를 신들의 재판정으로 데려온 것이렸다?"

아폴론이 대답했다. "저녁 무렵의 어스름을 틈타, 이 아이가 들판에 있던 제 암송아지들을 훔쳐 바다를 건너 필로스까지 몰고 갔습니다. 얼마나 교활한지 손이나 발을 대지 않고 모래땅을 가로질렀고, 교활한 생각에 힘입어 흔적이 남지 않는 길들을 뚫고 지나갔습니다. 이 애송이가 불멸의 신들에게만 속하는 몫을 나눠 갖길 주장하는 것 아니겠습니까? 그가 훔친 것을 되돌리게 하소서."

번득이는 아폴론은 이렇게 말하고 자리에 앉았다.

그러자 헤르메스는 모든 신들의 주인인 제우스에게 이런 말을 하였다. "전능하신 신이시여, 제 마음은 진실합니다. 저는 거짓을 말할 줄 모릅니다. 바로 오늘 해가 떠올랐을 때, 아폴론이 다리가 견실한 자기 송아지들을 찾으러 제 집으로 왔습니다. 그는 어떤 신도 증인으로 동반하지 않았습니다. 제게 어떤 증거도 제시하지 않았습니다. 그런데도 그는 송아지떼가 있는 곳을 대라고 윽박질렀습니다. 그는 나를 저 광활한 타르타르에 처박아버리겠다고 위협했습니다. 그는 한창 건장할 나이에 자기 힘을 남용한 것이며, 어제 태어난 제가 송아지떼를 훔칠 힘센 사내를 닮을 수 없다는 것도 잘 알고 있습니다."

제우스는 확신에 가득차서 송아지들을 훔치지 않았다고 강변하는 자기 아들의 능란함을 보고서 미소를 짓고는 떵떵거리는 목소리로 물었다. "어째서 너는 아폴론의 송아지들을 훔쳤느냐? 솔직하게 말하라. 그렇지 않으면 내가 흉포한 네메시스를 너에게 보낼 것을 두려워하라."

그러자 헤르메스가 답하였다. "신성불가침한 법령을 내리시는 크로노스의 아들이신 제우스여, 제가 어찌 불멸의 신들 사이에 오직 혼자서만 선물도 희생물도 받지 못하고 있어야만 한단 말입니까? 저에게는 제단의 명예에 관한 권리가 없단 말입니까? 그 누구도 저를 위해 추호도 공물을 희생하지 않을 것이란 말입니까? 이 어두운 동굴 안에서 한가롭게 여위어가는 것보다 불멸의 신들처럼 부와 보물을 누리는 것이 더 낫지 않겠습니까? 저는 아폴론과 똑같은 영광을 누리고 싶고, 그 영광을 위해 모든 것을 하렵니다. 당신께선 그것을 허락하지 않으셨으니까요." 이렇게 말하자, 제우스는 황소의 눈길로 이 아이를 경멸하듯 훑어보았다. 대지를 뒤흔드는 자, 포세이돈이 말을 받았다. "제우스, 나 그리고 죽은 자들을 지배하는 셋째 하데스, 우리는 크로노스와 레아에게서 태어난 삼 형제이다. 신성의 명령과 정의에 따라서 우리는 공평하게 자기 몫을 얻도록 세상을 나눠 가졌다." 그가 이렇게 말하자 신들과 영속할 수 없는 인간들의 아버지인 제우스는 "**이 나눔을 어기는 자**, 운명의 신이 준 것보다 더 많은 것을 원하는 자는 불행에 빠질 것이다. 너는 불멸의 신이 되길 원하느냐? 그럼 그렇게 될 것이다. **허나 너는 짐 또한 지게 될 것이다**"라고 말했다. 그는 헤르메스에게 신성한 아폴론의 안내자가 되어 섬기고, 그에게 그 어떤 계략도 피우지 말고 다부진 암 송아지들이 갇혀있는 곳을 말하라고 명을 내렸다. 크로노스의 아들이 머리를 끄덕이자 잘 생긴 헤르메스는 서둘러 명을 받았다. 방패를 지닌 신의 뜻에 그는 선뜻 동의했기 때문이다.

제우스의 두 아들은 서둘렀다. 그들은 재빨리 모래 덮인 필로스와 알페이오스 강변에 도달했다. 헤르메스는 칠흑 같은 동굴로 들어가 다부진 암 송아지들을 빛으로 데리고 나왔다. 아폴론은 복수를 즉시라도 해야 할 것 같은 설명할 수 없는 분노가 가슴에 차오르는 것을 느꼈다. 라토나의 아들이 속으로 수많은 험한 생각을 하고 있을 때, 헤르메스는 왼손으로 리라를 잡고 현을 맞추었다. 그의 손가락 사이에서 악기 소리가 울려 퍼졌다. 명석한 아폴론은 기쁨에 미소 지었고, 기막힌 소리가 그의 영혼을 뚫고 들어와 형언할 수 없는 감동으로 마음을 가득 채웠다. 그는 헤르메스에게 이렇게 말을 걸었다. "아주 교묘하게 암 송아지들을 훔친 똑똑하고도 민활한 정신이여, 소 오십 마리도 네 노래에 견줄 수는 없겠구나. 이제 우리 사이에는 평화로운 논쟁만이 있을 뿐이다. 헌데 말해보라, 제우스와 마이아의 아들이여, 그 재주를 어디서 얻었느냐? 대체 어떤 뮤즈가 이렇게 어두운 근심들을 가시게 할 수 있단 말이냐? 이 조화로운 음악은 무엇이란 말이냐? 온갖 관능과 쾌락, 사랑과 감미로운 잠의 욕망이 그 안에 모두 모여있는 것 같다. 나 자신은 올림포스 뮤즈들과 매우 친하건만, 식사 중에 젊은이들이 반복하는 후렴에 귀를 기울이면서도 이런 기쁨은 한 번도 맛보지 못하였다. 제우스의 아들인 나는 진지하게 네게 말하겠다. 이 산수유로 만든 투창을 걸고 말하노니, 나는 불멸하는 신들의 재판정에 기쁘고 당당하게 너를 다시 데려가겠다. 너에게 멋진 선물을 할 것이다. 결코 나는 너를 속이지 않을 것이다."

그러자 헤르메스는 그에게 고분고분한 말투로 대답하였다. "고매하신 아폴론이여, 내게 물으시니 당신께 내 재주의 비밀들을 가르쳐드리지 않을 수가 없군요. 나는 오늘 당신께 그것을 알려드리고 싶습니다. 당신이 내 생각과 내 말에 호의를 갖기를 바랍니다. 제우스의 아들이여, 그대는 강하고 힘이 세며, 그대는 불멸의 신들 맨 앞자리에 앉아 계십니다. 제우스가 당신을 사랑하는 것이 당연한 일이며, 그는 선물과 명예로 당신을 가득 채워주십니다. 당신께서 리라를 연주하길 원하시니, 제 손에서 그걸 건네받아 노래하시고, 현을 맞추시고, 그대 마음을 기쁨에 맡기십시오. 영광의 아폴론이여, 자, 이 리라를 받으십시오." 이렇게 말하며 그는 포이보스에게 리라를 선물하였다. 왼손으로 리라를 쥐고서 라토나의 아들은 악기 소리에 제 목소리를 맞추면서 조화로운 멜로디를 울려 퍼지게 했다.

노래를 부르고 나서 아폴론은 헤르메스에게 말했다. "마이아의 꾀바른 아들이여, 이제 네가 내게서 활과 리라를 훔쳐갈까 염려된다. 너는 제우스로부터 저 풍요로운 땅에 살고 있는 인간들의 속임수로 가득한 상업과 교류를 감시할 임무를 받았다. 만약 네가 스틱스의 저 두려운 강물을 두고 신들의 위대한 맹세를 하는 데 동의한다면, 너는 내 영혼이 바라는 바를 만족시키는 것이 될 것이다. **맹세하라, 더 이상 리라를 취하지 않겠노라고.**"

마이아의 술수에 뛰어난 아들은 맹세를 하였다. 그럼으로써 **헤르메스는 노래를 만드는 창조의 기쁨과 즐거움을 영원히 포기하였다.** 그것들은 이제 아폴론 포이보스의 것이 되었다. 막

얻은 불멸에 도취한 헤르메스는 **자기가 할 허드렛일이 시간이 흐를수록 풍요로운 제 정신과 조화를 이루기**가 얼마나 어려울 것인지를 제대로 보지 못했다. 불멸에 대한 헤르메스의 욕망은 운명에 따른 공평한 분할을 거스른 것이다. 온전한 신이 되길 욕망하고 자신에 대한 인정을 얻으려고 애쓴 나머지 **헤르메스는 정해진 경계를 넘어선 대가를 치러야만 했다.** 그는 아폴론의 암송아지떼를 훔치면서 자기에게 주어진 몫 이상을 바란 것이다. 그는 타인의 몫을 요구했다. 그런데 이 오만방자함이 밤의 딸이며, 복수의 여신인 네메시스에 의해 처벌을 받아야만 했던 것이다.

리라를 건네받으며 아폴론은 헤르메스에게 부와 행복의 원천이며, 순금으로 된 잎이 세 개 달린 마법의 지팡이를 주었다. "이것이 네가 모든 신을 섬기는 데 도움을 주고 너를 보호해줄 것이다. 다시 말하노니, 위대한 제우스와 고매한 마이아의 아들이여, 신들을 돕게 될 신 헤르메스여, 너는 천상에서 대지에서 그리고 하데스의 왕국에서 유일한 **충실한 전령사**로 봉사하게 될 것이며, 하데스가 아무리 인색하다 할지라도 그는 너에게 보잘것없는 보상을 주지는 않을 것이다."

그리하여 결국 헤르메스는 신들의 불멸하는 전령사가 되고 말았다. 그는 영원한 삶을 갖게 되었지만, 결코 자기 주도하에 말할 수 있는 권리는 얻지 못했다. 그는 다른 신들 밑에서 **그들을 섬기면서, 그리고 그들의 말들을 충실하게 전달하며** 살게 되었다. 자기의 리라를 아폴론에게 건네주며 헤르메스는 영문도 모른 채 노예 상태에 빠지게 된 것이다. 불멸의 신이 되었건만, 영원에 의해 신의 전령사가 된다는 한계를 갖게 된 헤르메스는 자기 자유를 상실하고야 말았다. 이제 타인의 발언과 그들의 말을 비극적으로 반복하고 되풀이하지 않을 수 없게 된 그는 자유의 본질을 이루는 속성, 즉 **예측 불가능성** imprévisibilité을 상실하고 말았다. 그의 모든 수고와 모든 탐색, 전령사로서 그가 할 모든 일들과 줄어든 자기 몫에 대한 모든 생각은 이후에 잃어버린 자기 자유를 되찾는다는, 자기 목소리, 자기 말들을 다시 발견한다는, 자신이 전달하는 메시지에 어떠한 방법으로든 자기를 개입시키고, 아폴론에게 주었던 리라를 그에게서 다시 찾아온다는 하나의, 유일한, 단 하나의 목적만을 갖게 되었다.

이렇게 헤르메스는 신들 그리고 인간들의 세계와 뒤섞이게 되었다. 그가 자애로운 적은 거의 없었다. 대개의 경우 그는 깜깜한 밤이 지속되는 동안 모든 것을 먹어치우는 어둠을 이용하여 인간들을 속여댔다.

§ 1 어휘의 남용은 많은 오류를 낳고, 이름난 철학자들의 문장들은 대개의 경우 무절제한 말을 낳는다. 과장된 말을 반복적으로 사용하면 말해지는 내용에 언제나 해를 끼치게 된다는 것을 우리는 경험으로 알 수 있다. 예를 들어, 모든 문장에 매 순간 "진지함"이라는 단어를 사용하는 사람은 자신의 솔직함을 믿게 만들기가 참으로 힘든 법이다. 어휘의 남용이 어휘의 광채를 퇴색시키기에 그러하다. 조그마한 동전과는 달리, 어휘들은 유통이 많아진다고 해서 가치가 커지지 않는다. 아름답고 희귀한 모든 것들처럼 어휘는 숨겨져있을 때 마음을 사로잡는 법이다. 따라서 현명한 사람은 어휘를 물 쓰듯 쓰는 자가 아니라 그것을 축적해놓는 자이다. 그는 "**혀를 놀리지 말라**Favete linguis!"[2]라는 권고의 가치를 아는 자이다. 말 그대로의 이 현명한 사람은 인간이란 자기 생각을 전달하면서 무엇보다도 자신의 열정을 표현하려 한다는 것을 잊지 않는다. 예전의 달랑베르D'Alembert[3]가 인정한 것이 바로 이점이다. 물론 그는 논리가 정신에 호소하고, 웅변은 감정에 호소한다면서 웅변을 통해 인간은 열정을 표현하게 된다고 덧붙이기는 했다. 사실 웅변은 내용보다는 사람에 집착한다. 살랑거리는 말을 사람들이 얼마나 좋아하는지 웅변은 모르지 않는다. 그것은 사람들의 약점에 말을 걸어 그것이 강점인 것처럼 보여줄 수 있다.[4] 그런데 웅변의 힘은 말의 내용을 **객관적으로 알아야만** 하는 바로 그 순간에 가장 강력한 법이다. 학문의 진보를 이뤄야 할 직업을 가진 자들이 진실을 추

---

2 [원주] 호라티우스, 《오드집Les Odes》, III, 1-2.

3 [원주] 장 르 롱 달랑베르, 《백과전서Encyclopédie》의 〈서언Discours préliminaire〉.

4 [원주] 데모스테네스가 아테네인들을 그런 식으로 소개했다.

구하는 것은 사실이지만, 반대로 그들은 자신의 결점을 감추기 위해 온갖 짓을 다한다. 이때의 웅변—혹은 다변—은 결점을 감추는 가면이다. 대학 교수 직은 유감스럽지만 너무도 빈번히 이런 지식의 소극笑劇이 펼쳐지는 연극인 셈이다.

§ 2 정신의 영역에는 이성에서 나오는 것이 아니라, 웅변에서 나와 사람들에게 말을 거는, 내용을 말하기보다는 **단지 겉치레일 뿐인 그런 사상들**이 있는 법이다. 그것들의 목록을 만드는 일은 지루할 것이니, 통계에 의해서만 학문이 존재한다고 믿고 있는 자들에게 선별목록 작성을 맡겨두자. 오히려 "모든 것은 선을 위한 것이다"라는 말로 볼테르가 자신의 《캉디드Candide》에서 한마디로 요약해놓은 라이프니츠식 낙관주의적 판단에 주목해보자. 《단자론Monadologie》과 "세상이란 신의 계산에 의한 산물cum Deus calculat fit mundus"이라는 논증에도 불구하고, 낙관주의는 사물의 현실과 충돌했다. 캉디드는 껍데기만 존재하는 생각들을 직접 경험한 바 있다. 그래서 사람들이 종교재판에 처해져 차형당하고 고문당하지 않았다면 지금 그렇게 행복하진 않았을 거라고 그를 설득하려 했을 때, 그는 절인 레몬과 땅콩 부스러기를 야물거리며 "그런 것은 이미 충분히 말해진 것"이며, 오히려 자기 정원이나 갈아야겠다cultiver고 답한다. **헛된 풍성한 말보다는 사물의 현실을 선호하는 것**이 언제나 부족하다는 것, 그것이 이 콩트가 주는 큰 교훈이다.

§ 3 오늘날의 사람들은 콩트에서 배움을 얻으려 하지 않는다. 그것

은 어린아이에게나 해당될 뿐이다. 성인은 더 이상 배울 수 없어 보인다. 사실 교훈을 주려고만 애쓰다 보면, 교훈을 받아야 한다고 생각하지 않기 때문이다. 그러나 그렇지 않다! 주고받기의 이 게임은 지성을 더욱 경제적으로 운용하게 만든다. 좀더 절약적인 사람이라면, 껍데기일 뿐인 그런 사상들을 한껏 더 경계하면서 이런 교훈을 유용하게 사용할 것이다. 사실 자연과학은 증명의 엄격한 법칙들을 따르는 사실과 오류의 총량에 의해 진보한다. 반대로 인간의 학문, 그것은 좀더 해석적이고 정성적이다. 이런 이유로 그것은 껍데기에 치중하는 사상들을 경계해야만 한다. 이런 사상들에서 달변은 매우 중요한 역할을 한다. 웅변은 해석적인 것, 그리고 일반적으로 말해 **주관적**인 성격을 누리는 모든 것들을 아주 강력하게 지배한다. 뿐만 아니라 주관적인 특성은 속성상 **사물에 대해 말하기보다는 오히려 사람에 대해서만** 말을 한다. 이런 학문에서는 납득시키거나 설득하는 것이 가르치거나 이해시키는 것보다 더 중요한 것이 된다.

§ 4 "번역학traductologie"은 이런 주관적인 학문의 한 분야이다. 번역과 번역의 의미 그리고 번역의 방법에 대해 성찰하는 학문인 번역학(혹은 *Translation Studies*[5])은 본질적으로 정신의 웅변성에서 발생

5 [옮긴이 주] 번역을 학문의 영역에서 다루는 행위에 대해 비판적 시선을 견지한 저자는 번역학을 가리키는 프랑스어 "traductologie"보다는 "translation studies"라는 용어를 선호한다. 그가 보기에 프랑스어에는 학문적 로고스의 개념이 내포되어있다. 그러나 이 책을 프랑스어로 쓴 까닭에 불가피하게 프랑스어 용어를 사용하지 않을 수 없었다고 역자에게 밝힌 바 있다.

하여 비판적 검토를 거치는 많은 개념들을 수용한다. 이런 개념들을 만들어낸 사람들은 불을 피워서 집을 밝히기는커녕 연기로 가득 채우고 마는 아벨라르의 스승과도 같다. 따라서 학술지에 실린 많은 논문들은 “**비밀공작을 수행하는 번역 전문가**” 혹은 “**번역가의 체질을 타고나**”서 그 체질의 도움을 받아 “**텍스트를 운명 공동체 안에 갖다놓아 목표텍스트 안에 있는 읽히기 쉬운 것의 창창한 미래**”를 보장하고, 그리하여 그것을 “**언어를 넘어서는 것**”으로부터 자유롭게 만들기 위해 “번역해야 할 텍스트의 의미를 직관적으로 분석”해내는 번역가에 대해서 상세한 설명을 늘어놓는다.

§ 5 어떤 단정적 담론의 의미가 아무리 명쾌하고 시사적일지라도 그것이 우리의 의견을 대신하는 것을 피해야 한다. 세계적으로 유명하고 익히 알려진 저자들에 대한 존경이 우리의 비판적 정신에 개입하지 않도록 해야만 한다. 껍데기 사상들은 진실의 **외관**만을 취할 뿐이다. 사상들을 표현하는 화려한 말의 형태는 벌거벗은 정신을 결코 감출 수 없는 빈약한 겉옷이다. “번역욕망의 이성적 지평인 번역행위의 대화성을 간과할 수 없는 위상의 인정에서 번역가는 보상을 발견한다”[6]라고 쓸 때의 폴 리

---

6 [원주] 폴 리쾨르, 《번역에 대하여Sur la traduction》, Paris, Bayard, 2004, p. 19(폴 리쾨르, 《번역론》, 윤성우 · 이향 역, 서울, 철학과현실사, 2004, 88쪽).

[옮긴이 주] 폴 리쾨르의 문장을 번역하면 “번역욕망의 이성적 지평인 번역행위가 대화성이 지닌 위상을 간과할 수 없다는 측면을 인정할 때 비로소 번역가는 보상을 받게 된다”이다. 폴 리쾨르의 원문은 다음과 같다. “[…] le traducteur trouve sa récompense dans la reconnaisance du statut indépassable de dialogicité de l'acte de

쾨르Paul Ricoeur가 그러하다. 많은 이들이 이런 진술에서 달콤한 꿀을 홀짝였을 것이고, 그중 부지런한 벌들은 에레혼Erzeroum이나 툰더 텐 트론크Thunder-ten-tronckh[7]에 소재한 대학의 학술대회에서 두세 개의 논문을 분봉했을 것이다. 그러나 우리가 이런 단언이 극도로 세련되었다는 점을 염두에 두더라도, 리쾨르는 주제를 명확히 설명하기보다는 그것을 심각할 정도로 뒤죽박죽으로 만드는 것처럼 보인다.[8] 헤르메스의 은밀한 행위를 드러내는 어휘에서 파생한 이런 해석학hermétisme에는 결국엔 몰락하는 문화의 증표이기도 한, **이해 불가능하게 만들기 위한 전략**이 있다. 박식함은 정신의 장식물이며, 그가 입은 옷 전체가 아닌 머리 장식물의 광채를 두드러지게 만드는 깃털장식이다. 그 어떤 왕관도 임금의 알몸을 가리지 못한다.[9]

---

traduire comme l'horizon raisonnable du désir de traduire."

7 [옮긴이 주] '에레혼'은 새뮤얼 버틀러의 작품명으로, '그 어느 곳에도 없다'라는 뜻을 지닌 허구적이고 풍자적인 지명이다. 캉디드의 외삼촌이 소유한 영지인 툰더 텐 트론크 역시 낙원을 패러디한 지명이다. 캉디드의 외삼촌은 '트론크', 즉 번개를 소유한 자, 그리하여 신의 위상을 지닌 자로 소개된다. 저자는 이런 지명들을 통해 허망하고 무용한 모든 학술행위를 비판한다.

8 [원주] 이런 측면에서 앙리 메쇼닉의 저서 《성서가 철학에 가한 일격Un coup de Bible dans la philosophie》의 제7장(Paris, Bayard, 2004, pp. 61-73)을 살펴볼 수 있다. 그의 설명은 많은 번역이론가들에 의해 이해되지 못했던 것처럼 보이지만, 메쇼닉은 이런 껍데기 사상들을 적발해낸 거장이다. 이 점에 관해서는 "메스키르크Messkirch의 스승"이 피력한 철학의 담론 연구를 엄격하게 규탄한 그의 저서 《하이데거의 언어La langage Heidegger》를 참조할 수 있다.

[옮긴이 주] 메스키르크는 마틴 하이데거의 고향이며, "메스키르크의 스승"이라는 익명으로 불린 독일 르네상스 화가가 활동한 지역이기도 하다.

9 [원주] 생트 뵈브는 《중독Mes poisons》 어딘가에서 박식함은 '취향'에 의해 완화되고 조직되지 않는다면 아무것도 아니다, 즉 모든 앎은 "무언가 인간적 가치판단"에 의해 가늠되어야 한다고 말했다.

§ 6 장황하면서도 거들먹거리는 생각이 마치 삼박자의 느린 곡처럼 연달아 이어지는 이런 이해할 수 없는 문장을 만드는 것은 “번역학”[10]이 속한 “새로운” 인문학에게는 상당한 역효과를 자아낸다. 궤변을 늘어놓는 이런 습관은 문제점을 정확하게 — 스피노자의 말을 빌리자면 “기하학적 방식으로more geometrico” — 제기하지 못하게 한다. 그것은 이 분야 연구자들을 끝없는 언쟁에 빠뜨리는데, 거기에서 문제의 본질은 주석이나 해석상의 논쟁을 부추기며 사라지고 만다.[11] 사람들은 고작 저자의 오만함을 빛나게 할 어구에 주해나 달고, 그도 아니면 무익한 토론을 하게 되며, 혹은 성서의 각 어휘는 최소한 두 개의 의미를 지니고 있다고 생각한 스베덴보리Swedenborg와 성서의 각 구절은 네 개의 의미를 지니고 있다고 주장한 단테 중에서 누가 성서를 더 잘 이해했는지 판결을 내려보자는 따위의 생각에 빠져들게 된다. 심각한 문제 아닌가.[12]

[옮긴이 주] 정확하게는 José Corti(1988) 판본 135쪽이다.

10 [원주] 번역학에 대한 관심은 고대까지 멀리 거슬러 올라가지만, 키케로, 퀸틸리아누스, 성 히에로니무스, 레오나르도 브루니, 에티엔 돌레와 같은 사람들의 다양한 번역론들은 번역이 **무엇이 되어야 하는지**에 대한 처방을 내리고 있을 뿐이며, 따라서 **사실상**de facto 방법론적인 고찰에 빠지고 말았다. 번역이 **무엇인지**를 정의하기 위해 번역을 검토해야 한다는 생각은 상대적으로 근대적인 발상인데, 그 첫 번째 뿌리를 독일 초기 낭만주의자들에게서 찾을 수 있다.

11 [원주] 게다가 1980년대 말 리처드 로티Richard Rorty와 움베르토 에코의 논쟁은 모든 것을 해석interprétation으로 한정시키는 나쁜 경향을 수면에 드러냈다. 거기에서 게오르크 크리스토프 리히텐베르크Lichtenberg가 야코프 뵈메Jakob Böhme에 대해 말했던 것처럼, 결국엔 한 권의 저서는 저자가 어휘들을 그리고 독자가 의미를 서로 가져오는 야유회와 다르지 않다. 이에 대해서는 움베르토 에코, 《해석과 과잉해석Interpretazione e sovrainterpretazione》, Milan, Bompiani, 2002, 특히 pp. 34-43 참조(《해석이란 무엇인가》, 손유택 옮김, 열린책들, 1997, 18-30쪽).

§ 7 **새로운 학문**이 단단한 토대를 갖추지 못한다면, 혹은 그것이 제기하는 모든 문제가 더 오래되고 더 든든한 기초를 지닌 다른 학문들에 의해 이미 제기되었다는 것을 우리가 인정하지 않는다면 이론의 과도함에 빠질 위험이 있다. 이론적 과잉—학술 논문을 써야 한다는, 그래서, 이것은 정말 역설적이지만, 지식의 통합보다는 지식의 분산에 기여하고야 마는 대학의 강압적 요구를 따른 결과—에 휩쓸려버린 새로운 인문학은 포스트모더니즘의 일부 경향에 의해 신랄하게 질책을 받은 바 있다.

§ 8 포스트모더니즘의 입장에서 보면 지금의 우리시대는 현대성을 넘어섰는데, 그것은 현대성이 '역사'의 꾸준한 진보의 한계, 궁극적으로는 그 끝을 인식하고 있기 때문이다. 포스트모더니즘에 따르면 현대성은 **현실에 대한 단일한 의미**를 구축했으며, 그 의미는 해방에 대한 계몽주의적 이상이라는 신화(세계는 진보 중이고, 세상을 지배하는 사상은 낙관주이며, 이성은 질서의 원칙이다), 목적론적 이상주의 정신이라는 신화(세상은 논리적 분석에 의해 파악될 수 있는 객관적 의미를 지녔다), 해석주의의 신화(해석은 지식의 공통분모이다)와 같은 세 개의 거대신화에 토대를 두고 있다. 이런 진보의 끝은 세상에 대한 **총합적이고 단일한** 설명의 종말을 의미하며, **해체주의**déconstructivisme라는 새로운 접근방법론의 탄생을 불러왔다. 이 방법론은 현실의 통일성과

---

12 [원주] 이런 한가하기 그지없는 정신을 가늠하길 바란다면, 다소간 천재적이었던 워즈워스Wordsworth가 《묘비명에 관한 에세이Essays on epitaphs》의 저자였다는 사실을 생각하는 것만으로도 충분하다.

형태의 다양성을 대립시키며, 단일화된 이성을 일종의 다원적 이성으로 대체해버렸고, 앎의 통일성을 거부하고 지식의 **분열화**와 **분산화**를 강조한다. 이것은 지적 호기심이라는 영역의 분열을 극한으로까지 몰고 가는 여러 학문 분야가 급증하고 있다는 것을 설명한다. 철학의 전통 영역(논리학, 형이상학, 윤리학)이 폭발하여 총체적 의미에 대한 관점을 상실한 수많은 부수 학문을 낳은 것이 그 한 예이다. 그리하여 우리는 서로의 속성을 혼합하는 새로운 여러 학문들을 만나게 된다. 유행하는 시류의 지적 흐름에 부응하며 담론에 대한 문학적이고 비평적인 연구들을 사회언어학, 이상주의, 해석학 그리고 분석철학과 뒤섞여버린 심리언어학이나 번역학이 그러하다. 지적 통일성에 대한 감각의 상실은 좀 솔직히 고백한다면, 상대적이고 반체제적이며, 직관적인, 잘라 말하면 **반계몽주의적**obscurantiste인 포스트모던한 사고의 결과이다.

§ 9 번역학의 입장에서 현실에 대한 통일된 감각을 상실하는 것은 **원전의 통일된 의미를 문제 삼는** 번역학 이론들의 구축을 의미하며, **텍스트에 대한 분야별로 세분화된 접근**의 발전을 불러일으킨다. 그리하여 번역학 이론가들은 '낯섦l'Étranger'의 번역, '순수Pure'언어, 상호문화번역, '시민'번역la traductions citoyennes 등을 언급한다. 발터 벤야민은 번역학 이론을 매력적인 이론적 도취로 이끈 첫 번째 권위자들 가운데 한 명으로서, 그는 형태와 의미를 전달하는 데 정확성exactitude의 개념은 의미가 없다고 파악한다.[13] 스페인 철학자 오르테가 이 가세트Ortega y Gasset는 이런 부류의 또 다른 권위자이다.

§ 10 《번역의 비참과 영광Misère et splendeur de la traduction》[14]에서 오르테가 이 가세트는 인간이 이뤄놓은 모든 것들은 유토피아의 흔적을 지니고 있다고 확언한 바 있다. 이런 유토피아는 무엇보다도 앎에 대한 추구이다. 지식을 갈망하는 인간은 앎에 대한 갈증을 결코 해갈하지 못하며, 자신이 알고 있다고 생각하는 것에 대한 어떤 객관적 확신에 이르지도 못한다. 몽테뉴와 바로크 시대의 회의주의적 의심은 이 점을 가장 설득력 있게 증명하였다. 역사적으로 인간은 실현되지 못할 시도를 이루려는 욕망에 언제나 고통을 받아왔다. 다른 모든 인간 활동과 마찬가지로 번역에도 역시 불가능의 직인은 찍혀있다. 번역이 고귀한 시도인 것은 분명하지만, 그것은 지극히 유토피아적이다. 게다가 오르테가 이 가세트가 확신하는 것처럼 소통하고자 하는 인간의 모든 노력은 유토피아적이다. 자기만의 생각을 표현할 수 있다는 것은 전적으로 환상이기 때문이다. 우리는 결코 우리 안에 있는 생각을 완벽하게 표현할 수 없다. 언어의 태생적 한계가 그러해서 자기 모국어로 자기 생각을 완벽하게 표현하려는 시도는 유토피아적이다. 그런데 하물며 그것을 외국어로 표현한다는 것은 생각할 수도 없다! 따라서 결론을 내리자면, 언어는 인간의 의도를 왜곡하는 거울과 같으며, 일반적으로 인간이 이해하려 하고, 또 자기가 이해한 것을 이해시키려 할 때 언

---

13 [원주] 이런 관점은 번역을 **텍스트**(즉, 의미)의 문제가 아니라 **언어**의 문제(따라서 **잠재적** 표현을 강조하고 번역학에 대해 초월적으로 접근하게 이끈다)로 보게 만든다. 벤야민에 관해서는 아래 § 50을 참조.

14 [원주] 이 저서에 대한 모든 언급은 오르테가 이 가세트의 《전집Obras completas》(Madrid, Revista de Occidente, 1947), 제5권 《생각과 확신Ideas y creencias》(1940)에 실린 스페인어판 *Miseria y esplendor de la traduccion*을 참조.

어는 장애가 된다. 언제나 그리고 이미, 불완전한 언어소통의 표현인 번역은 철저하게 불가능하고 지극히 유토피아적인 활동이다.

§ 11 이런 생각들은 놀랍다고밖에는 할 수 없다. 우리를 타자에게 완벽하게 열어 보일 수 없다고 우리 모두가 느끼고 있기 때문이다. 분명 키르케고르의 작품 안에서 이런 영혼의 유폐가 가장 완벽하게 표현되고 있음을 발견할 수 있을 것이다. 이런 생각들은 대단히 현혹적이다. 그러나 논리적인 사람에게는 **현실에 비추어 그 생각들을 실험해보고**, 언어와 소통의 역할을 거부하고 단지 자기 생각만을 전달하기 위해 언어를 사용하는 것이 마땅한 것인지 자문해볼 의무가 있다. 설사 오르테가 이 가세트의 주장과 그것을 번역에 진지하게 적용해보는 것이 옳은 것이라 할지라도, 이 주장은 그 자체로 불가능의 제국에 떨어지고 말 것이고(우리는 우리를 완벽하게 표현할 수 없기에 모든 소통의 행위는 불가능하다), 따라서 소통에 대한 그 어떤 토론이나 판단도 할 수 없게 된다. 생각의 내용을 완벽하게 전달하지 못하는 언어의 무능력을 핑계 삼아, 이론가들은 일반인이 해석하기 힘든 낯선 어휘와 표현들, 에두른 문장들을 남용한다. 여기에서 우리는 "나리는 무엇을 읽고 계십니까?"라고 물은 폴로니우스에게 햄릿이 했던 답변을 빌리고 싶다. "말, 말, 말들이다."[15]

---

15 [원주] 《햄릿》, 2막, 2장.

§ 12 천 년 이상 당당히 존재해온 철학에게 언어의 남용—18세기부터 시작되었다—이 얼마나 치명적이었는지 우리는 잘 알고 있다. 번역학과 같이 그 원칙들이 정의되어야만 하는 학문에 있어서 어휘의 오용은 얼마나 애석한 일이 될 수 있겠는가? 그런데 번역연구의 이런 "포스트모던한 부산물"이 단지 시대정신—빛이 너무 눈부셔 어둠이 되고 만 시대—혹은 우리가 위에서 언급한 "몰이해를 위한 전략"에서 유래한 것인지, 아니면 번역이라는 고귀하고도 위험천만한 행위에 오랫동안 가해진 악마의 파렴치한 징후인지 알아보는 일은 여전히 남아있다. 헤르메스라는 신화적 인물 안에서 속속들이 발견되는 소통의 병적 징후들로 간주될 수 있을 이런 어휘의 남용, 이론의 과잉, 모호한 논문의 대량쇄도 등과 같은 모든 것이 재통합된 후에 다시 이론으로 체계화될 수는 없단 말인가?

§ 13 수학에서 "x"의 값어치를 찾으려 할 때 그런 것처럼, 학문은 익숙한 것에서 익숙하지 않은 것으로 나아가야 한다. 실제로 현실은 언제나 가정된 현실을 앞서는 법이다. 따라서 번역에서 **텍스트**는 언제나 이론에 앞서며, 어떤 면에서는 **이론**의 토대를 구축한다. 번역에서 정신esprit과 글자lettre[16]의 문제는 오래되었다. 무엇을 번역해야 하는가? 마담 다시에Madame Dacier는 글자에 너무 지나치게 집중하다 보면 정신을 반드시 훼손하기 마련이라고 주장했다. 샤토브리앙Chateaubriand은 밀턴의 시를 "마치 유리에 비춘 것처럼" 번역했다고 단언했다. 그렇다면 어떻게 해

16 [옮긴이 주] 베르만의 '문자lettre'를 여기서는 '글자'로 번역한다.

야 한단 말인가? 번역학자들은 정신과 글자, 그리고 출발텍스트와 도착텍스트라는 방법론적 이원론에서 출발하여 번역이론을 만들려 했다. 스타이너Steiner는 번역이 이원성을 결코 넘어서지 못했다고 주장했으며, 나바코프Nabakov는 정신을 번역하다 보면 저자를 위조하게 된다고 말했다. 본래 이중적인 것을 하나로 통합하는 이론을 세우는 것에는 논리적 위험이 있는 법이라고 강조하지는 말자. 단지 이런 근본적인 대립은 굳이 거기에 수사학의 수문을 열어 보이지 않고도, 거기에 반대되는 생각을 부추기지 않고도, 그 자체로서 충분히 어렵다는 점을 말하는 것으로 충분하다. 분명 예수회교도들은 사람들이 자기들에게 던지는 돌들로 집을 지어야만 한다고 강조했다. 하지만 그 돌들이 바벨탑에서 떨어져 나온 것이라면 집짓기는 위험한 것이 될 것이다.

§ 14 정신과 글자 사이에서 결정을 내리기 위해선 번역가는 무엇보다도 자신이 번역하는 문장의 의미sens에 대해 질문을 던지는 것이 적절하다. 일반적으로 자신이 선택한 것이 일관되고 체계적이길 원한다면, 번역가는 문장의 뜻에 대한 일반적인 의견을 전개해야 하며, 그런 바탕이 텍스트의 정신을 번역할지 아니면 글자를 번역할지를 객관적으로 선택하게 해줄 것이다. 이런 행위는 언어학의 영역을 넘어선다. 우리가 언어란 기호체계의 둘도 없는 모델[17]이라는 점을 인정한다 할지라도, 문학이라는 예술을 통해 언어는 일상적인 어휘의 가치로부터 기호의 의미를

17 [원주] 제라르 주네트Gérard Genette, 《문채 IFigure I》, Paris, Seuil, 1966, p. 189.

멀리 떼어놓는 미학적 쓰임새에 자신을 맡기기도 한다. 바로 이런 면에서 바르트는 모든 기호학적 시도를 언어학으로 축소시키지 말아야 한다고 경고하며, 문학의 의미를 생산하는signifier 작가가 짊어지는 의무에 대해 말하기도 했다.[18] 모든 기호는 수수께끼라고 알랭도 타당하게 말한 바 있다.[19] 문학이라는 예술은 단번에 **미학**으로 언어기호학을 덮어버리는데, 이것은 언어사용에 있어서의 미학적 측면을 반드시 의미의 구성요소로 간주하게 만든다. 언어의 미학적 의미를 포착함과 더불어(한 문장의 번역은 대체 언제 참이 되고 거짓이 되는 것인지?), 문장들의 논리적 의미를 번역이론을 세울 수 있을 토대의 한 요소로 고려해야만 한다. 따라서 독자와 텍스트 사이는 의미작용들signifiances로 가득 차있으므로, 번역이론은 **독서론**théorie de la lecture을 필요로 하지 않을 수 없다.[20]

§ 15 어휘에는 의미가 담겨있다. 언어에 대해 생각하고 반추하는 것은 모든 번역가들의 일이지만, 이것은 의미의 체계 한복판에 들어가서, 어떤 면에서는, 모든 체계에 그러하듯, 그 안에 사로잡히는 것과 같다. 번역가는 언어 안에 갇힌다는 것을 통절히 인식한다. 번역을 한다는 것은 이 극단들을 뒤로 물리치는 것이 아니라 오히려 그것을 혹독하게 경험하는 것이며, 어떤 경

---

18 [원주] 롤랑 바르트Roland Barthes, 《글쓰기의 영도Le degré zéro de l'écriture》, Paris, Seuil, 1972, p. 8(《글쓰기의 영도》, 김웅권 옮김, 東文選, 2007, 9쪽)

19 [원주] 알랭Emile Chartier Alain, 《문학론Propos de littérature》, Paris, Gonthier, 1964, p. 11.

20 [원주] 아래 § 118 이하 참조.

우에는 그것 때문에 고통을 받는 것이다. 따라서 번역은 고통의 표현이다. 최초의 순수한 노래에 먼 곳에서 거친 외침으로 대답하는, 그런 완곡법périphrase으로서만 존재하는 요정 에코Echo의 고통과 다르지 않다. 쉽게 사라지고 예측 불가능하며 일시적인 상상력에서 나온 작가의 한 작품을 예로 들어보자. 이 작품의 번역은 다른 기준에서 출발하여 행해진다. 번역은 텍스트의 의미에 대해 오히려 이성을 토대로 삼은 분석을 중심으로 이루어진다. 그리하여 원전의 성공적인 미학적 쾌거는 번역에게는 객관적인 이해와 해석의 문제가 된다. 원전의 **주관적 이미지**에서 번역의 **객관적 이미지**로 가는 과정에서 이미지의 본질적인 특징이 어쩔 수 없이 상실된다. 이때 문제가 되는 것은 뜻의 상실이 아니라, **하나의 범주에서 다른 범주로의 고단한 이행**transition이다. 이 때문에 번역가는 언어 안에 갇혔다고 느끼게 된다. 이런 면에서 번역가는 그 자신도 메시지의 주체와 대상 사이를 끊임없이 오고간 전령사였던 헤르메스를 닮았다. 헤르메스는 자신에게 어떤 자유(헤르메스는 자신이 원하는 것을 말할 수 없다)도 부여하지 않은 메시지의 **내용**뿐만 아니라 개인으로서의 그를 완벽히 소멸(그는 자신이 원하는 것을 가져다줄 수 없다)시킨 **형태**로 인해 죄수였다.[21] 모든 신 가운데에서 헤르메스는 언어에 갇혔다는 고통을 가장 깊이 경험한 자이다. 그리하여 그의 모든 노력은 자기 자유를 다시 성취하고 어엿한 신으로서 자신을 드러내는 데 초점을 맞추고 있다. 이런 인정을 얻어내기 위한 투쟁 때문에 헤르메스는 예술의 신이며, 마이아의

---

21 [원주] 오디세우스의 다섯 번째 노래는 자신이 원치 않음에도 모습을 드러내도록 명령한 제우스를 따르지 않을 수 없는 헤르메스도 소개한다.

아들에게는 없는 언어의 자유를 누리는 아폴론과 대립하게 된다. 따라서 **헤르메스 콤플렉스**는 그 누구보다도 언어에 갇혀있다는 것과 소통의 과정에서 자기 역할의 폭이 좁다는 것에 고통을 느끼는 자의 인정을 얻기 위한 탐색이라고 할 수 있다.[22] 그러나 헤르메스는 아폴론과 같은 사변contemplation(theoria, θεωρία)의 신이 아니다. 이런 사실은 겉으로 보기에는 별거 아닌 것 같지만, 심각한 결과를 초래한다. 헤르메스의 모든 이론적 노력이, 자신의 행위에 대한 모든 생각이 단지 실질적 차원의 방법론적 문제로 쪼그라들 수 있기 때문이다.[23] 자기 행동의 의미를 이해하려 한다면 헤르메스는 그것을 **소통**의 영역에서 **미학**의 영역으로 옮겨놓아야, 즉 예술의 신에게 넘겨주었던 리라를 다시 되찾아 와야 하기 때문이다. 달리 말하면 번역의 서로 다른 "이론들"은 **헤르메스 콤플렉스**의 징후들 이외의 다른 것이 아니다. 이론들은 부수적인 것으로 간주된 학문의 위상을 세우고, 저자 앞에서 너무도 흔히 의미 없는 존재로 드러나는 번역가의 모습을 개선하기 위한 시도들인 셈이다. 또한 그것들은 번역된 메시지에 원전이 지닌 권위의 가치를 부여하려는 의지이며, 헤르

---

22 [원주] 번역이론에 관한 최초의 글(《완벽한 번역에 관하여De interpretatione recta》— 1420/26)을 쓴 저자이자 번역가이며, 모든 의심을 넘어서는 엄격한 정신을 지닌 이탈리아 인문주의자 레오나르도 브루니Leonardo Bruni는 진정 번역의 장점을 판단할 수 있는 "누군가"가 번역 안에 담긴 훌륭한 모든 것을 저자에게, 그리고 모든 결함을 가련한 번역가에게 결코 떠넘기지 않게 하기 위해서 1406년 플루타르크의 《마르쿠스 안토니우스의 생애Vita Marci Antonii》 번역을 다른 위대한 인문주의자인 콜루치오 살루타티Coluccio Salutati에게 보내는 것이 바람직하다고 생각했다. 르네상스 초기의 이런 쓰라린 인정의 필요성은 헤르메스 콤플렉스의 증거이다.

23 [원주] 헤르메스는 또한 길route의 신이다. 이런 측면에서 그는 어떤 목적에 도달하는 데 따르는 절차procédé의 신, 방법méthode(methodos, μέθοδος = 길, 여정)의 신이기도 하다.

메스를 아폴론의 위상으로까지 올려놓으려는 무모한 표현인 것이다.

§ 16 언제나 시간을 초월해 개입한다는 측면에서 고대 그리스는 성숙의 절정에 이른 서구문명을 대표하며, 헤겔에게는 미안한 말이지만, 그 이후의 모든 '역사'는 유년기로 다시 퇴행하는 길고도 아주 복잡한 하나의 길처럼 보인다. 우리가 고대에 빚진 것은 단지 숭고한 신화적 이미지들만이 아니다. 언어에 대한 최초의 성찰을 우리는 고대에 빚지고 있다. 알려진 바에 의하면 스토아학파는 견유학파에 대항해서 지식은 행복과 미덕을 갖춘 삶에 필요하다고 생각했으며, 이런 성찰은 그들이 논리를 펴도록, 그리고 이에 수반하여 **언어이론**théorie du langage을 발전시키도록 이끌었다. 그들은 언어와 소통이 제기하는 모든 문제들을 충분히 인식하였다. 언어가 전달하는 의미는 행동에 의해서든 상징에 의해서든 형식적 구성에 의해 결정되기에 그 어떤 진술에 대한 분석도 이를 간과할 수는 없다. 또한 언어는 영혼의 상태, 즉 **주관적 현실**une réalité subjective을 표현한다. 언어의 기호들은 언어 안에 내재된 기호와 의미의 관계를 조절하는 주관적 함축을 지닐 수 있기에 그러하다. 따라서 언어는 세계의 **객관적 현실**을 묘사하고 진술하고 표명하고 표기한다. 그리하여 언어의 의미에 관한 실질적인 이론이 되기 위해서는 언어의 **문법적**, **수사적** 그리고 **논리적** 구성요소들을 고려해야만 한다. 논리성 측면에서 스토아학파는 로고스들λόγοι을 대상으로 삼는 것, 즉 디스쿠르를 지닌 것을 학문이라고 이해했다. 논리학은 이후 끝없는 담론의 학문인 **수사학**이 되고, 네 개의 질문과 대답으

로 구성된 **논리학**이 된다.[24] 진술의 의미를 이해한다는 것, 그리하여 진술을 번역할 수 있는 위치에 놓인다는 것은 형식적 구성, 심리적 구성 혹은 현실과의 객관적 관계의 차원에서 진술의 **의미가 어디에 있는지**를 안다는 것을 전제로 한다.[25] 번역해야 할 텍스트의 의미를 결정하는 데 가장 기본적으로 문제가 되는 것은 진술의 의미를 만드는 데 관여되었던 문제와 다르지 않은 것이다. 그 문제는 바로 진실의 **기준**이다. 그런데 이 기준이 정신에 있는가 아니면 글자에 있는가? 대체 어디에 충실해야 한단 말인가?

§ 17 충실성fidélité이라는 길 위에서 번역은 초상화와 은밀한 관계를 맺는다. 수많은 인문주의자들이 "신성한 것"으로 숭배한 초상은 자신이나 타인의 얼굴을 영원히 기억하게 만들려는 향수 어린 욕망의 표시이다. 예술에서 초상의 위상은 독특하다. 고전주의 미학 개념이 **미메시스**에 토대를 두고 있는 반면에 그 역시 모방이길 바라는—그리하여 그 자체가 충실성을 수반하는—초상은 기술에 의해 만들어진 모방이기 때문이다. 초상은 아름다움을 영원히 지속시키길 바라지만, 화가의 작업을 거치

24 [원주] 이에 관해서는 디오게네스 라에르티우스Diogène Laërte의 《유명한 철학자들의 삶과 원칙 그리고 말Vie, doctrines et sentences des philosophes illustres》, VII, 42와 세네카의 《루킬리우스에게 보내는 서한들Lettres à Lucilius》, 편지 89 참조.

25 [원주] 이에 대한 좀더 자세한 설명은 칼 포퍼, 《객관적 지식La connaissance objective》, Paris, Flammarion, 1991, pp. 245-293 참조. 특히 스토아학파와 몇몇 사례에 관해서는 pp. 250-251 참조(《객관적 지식—진화론적 접근》, 이한구 · 정연교 · 이창환 옮김, 철학과현실사, 2013, 242-296쪽).

면서 본연의 자연스런 속성들을 상실하고 예술로서의 특징들을 취하게 된다. 초상의 충실성은 앞에 앉아있는 누군가에 대한 충실성이 아니라, 하나의 **기술**에 대한, 보는 방식에 대한, 그리고 **의도**intention에 대한 충실성이다. 시모네 마르티니Simone Martini는 페트라르카를 위해 그가 사랑한 여인인 라우라의 초상화를 그렸다. 그것은 플라톤적인 의미의 숭고한 이데아였지, 실물과 똑같은, 세부적으로 닮은, 모든 면에서 자연물과 동일시될 수 있는 정확한, 즉 **충실한** 작품은 아니었다. 초상은 대상의 내적인 삶 혹은 그의 사회적 지위에 충실하며, 예술가는 그것을 상징적으로 나타내려고 한다. 1539년 헨리 8세는 궁정화가인 아들 한스 홀바인Hans Holbein le Jeune을 파견하여 안 드 클레브Anne de Clèves의 초상을 그리도록 했다. 화가는 충실했다, 그러나 안에게 아름다움을 관대하게 베풀지 않았던 '자연'이 아니라 정치적 의도를 지녔던 토머스 크롬웰Thomas Cromwell에게 충실했다. 결혼식은 열렸지만, 행복으로 이어지지 않았다.[26] 고골Gogol의 이야기나 좀더 심하면 도리언 그레이의 음울한 초상이 그랬듯이 자연에 과도하게 충실한 초상도 마찬가지로 불행하게 끝날 수 있다. 어떤 측면에서 번역과 저자가 만든 텍스트와의 관계는 실물과 초상의 관계와 같다. 한 작품에 대한 충실은 피할 수

---

26 [옮긴이 주] 안 드 클레브(1515-1557). 영국 왕 헨리 8세의 네 번째 부인. 독일과 프랑스의 정치적 결탁을 염려한 영국은 클레브 공국의 안과 정략결혼을 추진하였다. 1539년 봄 크롬웰의 주관하에 혼인협상이 시작되고, 그 해 10월 혼인협약이 맺어졌다. 아들 한스 홀바인이 그린 초상화 속의 아름다운 여인과는 달리 안의 외모는 보잘것없었다. 이에 크게 실망한 국왕은 혼인을 취소하려 했으나, 정치적 필요성에 의해 1540년 1월 런던에서 혼인식을 올리게 된다. 그러나 같은 해 6월 안은 결국 영국왕실에서 쫓겨났고, 7월에 헨리 8세는 혼인을 파기했다.

없는 것이지만, 그 충실성이 자연에 대한 것인지, 예술에 대한 것인지, 그것이 헤르메스에 대한 것인지, 아폴론에 대한 것인지 알아야만 하는 것이다.

§ 18 헤르메스를 괴롭히고 그가 임무를 위한 여행을 떠나려 할 때 그의 목을 조른 영원한 난관은 **충실성**에 대한 가혹한 요구였다. 주어진 메시지의 단 한마디도 잊지 않기 위해 단어 하나하나를 되새김질하는, 어름어름 말하는 선생 앞의 아이 같은 헤르메스를 상상해볼 수 있다. 자기 내부에서 울리는 문장 하나하나를 보호자인 제우스와 똑같은 어조로 소리내지 않고 되풀이하기 위해 날개 돋은 발을 늦추는 그가 있다. 그늘에서 좀 쉬기 위해 평소에 들렀던 샘가에서 목을 축이는 그를 상상해보자. 우울함이 불현듯 그를 엄습한다. 자신은 영원한 노예일 뿐이라는 생각에 그의 불멸하는 영혼은 슬퍼지고 비탄에 빠진다. "제우스가 내게서 삶을 빼앗고, 날 단지 한낱 전령사로 삼으면서 우울한 근심만을 내게 준 것은 아닐까?"라고 생각한다. "영원히 사라질 것인가, 아니면 다른 말을 쓰는 나를 드러내며 반항해볼 것인가?"라고도 자문한다. 그리고는 거짓말을 하지 않도록 만들기 위해 제우스가 수많은 죄악들이 우글대는 판도라의 심장[27] 안에 헤르메스 자신에게만 있는 '암캐의 간계'와 현혹적인 단어들을 강제로 집어넣게 했던 것이 자꾸만 떠오른다. 헤르메스 자신에게는 오직 진실만이, 주어진 임무의 실행에 짝 달라붙은 저 끔찍한 진실만이 남아있어야 한다는 것이다. 굴복

27 [원주] 헤시오도스, 《일과 나날들Les travaux et les jours》, 65.

해야 하는 자신의 역할을 뿌리치고 반항하며 인간의 일거수일투족에 간여했던 그 반란의 시간들이 기억에 떠오른다. 자신의 페이토peíthō, πείθω, 즉 설득의 기술을 발휘했던 바로 그날 그는 오레스트와 엘렉트라의 음울한 복수[28]를 지지하였다. 그는 오디세우스에게 수없이 능란한 말을 불어넣어주었건만, 그것이 그에게 감미로운 만족을 주지는 않았다.[29] 길의 안내자인 그는 여행자들을 비명횡사하게 만들거나, 도둑들에게 넘겨주며 그들이 빈번히 길을 잃게 하였고, 그것을 뉘우치지도 않았다. 그렇게 하는 것이 그의 심장을 뜨겁게 달궈주었고, 그렇게 함으로써 그는 존재한다는 느낌을 가질 수 있었다. 언젠가는 죽어야 할 자들로부터 가차 없이 달아나는 시간들을 상관하지 않고[30] 헤르메스는 빵으로 연명하는 인간들이 그에게 부여한 별명들을 만족해하며 떠올린다. 헤르메스 **폴리메티스**Polymetis(수없이 간교한), 헤르메스 **아메카노스**Amechanos(함정에 떨어지지 않는), 헤르메스 **아티크토스**Athiktos(붙잡을 수 없는), 헤르메스 **포이킬로스**Poikilos(알랑거리는 자, 사기꾼).[31] 이 각각의 별명에는 나름의 일화가 있으며, 그것을 생각하며 헤르메스는 자유로움의 도취에 빠져든다. 그러나 복수에 불타는 제우스가 그를 끊임없이 추적하며 바라보고 있지 않은가? 헤르메스는 아프로디테와 사랑

28 [원주] 아이스킬로스, 《코에포로이Les Choéphores》, I, 726-728.

29 [원주] 소포클레스, 《필로크테테스Philoctète》, 134; 호메로스, 《오디세우스》, XIX, 394.

30 [원주] 베르길리우스, 《농경시Géorgiques》, III, 284.

31 [원주] 이런 호칭들 안에서 성 히에로니무스보다는 헤르메스에게서 적당한 주인과 안내자를 발견하는 번역가들에게 오랫동안 부여되어왔던 일부의 "속성들"을 볼 수 있지 않은가?

에 빠졌던 것을 생각하며 얼굴을 붉힌다. 가장 아름다운 여신과 함께 보낸 지극히 짧은 황홀의 순간이 괴물[32]을 태어나게 했으니 얼마나 저주스러운가? 아들을 생각하는 헤르메스의 혐오감이 투명한 샘물을 흔들거리게 만든다. 메시지를 전달하기 위해 서둘러야 한다! 그는 몸을 일으키고, 바위 끝으로 나아가 알 수 없는 어떤 짐을 떨쳐버리려는 듯, 날아오르기 직전에 하늘을 향해 팔을 펼친다. 그의 반짝이는 손바닥이 쪽빛 하늘을 신비롭게 어루만지고, 공중에 몸을 던지기 전에 그는 메시지를 다시 떠올린다. 자기 영혼 안에서 웅성거리는 그 목소리에 다시 한 번 귀를 기울인다. **충실하라! 충실하라! 진정 충실하라!** 그가 어디를 가든 이 고통이 그의 곁을 한사코 떠나지 않을 것이다. 번역가들을 고문하는 것도 바로 이것이다. 헤르메스처럼 번역가는 이 충실성이란 용어를 정의하려고 노력하며 자기가 하는 일에 대해 곰곰이 생각한다. 헤르메스가 그런 것처럼, 번역가가 그늘진 샘가에 고통의 짐을 내려놓으려고 하는 바로 그

---

32 [원주] 정확한 이름은 헤르마프로디토스Hermaphrodite이다. 헤르메스의 또 다른 아들은 판Pan이다. 그 역시 모습이 흉측하다. 따라서 헤르메스가 낳은 자손들은 같은 종이라는 질서ordre와 예외라는 무질서désordre 사이의 한중간에 놓인 혼종의 속성을 지닌다. 번역텍스트도 마찬가지로 도착언어의 특징 안에 원전의 표시들을 끼워 넣은 혼종물이다. 모호함, 혼성, 융합, 혼합, 바로 이것들이 헤르메스 후손들의 속성이다. 헤르마프로디토스처럼 번역텍스트는 물의 요정들에 의해 키워지고, 소나무 둘레를 친 염소 뿔을 지닌 판처럼 형태는 혼종적이고, 내용은 합성적이다. 헤르마프로디토스는 이런 조합의 궁극의 모델이다. 반은 인간이고 반은 동물인 판은 모든 모방의 이중성을 대표한다. 이름에서조차(헤르마-프로디토스 = 헤르메스+아프로디테, 그리고 판 = 전체) 헤르메스의 아들들은 정신과 글자 사이의 이런 양면성을 표현한다. 그들은 양면성에서 태어난 신성한 존재들이다. 헤르마프로디토스에 관해서는 오비디우스, 《변신》, IV, 338 이하, 판에 관해서는 아폴로도루스Apollodore, 《도서관Bibliothèque》, I, 4, 1 참조.

순간에 그를 괴롭히는 것도 바로 이런 고통이다.

§ 19 번역이론들은 **충실성**[33]을 정의할 수 있고, 그렇게 함으로써 주어진 사명과 연관된 모든 근심으로부터 헤르메스를 벗어나게 할 수 있는가? 그것들은 학문적 규범에 근거하고 있는가, 아니면 당시에 유행하는 철학적이고 인식론적인 방식을 반영하여 번역이 제기하는 여러 문제들을 단순히 **주제별로 구분**thématisation 한 것인가? **경험적 직관, 습관, 통찰력, 부정확성의 학문, 정신을 살리는 글자, 글자에 갇혀버린 정신** 등에 대한 암시들은 번역에 대한 진지한 성찰을 증명하기보다는 그것들이 실용학문의 "형이상학적" 접근이라는 점을 드러내는 것은 아닌가? 번역이론들은 신의 작업을 이해하길 바라는가, 아니면 주어진 임무에 딸린 번민으로부터 잠깐이나마 이 신을 벗어나게 해주길 바라는가? 이런 점에서 아리스토텔레스가 《정치학》[34]에서 의사소통에 대해 질문을 던지며 소리phonè로 표현되는 소통과 로고스를 이용하는 소통을 구분한 방식은 흥미롭다. 그는 글자와 정신 사이의 대립을 그런 식으로 제안한 첫 번째 사람이다. 충실성에 대해 그는 언급하지 않았다. 그러나 생각을 표현하게 만드는 **의사소통/로고스**는 **의사소통/목소리**에는 결여되어 있는 시간적 확장을 누린다. 이런 측면은 헤르메스가 빠른 걸음으로 전달한 메시지 안에 **근본적이고 시간적인 차원**이 있다는 것을 보여준다. 시간성이 메시지에서 본질적인 것이라면,[35]

---

33 [원주] 이상적으로 정신과 글자를 확연히 구분하는 것으로 이해되는 충실성.

34 [원주] 아리스토텔레스, 《정치학》, 1253a 9-12.

그것의 해석 역시 시간의 모든 우여곡절을 따르게 된다. 이런 측면에서 해석의 **응용**기술인 번역이 **영원한 시간을 따른다**sub speciae aerternitatis고 말하는 것은 모든 번역이 텍스트의 번역이기 이전에 어떤 특정 시대에 널리 퍼져있는 생각의 번역이라는 점을 간과한 것이다. 여러 번역이론의 문제점 가운데 하나는 이런 시간의 실제적 측면을 저버리고 번역가의 작업을 "있는 그대로" 고려할 수 있다고 믿는 데 있다. 여기에서도 **헤르메스 콤플렉스**가 명백히 드러난다. 왜냐하면 시간성이라는 문제를 회피하면서 번역이론들은 메시지를 해석하는 데 뒤따를 수밖에 없는 불안을 기피하고 충실성이라는 절박한 요구를 벗어나려는 의도를 드러내기 때문이다.

§ 20 헤르메스가 제우스로부터 직접 메시지를 받는다는 것은 메시지에 신성성을 부여하는 것인데, 이와 마찬가지로 번역에 대한 성찰은 글자의 신비로움—성서와 같은 경전이 그 예가 된다—과 합쳐진 일종의 의미의 신비로움에서 출발하여 발전하였다. 성서는 신으로부터 온 텍스트의 의미는 텍스트 자체를 초월하고 정신과 글자를 벗어난 그런 의미에 대한 개념을 불러일으켰다. 전지전능한 '저자' 앞에서 번역가는 무장 해제된다. 강력한 신들의 '아버지' 면전에서 헤르메스는 단지 자기 임무 때문에 괴로워하는 무의미한 하인일 뿐이다. 따라서 번역가의 행위는 진정 문제가 많은 일이 되어버린다. 그의 비의적인 임

35 [옮긴이 주] '메시지의 의미가 시간의 흐름에 따라 다른 의미를 지니게 된다면'으로 이해할 수 있다.

무가 마술의 기능을 겸하기 때문이다. 사실 신성한 것으로 여겨진 원전은 번역 안에 신비하고 지극히 종교적이며 말로 표현할 수 없는 무언가가 있다는 것을 돋보이게 만들려고 하기 때문에, 텍스트의 진실을 사회적이고 역사적인 영역 안에서 평가하려는 시도들을 벗어난다. 미학과 종교의 영역에서 텍스트에 부여되는 주된 특징인 이런 신성한 지위는 이제 모든 텍스트로 확장되고, 번역행위는 의미의 초월성 때문에 객관성에 얽매이지 않게 되며, 더 이상 **논리적 분석이 아니라 충실성, 친연성, 유사성, 영감, 의도와 같은 모호한 뜻을 담고 있는 신비한 개념들**의 지배를 받게 된다. 형이상학적 탐미주의의 영역 안에 종종 놓이게 되는 그런 이론들의 도래와 더불어, 자신을 떠받들게 만들고자 원했으며 메시지에 대한 종속에 언제나 반항했던 헤르메스는 자기 목소리, 자신의 포네phonè, 즉 실용적인 행위를 사변적인 행위로 만들어버리는, 앞에서 언급한 바 있는 이해불가능성의 전략, 즉 **난해성**hermétisme을 알아차리게 된다. 그리하여 헤르메스는 자신의 일을 신성한 도취라는 가장 높은 단계의 형태로 만들어버리고, 그 안에서 사람들[36]은 의미가 빠져버린 말들에 취하게 된다. 헤르메스 콤플렉스의 호사로운 징후인 **난해성의 도취**는 예를 들자면 번역에서 소통가능한 모든 것을 제거할지라도 번역가의 행위는 여하튼 아무 탈이 없을 것이라는 주장을 가능하게 만든다.[37] 아니면 그것은 설득하려는, 따라서

---

36 [옮긴이 주] '번역이론가들'을 가리킨다.

37 [원주] 바로 이것이 발터 벤야민이 《전집Gesammelte Schriften》(éd. R. Tiedemann et H. Schweppenhäuser, Francfort-sur-le-Main, Suhrkamp, 1972, pp. 9-21)에서 내린 믿기 힘든 결론이다.

소통하려는 온갖 의지에도 불구하고 인간의 소통은 절대적으로 불가능하다는 것을 전제로 삼게 된다.[38] 결코 하찮게 볼 만한 일은 아니다.

§ 21 난해성에 취해 생긴 결과 가운데 가장 최근의 것이 "번역의 윤리éthique de la traudciton"이다. 그 계보를 다시 거슬러 올라갈 필요도 없이, 이것은 아펠Karl-Otto Apel과 하버마스 이래로 소통, 특히 **윤리적 가치**의 흔적을 담고 있는 이해성, 진실성, 적절성 등과 같은 타당성validité을 언어에 요구하는 최근의 입장을 반영한 것이라고 지적할 수 있다. 여기에서 윤리는 진술의 가치를 실질적으로 분석하는 척도가 된다. 전문 학술지에 실린 번역의 윤리에 관한 최근 논문들이나 단행본들은 한걸음 더 나아가 윤리라는 것이 **번역이라는 직업이 단순히 전제로 삼는 것** 이상임을 드러내려고 한다. 윤리는 번역행위에 선행하는 **전략**이며, 칸트식으로 말한다면, 출발텍스트가 제기하는 여러 문제와는 상관없이 번역에 형태를 부여하는 일종의 **지상 명령**a priori categoreille인 셈이다. 그리하여 출발텍스트의 "낯선 것étrangeté"을 도착언어로 전달하는 것은 마치 번역해야 할 텍스트의 이타성altérité을 어떤 일이 있어도 숨기려 하지 않는 모든 번역행위가 그러한 것처럼 **윤리적 입장**과 관련된다. 텍스트의 이타성이—텍스트가 전달하는 메시지와 마찬가지로—번역가가 번역해야 하는 의미의 근본적이고도 본질적인 요소를 이룬다는 점에서, 타자, 어떤 면

38 [원주] 오르테가 이 가세트가 《번역의 비참과 영광》에서 이렇게 주장하였다. 앞의 § 10 참조.

에서는 "낯섦"을 수용하는 것은 번역을 이끄는 윤리적 방식이 된다. 도착문화의 언어와 정신의 범주에 출발텍스트를 끼워 맞추려는 모든 시도는 **엄격히 말해서** 일탈된 번역행위이며, 그러하기에 윤리가 결여된 것이다. 따라서 번역은 이론가들이 **문화간 상호교류**라고 즐겨 부르는 것의 한복판에 놓이게 된다. 거기에서 낯섦은 "이방인Etranger"으로 환대되며, 출발텍스트의 "낯선 것"은 의미를 이루는 중심요소가 된다. 이러한 이론 체계는 "이타성의 수용accueil de l'altérité"으로 이해되는 윤리의 개념을 토대로 삼아 구축되며, 이타성의 수용은 어떤 측면에서는 "번역의 진실"[39]을 결정한다. 같은 맥락에서 "윤리적 행위는 타자l'Autre를 타자로서 인정하고 받아들이는 것이다. 〔…〕 그런데 번역은 충실성을 염원하기 때문에 **본래적으로** 윤리의 영역에 포함된다. 번역은 그 근본에서부터 **자신의 고유한 언어 영역에 낯섦을 낯섦 그대로 열어 보이려는 욕구**의 부추김을 받는다."[40]

§ 22 이것이 앙투안 베르만Antoine Berman의 관점이며, 번역이 요구하는 **글자역**littéralité"[41]의 이론적 뼈대로 사용된다. 연구자들 사이에 약간의 의견 차이가 있긴 하지만—그들은 서로 구분되길 원하기

---

39 [원주] 앙투안 베르만, 《번역과 문자 혹은 먼 곳의 거처La traduction et la lettre ou l'auberge du lointain》, Paris, Seuil, 1999, p. 46(《번역과 문자—먼 것의 거처》, 윤성우 · 이향 옮김, 철학과 현실사, 2011, 68쪽).

40 [원주] 같은 책, pp. 74-75(《번역과 문자》, 107-109쪽).

41 [옮긴이 주] '문자역'으로 옮겨야 할 것이지만, 저자 르 블랑이 베르만의 이 개념을 오해하고 있는 까닭에 그의 입장을 반영하여 '글자역'으로 번역한다. 각주 50의 옮긴이 주 참조.

때문에—그들은 동일성과 차이, 정체성과 이타성의 개념이라는 이분법에 뿌리를 두고 있는 윤리의 개념이 번역의 중요한 한 측면이라고 강하게 확신한다. 앙투안 베르만은 외국 작품의 낯섦에 대한 체계적인 부정을 강력하게 비난하며, 그의 이런 태도는 "번역의 윤리"를 되찾아야 한다는 필요성을 강화한다. 그의 저서 《번역비평을 위하여—존 던》에서 번역의 윤리는 번역 작품들을 나름의 합의를 통해de façon consensuelle 평가하게 만들 수 있을 기준으로 소개되었다.[42] 그러나 번역가의 작업 한복판에 "번역의 윤리가 해결해야만 하는" 동일성과 '낯섦'의 이런 이원성을 위치시키는 베르만의 개념은 부분적으로는 에마뉘엘 레비나스의 철학에서 영감을 얻고 있다.[43] 베르만의 개념에 대한 세심한 고찰은 레비나스에게서의 동일성과 타자의 변증법에 대한 검토를 요구하며, 우리는 이런 질문을 던질 수 있다. **레비나스의 모델이 제기하는 문제는 무엇인가? 그리고 특히 그것은 번역에 적용될 수 있는 것인가?** 나아가 베르만이 제기하는 이런 내재된 이중성이 번역이론의 든든한 토대를 제공해줄 수 있단 말인가?

§ 23 철학이 문제가 될 경우에는, 철학이 제기하는 문제들을 이해하

---

42 [원주] 다른 기준은 시적인 것la poétique이다.

[옮긴이 주] 원주에서 말하는 '시적인 것'은 흔히 번역의 '시학'으로 옮겨질 수 있는 것으로서, 시를 작성하는 데 관계하는 여러 규범이나 법칙을 가리키지 않는다. 베르만에게 번역은 포착할 수는 없으나 그렇다고 해서 포착하기 위한 행위를 저버릴 수 없는, 끝없이 그 불가능성을 지향해야 하는 시적 정신의 영역을 간과할 수 없다.

43 [원주] 슐라이어마흐와 훔볼트가 이에 끼친 영향은 뒷부분에서 다루어질 것이다.

는 것이 그 해답을 제시하는 데 중요하다. 철학 작품에 익숙하지 않은 것이나 그것이 예상하지 않은 견해들에 의지하기 위한 목적으로—혹은 그것들에게 적응시키기 위해—철학 작품으로부터 어떤 문구들을 가져오는 것은 전혀 합당하지 않다.[44] 혜성을 궤도에서 이탈하게 만들면 큰 문제가 생기는 법과 같다. 번역의 윤리에 대해 말한다면, 마치 고대인들이 신들에게 절망하여 자기 조상들의 "넋Mânes"을 불러오듯이[45] 그렇게 저자들은 여러 사상가들을 환기한다. 이타성이란 말이 번역의 윤리를 이루는 중요한 문제이기에, 가장 자주 언급되는 선조의 영령 중 한 명은 에마뉘엘 레비나스이다. 번역의 "윤리학자들"은 레비나스로부터 '타자'의 이미지를 가져오고, 그것을 이타성이라는 면에서 이해되는 번역해야 할 텍스트에 덧붙인다. 하지만 "레비나스의 체계 안에서 타자의 변증법이 요구하는 것이 무엇이었는지" 질문을 던져보자.

§ 24 레비나스의 저서에서 후설과 하이데거의 사상, 특히 이제는 하이데거 철학의 고전이 된 **존재와 현존재의 구분**distinction entre l'être et l'étant이 지닌 중요성은 잘 알려져있다.[46] 더불어 존재와 현존재

44 [원주] 안토니 핌Anthony Pym이 자신의 저서 《번역가의 윤리를 위하여Pour une éthique du traducteur》(Arras/Ottawa, Artois Presses Université/Presses de l'Université d'Ottawa, 1997, pp. 85-86)에서 아리스토텔레스의 4원인론에 대해 말하며 그렇게 하였다.

45 [원주] 티투스 리비우스의 《로마사Historiae》에서 언급된 "베르기니아의 넋Manes Virginiae"(III, 58)을 생각해보라.

46 [원주] 현존재는 존재한다는 행위를 하고, 그런 행위를 하는 까닭에 자신이 존

라는 한 쌍의 개념을 레비나스가 《존재에서 존재자로De l'existence à l'existant》에서 변용한 것 역시 잘 알려져있다. 레비나스에 따르면, 존재는 존재한다는 행위 자체, 즉 존재일반 혹은 존재하는 것으로서, 그것은 구체적인 존재들이 형성하는 추상적인 존재이다.[47] 이런 형체를 갖추지 않은 존재하는 것을 설명하기 위해 레비나스는 "있다il y a"의 개념을 사용하는데, "있다"는 **존재의 익명성**anonymat de l'être과 밀접하게 연관되는 하이데거의 "있음es gibt"과는 다른 개념이다. 존재는 "있다"라는 구체적 순간에 의해 표현되며, 구체적인 존재자는 존재의 "응고coagulation"에 해당한다. 이 응고가 자기 고유의 존재방식을 지닌 존재자(자아le moi)를 만들어낸다. 레비나스는 이런 응고를 **홀로서기**hypostases라고 부르며, 그것을 **순간**instant의 개념과 연결 짓는다. 왜냐하면 바로 어떤 순간에 존재의 응고가 일어나기 때문이다. 그리고 바로 이런 순간이 존재일반의 익명성을 파괴한다. 자아(존재자, 동일자le même)는 그로 인해 본질적으로 시간에 뿌리를 두게 된다. 레비나스에 따르면 존재자는 상호주체 간의 관계를 시간 안에서 맺

재한다는 것을 알고 있는 구체적이고 개별적인 존재를 가리키며, 이런 측면에서 현존재는 존재와 구분된다(《존재와 시간》, 32장). 하이데거, 《전집》, éd. E.-W. von Hermann, Frankfurt, Vittorio Klostermann, 1977 참조.

[옮긴이 주] 영어로 '존재'는 'Being', 일본어로는 '실존'으로 번역되고 있으며, '존재자'는 영어로 'beings', 일본어로는 '실존자'로 옮겨진다.

47 [원주] 레비나스, 《존재에서 존재자로》, Paris, Vrin, 1971, p. 15 이하(《존재에서 존재자로》, 서동욱 옮김, 민음사, 2003, 19쪽 이하).

[옮긴이 주] 레비나스에게 존재는 일반적이면서 추상적인 어떤 존재본질을 가지고 독립적으로 존재하는 것을 가리키지 않는다. 존재는 시간, 타자, 익명적인 관계 등의 '존재하는 것'의 조건들을 통해서 '존재자'로서의 의미를 얻게 된다. 무 또는 죽음 등의 개념들은 인간실존의 본질로서 작용하는 것 같지만, 레비나스에게 있어서 그것들은 존재외적인 주체들일 뿐이다.

을 수밖에 없으며, 오직 **'타자' 앞에서**, 그리고 타자를 대함으로써만 자신의 총체적 의미를 발견하게 된다.

§ 25 이런 관계는 영혼이 자기 자신을 타자의 이타성으로 고려하면서 자신과 길게 독백을 나누는 고대 플라톤의 이미지와는 다른 것이다.[48] 어째서 그러한가? 왜냐하면 어떤 특별한 순간에 응고된 자아의 고유한 시간은 현재와 자연스럽게 친밀감을 갖기 때문이다. 만약 자아가 과거와 미래로 확장된 총체적인 시간성에 자신을 개방하길 바란다면, **자아는 자기가 아닌 것에 자신을 열어 보여야만 하기** 때문이다. 바로 이런 까닭에 시간의 진정한 시간화temporalisation는 레비나스에 따르면 '타자'와의 만남을 통해서만 가능해진다. 그렇다면 대체 어떤 측면에서 '타자'와의 변증법이 레비나스의 체계에서 중요하단 말인가? **그것은 시간**

---

48 [원주] 《테아에테투스Theaetetus》, 189e-190a.

[옮긴이 주] 레비나스는 존재자의 배후에 존재가 은폐되어있다는 전통철학을 거부한다. 그는 존재자의 뒤에 숨어있는 존재는 없다고 단언한다. 그에 따르면 지금까지의 서양철학은 바로 이런 숨겨진 존재에 대한 물음을 던져왔을 뿐이다. 전통적인 서양의 관념철학은 존재에서 나오지 않는 어떤 것, 바로 그것에 존재를 근거짓는 방법이었다. 이런 이유로 서양철학에서 현재는 언젠가는 극복되어야 할 순수하지 않은 요소로 인식되어왔다. 현재라는 시간은 영원이 부재하는 자리였던 것이다. 그러나 레비나스는 시간은 영원의 결여태가 아니라고 판단한다. 그것은 '절대 다른 것'으로서 우리에게 다가오는 그 자체 무한한 것이다. 시간은 영원이라는 절대형식의 잣대에 의해 상대적으로 측정되는 것이 아니라, 매 순간 우리에게 새롭게 다가오는 일종의 사건이고, 그 시간 안에서 존재자가 응고된다. 또한 시간은 타자가 나의 인식 속에서 결코 온전히 만날 수 없기 때문에 일어나는 현상이기도 하다. 나에게 포착되지 않는 이런 타자는 절대타자이다. 자아와 타자의 불일치가 언제나 존재하기 때문에 시간은 무한히 흐른다. 따라서 시간은 타자와의 불일치라고 불릴 수도 있다.

의 변증법이 다른 이들과 맺는 관계의 변증법이라는 점에 대한 인식을 드러내기 때문이다.

§ 26 이런 기반을 마련한 후의 레비나스는 이타성에 대한 성찰이 윤리학으로 발전하는 과정을 어떻게 만들어갔는가? 달리 말해, 존재론에서 윤리학으로 그는 어떻게 이전하였는가? 이런 이행 과정을 레비나스는 《전체성과 무한Totalité et infini》에서 설명한다. 이 프랑스 철학자는 모든 이타성을 질식시키고, 소위 **차이를 체계적으로 중화시키는**[49] '전체성'의 한복판에 다수성le multiple과 다양함le divers을 가두어버린 존재에 대한 서구의 사유에 대해 언급한다. 동일자le même의 거부에 대한 사례들은 파르메니데스의 존재철학과 소크라테스의 산파술 혹은 헤겔의 절대이성에서 웅변적으로 제시된 바 있다. 이런 견해들은 모든 개별적인 내용들을 얼버무리고 넘어가며, 급기야 '타자'를 포식해버린다. 존재론은 힘의 철학이 되어버리고 만 것이다. 이 철학에서 "나는 생각한다je pense"는 실제로는 "나는 할 수 있다je peux"를 의미하고 있으며, 이런 힘은 당연히 '타자'에 대한 지배로 이어지기 마련이다.

§ 27 전체성과 전체주의(레비나스 자신도 나치 시대의 희생자이다) 사이의 연결고리를 확인하는 데 골몰한 레비나스는 서양 존재론

49 [원주] 바로 여기에서 베르만은 텍스트의 '이타성'을 거부하고, 번역을 하면서 '낯선 것'을 제거해버리는 자민족 중심적인 번역가에 대한 생각을 가져왔다.

의 폭력성은 "전체성"의 개념에 토대를 두고 있으며, 그런 폭력성의 고리를 끊어버리기 위해서는 동질성l'identique이라는 생각에 사로잡힌 전체성의 원을 끊어야 한다고 설명한다.[50] 이것은 다른 것과의 구체적 만남이라는 실존적 경험에 의해 쉽게 가능해진다. '타자'와의 만남은 그 어떤 동일성의 변증법으로도 환원될 수 없는 외재성extériotè에 대한 전망을 펼쳐 보인다.[51] 그런데, 전체성에는 이름이 없지만, '타자'는 단연코 그렇지 않다. 이런 '타자'의 특징은 **얼굴**visage에 새겨있으며, 이 얼굴이 타자의 절대성을 구체적으로 드러낸다. 얼굴의 주된 특징은 **자기의미화**autosignifiance이다. 하나의 얼굴은 다른 어떤 얼굴을 지시하는 기호

---

50 [원주] 이 점에서 레비나스는 프란츠 로젠츠바이크Franz Rosenzweig와 그의 저서 《구원의 별Ser Stern des Erlösung》(Frankfurt, J. Kauffmann, 1921)에게 분명히 빚을 지고 있다.

51 [원주] 번역자와 "낯선" 텍스트와의 관계는 '타자'와의 만남, 이타성에 대한 개방을 드러낸다. 차이의 인식은 번역이 동일자에게로 귀환하는 것을 불가능하게 만들기 때문에, 베르만은 번역가의 윤리적 역할은 '타자'를 타자로서 번역하는 것, 즉 "글자 그대로littéralement" 번역하는 것이라는 결론을 내린다.

[옮긴이 주] 저자인 샤를 르 블랑은 이 점에서 베르만을 잘못 해석하고 있다. 많은 번역이론가들이 베르만의 번역관점이 '직역'에 놓여있다고 말하는데, 이때의 직역은 축자역을 가리키지 않는다. 베르만이 말하는 '문자'는 형태로서의 글자가 아니라 만인이 공유하는 언어를 통해 번역대상의 형태와 의미를 번역하는 것, 즉 번역대상의 시적poétique인 측면을 포착하는 것과 관련이 있기 때문이다. 따라서 베르만의 문자역은 축자역을 가리키기보다는 엄밀하고도 본래적 의미의 '직역', 달리 말해 도착어로 출발어의 특이성과 출발어를 낳은 문맥 전체를 번역하는 것에 해당한다. 따라서 저자가 각주에서 언급한 "글자 그대로"라는 표현은 "문자"의 '재현동화'로 대체하는 것이 바람직하다. 저자는 § 31에서도 베르만에 대한 이런 해석의 오류를 범하고 있다. 그러나 이 책의 뒷부분으로 갈수록 저자는 베르만에 대한 자신의 이런 관점을 자연스럽게 수정해나가게 될 것이다. 더불어 한국 상황에서 축자역과 직역을 동일시하는 관점 역시 재논의의 대상이 될 필요가 있음을 지적하지 않을 수 없다.

가 아니며, 그 자신을 드러내고, 자기 힘 그 자체로 자신을 인정하도록 만드는 살아있는 현존présence vive이다.[52] 따라서 레비나스가 보기에 얼굴에는 윤리적 가치가 내재되어있으며, 바로 이것이 얼굴을 탁월한 윤리의 계시épiphanie de l'éthique로 만든다. 왜냐하면 이런 자기의미화는 끊임없이 우리가 주목할 것을 요구한다는 점에서 도덕론의 기초가 되기 때문이다.[53] 레비나스에 따

---

52 [원주] 번역해야 할 텍스트는 "얼굴"일 수가 없다. 그것은 스스로를 드러내지 않기 때문이다. 사실 얼굴은 번역이라는 행위를 통해 드러날 필요가 있다. 따라서 일부 번역이론가들이 제시한 이런 비유는 본래 잘못되었다.

[옮긴이 주] 얼굴이 자기 스스로를 내보이는 것, 자기 스스로를 표현하는 것을 레비나스는 "자기의미화"("자기표현" 혹은 '스스로 자기를 지시하기'라고도 번역될 수 있다)로 명명한다. 얼굴이 바라보고 호소하고 스스로를 표현하는 까닭에 그것은 나의 입장과는 무관하다. 얼굴은 절대적이다. 따라서 얼굴의 자기의미화는 내가 부여한 의미보다 타자의 존재가 더 중요하다는 것을 뜻한다. 레비나스의 타자는 나에게 거리를 두고 있고, 나에게 낯선 이로 남아있는, 나의 삶에 완전히 포섭될 수 없다. 그래서 그것은 '나'가 죽일 수 없는 것이다. 그것은 내가 완벽하게 파악할 수 없는 무한성이다. 타자는 나의 기대와 무관하게 밖으로부터 출현하기에 그것은 "계시"와 같다. 그것은 내가 거부할 수 없는 명령을 내리는 것이다. 그러나 이런 무한성을 익명성과 동일시할 수는 없다. 무한성이라고 말할 수 있는 것은 타자가 나에 의해 와해될 수도, 나에게 종속될 수도 없고, 반대로 다른 모든 사람과 결속되어있기 때문이다. 나로 귀환될 수 없는 타자는 그러므로 '너'가 아니다. 그것은 제3자인 '그'이다. 그러므로 타자는 보편적인 인간상을 열어주는 길이다. 타자의 얼굴을 직면하는 바로 그 순간 '나'는 '너'가 아닌 제3자인 모든 사람들을 만나게 되며, 그 순간에 나의 기득권은 버려지고 타자와 동등한 자가 되기에 이른다. 타자의 얼굴을 받아들이면서 나는 인간의 보편적 결속과 평등한 차원에 들어가게 되는 것이다. 타자를 받아들이는 것이 아니라 내가 나를 버리고 타자인 '그'를 "대속substitution"할 때 비로소 그와 동등해질 수 있으며, 그와의 연대가 형성되는 것이다.

53 [원주] 윤리의 관계에서 타인은 절대적으로 다른 것이다. 이 점에서 독자는 포르루아얄 논리학의 오래된 원칙을 상기하는 것이 필요하다. 개념의 외연이 넓어질수록, 그 깊이는 낮아진다. 즉 개념이 외연으로 확장될수록, 그것에 대한 이해를 상실해나간다. 타인이 절대적으로 타자라면, 그 외연은 무한히 확장된다. 이때 타자에 대한 이해는 불가능해진다. 이를 번역에 비추어 말하면, 번역해야 할 텍스

르면 얼굴은 살인할 수 없는 것이며, 혹은 "너는 결코 살인하지 말라"라는 뜻을 지닌 것이다. 따라서 레비나스 윤리학의 근본적인 뜻은 타자가 **자기를 의미화**하고, 그리하여 동일자가 그것을 존중할 것을 "명령"하는 방식에 전적으로 놓여있다.

§ 28 위에서 전개한 내용에 조금만 주의를 기울인 독자라면, 그 내용이 **번역가와 텍스트 사이에 놓인 관계와 일치하지 않는다**는 것을 이해할 수 있을 것이다. 베르만이 자신의 번역이론에 철학적 토대를 세울 목적으로 번역에 윤리의 성격을 도입하려고 했다는 것이 첫 번째 이유가 되며, 번역해야 할 텍스트의 범주를 번역가 고유의 문화 범주로 대체하는 것을 번역가의 본능적 행위로 그가 보았다는 것이 두 번째 이유가 된다. 베르만은 번역가의 이런 행위를 '타자'의 거부와 동일시하였다. 텍스트의 범주를 받아들이는 것이 윤리적 행위이기 때문이다. 그런데 번역해야 할 텍스트가 레비나스의 '타자', 달리 말해 **자기의미화**와 같은 것이었다면, 그런 태도는 윤리적일 수 있었을 것이다. 그러나 두 가지 이유 때문에 그렇지 않다. 우선, 하나의 텍스트는 이미 존재하는 **의미들의 총체**인 언어에 속하기 때문이다. 둘째, 텍스트가 만약 스스로 자기를 지시한다면, 번역되어질 필요성을 갖지 않을 것이기 때문이다. 따라서 번역의 필요성은 텍스트의 "비非자기의미화" 특성에서 나오는 것이므로, 번역행

트가 절대적으로 이타적인 것이라면, 그것은 번역할 수 없다는 것을 의미하게 된다. 출발텍스트와 도착텍스트 사이에 그 어떤 공통점을 발견하기가 불가능하게 되기 때문이다. 따라서 번역의 기본원칙은 다름이 아니라 **오히려 같음**인 것이다.

위를 인도하는 윤리적 원칙은 텍스트에 내재된 인식론적 명령이 아니라—사실 번역의 윤리는 본래 이러해야 하지만 —, 오히려 **방법론적**인 것임이 분명하다. 이런 측면에서 윤리의 기준은 가시적인 결과를 고려하여 결정되어야 하며, 따라서 그것은 개인의 직업의무une déonthologie로 요약될 수 있다.[54] 이것은 매우 중요한 사항이다. 왜냐하면 번역의 윤리는 얼굴의 은유를 사용하여 출발텍스트가 번역가의 존중을 명령하는 것으로 소개하는 경향이 있다.[55] 그런데 언어와 언어에 앞서 존재하는 의미들의 망을 필요로 한다는 점에서 그 어떤 텍스트도 레비나스가 《전체성과 무한》에서 제시했던 바로 그런 자기의미화가 결코 될 수 없는 것이다.

§ 29 수많은 학술회의와 소논문들에서 이런 일련의 개념들에 대해서 사람들은 아주 굳게 입을 다문다. 그것들을 "당연한 것"으로 여기는 청자 혹은 독자는 **철학**이라고 불리는 함정들이 얽히고설킨 이 거대한 그물을 교묘히 풀어나간다. 학술회의와 소논문들은 이런 망 고리에 덧붙여진 매듭들이다. 레비나스는 매우

---

54 [원주] 이런 이유로 번역윤리가 어떤 점에서 직업윤리로 귀결되는지를 잘 설명한 안토니 핌의 위의 저서 제7장(pp. 135-137)을 독자는 참조하기 바란다. 게다가 〈번역윤리는 어떤 원칙(번역)이 아니라 행동하는 개인(번역가)과 언제나 관계한다〉가 이 장의 제목이다.

55 [원주] 아마도 레비나스의 다음과 같은 언급 때문일 것이다. "얼굴은 말을 시작하게 만든다. 말을 한다는 것은 무엇보다도 어떤 이의 모습, 그의 몸 뒤로부터 앞으로 발을 내딛는 것, 이 최초의 드러내기에서 출발하여 열어가는 것을 의미한다." 레비나스, 《타자의 휴머니즘Humanisme de l'autre homme》, Paris, Fata Morgana, 1972, p. 51.

모호한 용어로 그리고 심각하게 에둘러 취급되기에, 독자와 청자는 포기한 상태에서 발표자들이 언제나 옳다고 "지레짐작한"다. 이렇게 서로 "당연한 것으로 여기"는 행태는, 그것이 발표가 의도한 것이든 혹은 정신의 게으름이든 간에 학술교류의 대부분을 차지한다. 그리고 지네를 "수많은 다리mille-pattes"라고 부르는—수를 세는 수고를 하고 싶지 않기 때문에[56]—그런 방식에 힘입어 어떤 이들은 뛰어난 지식인이라는 평판을 얻기도 한다. 한순간의 논리제시에 적합한 것만을 하나의 철학에서 끄집어내는 것은 매우 나쁜 절충적 태도에 속한다. 삼단논법과 학술발표의 모든 규칙을 존중한다고 할지라도, 레비나스의 이타성 사상에 대해 마치 이 사람의 윤리철학이 종교적인 면 없이 완성된 것처럼 말하는 것은 엄정성을 상실한 것이다. 철학자들의 사상을 그것들이 탄생할 수밖에 없었던 **조건들**과 함께 다룰 때, 비로소 제대로 철학자들을 지적으로 정직하게 사용하게 된다. '타자'의 윤리에 관해 말하면—여기에 근거하여 번역의 윤리는 같음/다름, 동질성/낯섦 등등의 대립항을 발전시켰는데—그 조건은 바로 **자기 스스로 의미화하는 이타성**이다. 만약 이런 조건이 존중받지 않는다면, 그것을 언급하는 것은 잘못된 것이다. 비록 그렇게 사용하는 것이 무언가를 연상시킬 수 있고, 생각의 여지를 줄 수는 있겠지만, 그 역할은 단순히 수사적인 측면, 지적인 속임수에 그치고 말 것이다. 그런 생각은 단지 **껍데기 사상** 이외의 다른 것이 아닐 것이다.

---

56 [원주] 리히텐베르크Lichtenberg의 《잠언집Aphorisme》.

§ 30 베르만은 레비나스에게서 발견되는 몇몇 이론적 요소들에 의지하여 자민족중심 번역의 목적과 텍스트를 낯섦 그 순수한 상태로 번역해야 하는 시급성을 주장한다. 이것 역시 껍데기만 가지고 있는 사상일 뿐이다. 그의 사상은 "대지라는 진흙덩어리"[57]에 일종의 형태를 부여하는 아래와 같은 방식으로 설명될 수 있다.[58] 우리가 여기에서 제시하는 예는 베르만에게는 미안한 말이지만, 번역이 **글자 대 글자**verbum pro verbo가 아니라 **의미 차원**ad sententiam에서 수행되어야 한다는 점을 입증할 것이다.

§ 31 번역의 윤리는 출발텍스트와 도착텍스트 사이의 관계를 파악하는 데 효과적인 방식일 수 없을 것이다. 왜냐하면 그것은 이 둘 사이에 존재하지 않는 상호대립을 만들기 때문이다. 두 텍스트는 오히려 **상호보완관계**를 맺고 있다. 이 점은 **유전학**의 비유를 통해 드러날 수 있다. 사실 유전학의 측면에서 보면, 개인은 자신과 동일한 유전자를 생산할 수 없다. 유전자의 **절반**만 제공하기 때문이다. 자기 속성의 절반만 전이하는 까닭에 인간에게는 이타성, 즉 배우자에게 자신을 개방하는 것 말고는 다른 선택이 주어지지 않는다. **이런 점에서 타자는 자신의 보완인 셈이다.**[59] 그렇다면 이것을 번역에 적용해보면 어떻게 되

57 [원주] 《창세기》, 2장 7절.

58 [옮긴이 주] 원주 50번 뒤에 딸린 옮긴이 주에서 언급하였듯이 저자는 베르만 사상의 문제점을 앞으로 설명하겠노라고 밝히지만, 베르만의 문자에 대한 개념을 일반적인 글자의 개념으로 파악하는 그가 이 단락에서 베르만의 문자 개념을 올바로 이해하고 있다고 보기는 매우 힘들다.

59 [원주] 레비나스의 절대적 타자일 수 없는 것이다.

는지 살펴보자. 타자는 자기의 보완이기에, 번역되어져야 할 텍스트는 번역자의 손을 거쳐 변형됨으로써 완벽한 자기로 완성된다. 이런 이유로 번역은 같음/다름, 동질성/낯섦 등등의 대립으로 요약될 수 없다. 번역은 다름에서 같음으로의 이동이 아니며, 오히려 유전학에서처럼 원본유전자의 연장인 셈이다. 번역은 본래부터 자기가 가지고 있지 않았던 의미장과 문화적 측면을 원전에 부여한다. "번역의 유전학"이라고 부를 수 있는 이런 이론은 낯섦, "낯선 것", "이타성", "존중을 명령하는 얼굴로서의 텍스트", "**고유한 습성적 양태**habitus의 서식지", "선험적 언어l'outre-langue" 그리고 "깨뜨릴 수 없는 난해어" 등을 무시하면서, 원전을 번역하고 완성하며 다른 문화 안에서 말하게 만드는 언어와 원전 사이의 혼종교배métissage를 강조한다.[60] 그러므로 번역은 **단어 대 단어**의 축자역일 수 없다. 이런 번역방식은 동일자와 타자의 상호보완에 장애물이다. 번역은 언제나 **의미차원**에 놓여있다.

§ 32 "번역의 유전학"이라고 이름 붙여진 이런 이론적 사례는 따라서 매우 일관성 있는 방식으로 "번역의 윤리"에 반대하는 입장을 취한다. 무언가에 반대하여 제시한 논리적 제안에 반대의 제안을 내세우는 것은 그 자체가 처음에 반대의 대상이었던 제

60 [원주] 동질성/다름, 같음/"낯선 자" 사이에 대립이란 없다. 원전과 번역 사이에 의미의 보완이 있어야 하는 것이다. 동질성/다름, 같음/"낯선 자"라는 대립쌍으로 번역을 개념화하는 것은 이론을 일관되게, 따라서 통일시키려는 의도에 기인하지만, 이것에는 어쩔 수 없이 모순이 있으며, 그것은 본질적으로 터무니없는 것이다. 아래에서 그것을 살펴보고자 한다.

안에 대한 논박이다. 왜냐하면 동일한 대상에 대하여 상반된 두 결론이 존재한다는 것은 추론이 잘못되었다는 것을 드러내기 때문이다.[61] 껍데기일 뿐이며 지적인 속임수가 출현하는 학술대회에서 **즉각적**으로 반응하는 일은 어렵다. 되새겨볼 시간도, 논리의 함정들을 밝혀낼 시간도 없기 때문이다. 껍데기 사유들이 종이 위에 적혀있다면, 분명 그런 함정들을 여유를 가지고 발견하는 것이 훨씬 용이하겠지만, 용어들이 난해하고 알쏭달쏭하며, 얽히고설켜서 지루하기 그지없는 문장들은 논리를 따라가기 힘들게 만들고, 급기야 싫증에 사로잡히고 만 정신은 이 불편한 추적을 포기하기에 이른다. 결론이 언제나 전제에 포함되어있어야만 하기에,[62] 이런 껍데기일 뿐인 사상들은 결국엔 승률을 높이기 위한 논박의 성격을 지닌 논거[63] 이외의 다른 것이 아니다.

§ 33 철학의 "올바른 이용법"을 정하고, 껍데기만을 보여주는 일부 사상들의 어리석음과 인문학에서 그것들이 지닌 해로운 측면을 지적하였으므로, 이제 "**날개 없이 날기란 결코 쉽지않다**Sine pennis volare haud facile est"[64]는 플라우투스의 격언을 한번 검토해보자.

---

61 [원주] 아리스토텔레스, 《형이상학》, 1005b 5-20.

62 [원주] 아리스토텔레스, 《분석론 전서》, 24b 18.

63 [원주] 아리스토텔레스, 《소피스트적 논박》, 165b 7.

64 [옮긴이 주] 무슨 일이든지 필요한 준비가 되어있어야 나름의 결과를 얻을 수 있다는 뜻이다. 우리 속담의 "거미도 줄을 쳐야 벌레를 잡는다"에 해당할 것이다. 저자는 이제 준비를 갖추었으니 본격적으로 자신이 문제시하는 '번역의 윤리'를 다루어보겠다는 의미로 플라우투스의 격언을 사용한다.

§ 34 베르만은 자신의 이타성 개념을 레비나스의 철학에서 일부분 물려받았다.[65] 그렇다면 그는 어떻게 번역의 윤리라는 자기 사상에 이르게 되었는가? "번역행위의 의도visée du traduire"라는 개념을 통해 이 사상에 도달할 수 있었다. 번역에서 발견되는 여러 유형의 변형들에 반대할 목적으로 그는 좋은 번역 분석론을 고안했는데, 이 분석론이 번역방법론의 탄생을 가져왔다. 그런데 번역에 일부 변형 혹은 왜곡이 있다고 해서 그것을 모두 방법론적인 오류에 의한 것으로 단순하게 치부할 수는 없다. 왜냐하면 일부의 변형이나 왜곡은 의미의 이탈을 어느 정도 만들어내며, 그것은 실제적으로는 의도된 것이고, 바로 그것이 "번역행위의 의도"이기 때문이다.[66] 베르만이 제시한 번역행위의 의도는 "세상에 대한 주관적 체험"[67]을 전달할 목적으로 작성된 작품의 번역에 유효하다. 반면 기술텍스트는 그것이 단순가치를 지닌 정보의 양적인 측면을 전달한다는 측면에서 오히려 방법론의 영역에 속한다. 번역행위의 의도가 방법론적인 고려와 무관하다는 베르만에 의하면 소통이 이런 의도일 수는 없다.[68] **의도와 소통이 서로 다른 것**이라는 점은 베르만으로서는 뚜렷이

---

65 [원주] § 22와 § 26 참조.

66 [원주] 좀더 직접적으로 말해본다면 다음과 같다. 의미의 이런 의도를 번역가가 명확하게 밝히지 않는다면, 그것은 비평의 분석적 대상이 결코 될 수 없다. 왜냐하면 명백히 밝혀지지 않은 번역가의 의도는 추정 이외에 다른 것이 아니기 때문이다.

67 [원주] 그런데 "세상에 대한 주관적 체험을 전달하"는 것의 의미는 결코 정의된 적이 없다. 게다가 세상에 대한 체험이 — 그 주관적인 내밀한 성격 때문에 — 과연 소통할 만한 것인지 의문을 갖지 않을 수 없다.

68 [원주] 사실 의도가 소통 가능한 것이라면, 의도는 단일한 방식으로 상당량의 정보를 전달하게 될 것이며, 그렇다면 그것은 방법론의 범주로 떨어지게 될 것이다.

구분되는 두 가지 요소에 의해 결정된다. 첫 번째, 만약에 일반 대중을 번역의 지평으로 삼는다면, 메시지는 희석된다. "정보의 전파 영역이 넓어질수록, 그 메시지의 내용은 빈약해지"[69]기 때문이다. 둘째로, 소통의 측면에서 **무언가**를 소통하는 것과 **누군가**에게 소통하는 것 중, 언제나 후자가 전자를 압도하기 때문이다.[70] 이 점에서 "그 누구에게도 모든 것을 전달하지 않는다, 혹은 모든 이에게 아무 것도 전달하지 않는다"의 딜레마가 생긴다. 그런데 독자들이 반드시 염두에 두어야 하는 것은 이런 딜레마가 결정적이지 않다는 것이다. 일반 대중을 반드시 고려해야 하지만, 그들을 최종 지향점으로 여겨서는 안 된다. 과학의 환원주의적 접근 사례가 이를 잘 보여준다. 비전문가를 대상으로 삼아 과학적 문제를 단순화하면 소통은 실패하고 만다. 과학에 필수불가결한 전문용어를 제거하는 것은 과학적 내용의 효과적 전달을 가로막기 때문이다. 일반 대중의 눈높이에 맞춰 과학을 낮추는 환원주의적 접근vulgarisation보다는 오히려 일반 대중을 과학의 수준으로 끌어올리는 것, 다시 말해 과학 언어의 성격과 일반 대중의 이해력을 화해시켜 과학을 대중화populariser하는 것이 더 적절하다. 이런 과학의 대중화는 그 과정

69 [원주] 베르만이 《번역과 글자》(p. 71)에서 인용한 피에르 지로Pierre Giraud의 언급. 이것은 § 27의 각주에서 언급한 포르 루아얄의 특별 원칙에 해당한다.
[옮긴이 주] 원주는 지로Giraud라고 밝히고 있으나, 피에르 기로Pierre Guiraud이며, 〈언어행위의 부수적 기능Les fonctions secondaires du langage〉, in 《언어Le Langage》, publ. sous la dir. d'André Martient, Paris, Gallimard, coll. La Pléiade, 1982, p. 461에서 위 문장을 언급한 바 있다.

70 [원주] 격언이 이에 해당한다. 본래 원칙이 **증명불가능**하다는 것이 격언의 첫 번째 속성이며, 그것은 자명한 것이다. 그런데 격언의 두 번째 속성이 **증명가능**하다라면, 그것은 절대로 확실하지 않은 것이다.

에서 환원주의적 접근에 "전적으로" 결여되어있는 사고의 깊이를 획득하게 된다.[71] 원전을 대중화하는 것은 원전을 과도하게 단순화하는 것이 아니다. 그것은 독자가 원전에 좀더 쉽게 접근할 수 있도록 하기 위해 원전의 친숙하지 않은 요소들을 다듬어 개선시켜 가는 것이다. 원전의 대중화는 친숙하지 않은 것, 즉 **낯섦에 대한 교육법**[72]이다. 번역의 목적이 이처럼 소통이 아니라면, 대체 그것의 궁극적 의도는 무엇이란 말인가? 베르만에게 번역의 목적은 철학적, 윤리적 그리고 시적이라는 세 층위를 지닌다. "번역 안에는 진리와의 어떤 관계가 있다는 점에서"[73] 번역은 철학적이며, 번역가는 번역체험을 정의하고, 윤리와 관련되는 두 가지 근본 요소인 **충실성**과 **정확성**을 언제나 지향해야 하므로 번역은 윤리적이다. 베르만에게 번역행위의 목적은 '타자'를 '타자' 그대로 인정하고 받아들이는 것이다.[74] 그는 서구가 '타자'를 자아의 부속물로 만듦으로써 **"낯선 것을 낯선 것 그 자체로 자기 언어의 영지로 받아들이려는 욕망"**을 본질로 삼는 **"번역의 윤리적 소명"**을 억압하고 말았다고 비난한다.[75] '타자'를 있는 그대로 받아들이는 것, 그것은 글자에 충

---

71 [원주] 그런데 대체 어떤 토대에 근거하여 이해의 잠재력을 객관적으로 구축할 수 있단 말인가? 이해의 잠재력은 이러저러한 것을 그것에 대해 사람들이 일반적으로 가지고 있는 자의적인 생각에 근거해서 이해해야 하지만, 다른 이러저러한 것은 모른 체해야만 하는 사변적 주체를 전제로 한다. 게다가 환원주의적 번역과 대중화를 지향하는 번역 사이의 구분은 매우 그럴싸하다. 환원주의적 번역은 사람들 사이에 공통으로 있는 무언가를 발견하는 것이기 때문이다. 여기에는 잠재적 "이해가능성" 여부를 추론할 필요성이 전혀 없다.

72 [원주] 베르만, 《번역과 글자》, p. 73.

73 [원주] 같은 책, p. 74.

74 [원주] 같은 책, 같은 곳.

실한 방식의de façon littérale 번역을 수반하며, 그리하여 독자는 원전이 다른 문화에 속한다는 사실을 잘 알게끔 되는 것이다. 낯선 것에 자신의 문을 열어 보이고, 그것에 접근 가능하게 만들고, 그것을 수용자의 언어문화 영역으로 운반하는 것, 그것이 낯선 것을 명백하게 드러내는 일이라고 베르만은 말한다. 문학작품의 영역에서 번역은 "**드러냄의 드러냄**la manifestation d'une manifestation"[76]인 셈이다. 번역은 전적으로 새로운 것인 원전을 드러내는 것이기에, 번역의 윤리적 지향은 자기 언어로 원전을 드러내는 데 있다. 윤리의 목적이 '낯선 것'을 자신의 구체적인 유형성 내부로 받아들이는 데 있기에, 번역은 문학작품의 **글자**에만 전념

---

75 [원주] 같은 책, p. 75.

76 [원주] 번역이 "드러냄의 드러냄"이라는 이유에 대해 베르만은 설명을 하지 않는다. 그런데 만약 드러냄이 일종의 소개함이라면, 번역은 소개된 것을 소개하는 일이 될 것이다. 다시 말해 소개의 대상을 비유적으로 옮겨놓는 것이 될 터인데 **이러한 옮겨놓기는 글자와는 양립할 수 없다**. 이 점에서 베르만은 글자에 관한 자신의 근본적 견해 그리고 그의 글자에 대한 옹호와는 분명히 배치된다. 물론, 베르만에게 이런 글자는 단어 대 단어 번역이 아니라 원전의 시적인 측면을 존중하고 그것을 현동화하는 것을 의미한다고 말할 수도 있다. 이런 시학이 글자로부터 나온다고 베르만이 보고 있다는 점을 고려한다면, 실천의 측면에서 글자의 시학을 이 모호한 축자역에 떨어뜨리지 않고 어떻게 글자의 시학을 끄집어낼 수 있는지 이해하기가 쉽지 않다. 게다가 이런 시학이 매우 중요하다고 베르만이 본다면, 어째서 그는 글자에 대한 존중을 말하면서 혼돈만 일으키는지, 어째서 그가 **시학**이라는 표현 대신에 **글자**를 언급했는지 알 수가 없다. 바로 이런 이유 때문에 이에 대한 수많은 해석과 논란의 글들이 만들어지는 것 아니겠는가?

[옮긴이 주] 베르만이 "드러냄의 드러냄"이라고 말한 것은 원전이 출발언어의 숨겨진 가능성을 드러내고, 이 드러난 새로움을 번역은 도착언어 안에서 현동화하여 드러내는 일이 되기 때문이다. 저자인 르 블랑은 여기에서도 베르만을 글자 차원의 충실성에 대한 지지자로 보고 있다. 그러나 언어적 차원이 아니라 시학적 차원의 번역이 필요하다고 주장하는 § 111에 드러난 저자의 입장은 베르만의 관점과 다르지 않다.

해야만 한다. 그리고 이런 목적의 구체적 형태가 **충실성**이다. 충실성의 궁극적 지향점은 모국어 안으로 글자성littéralité[77]을 받아들여서 자국 중심적이고 하이퍼텍스트적인 번역을 회피하는 데 있다. 문자에 충실함, 낯선 것의 수용, 이것이 번역윤리의 지평이다.

§ 35 번역의 윤리라는 개념은 상당한 성공을 거두었다. 우선, 그것

---

77 [옮긴이 주] 문자성은 문자의 외부적 형태, 즉 외피뿐만 아니라 외피 너머에 있는 온전한 의미인 몸, 그리고 문자의 맵시, 덕목, 에너지, 부드러움, 우아함, 존엄성, 힘, 활력 등의 혼을 모두 포함한다. 속담의 경우가 간단한 예가 될 수 있다. 베르만에 따르면, 속담을 문자에 충실하게littéralement 번역한다는 것은 단순히 단어 대 단어 번역, 즉 축자역을 뜻하지 않는다. 속담의 리듬, 길이, 간결성, 운, 문맥상 의미, 문화적 맥락, 속담사용의 의도와 가치 등의 모든 것을 번역하는 것을 말한다. 이렇듯 어휘의 정신만이 아닌 정신을 담고 있는 형태에 관련된 모든 것을 그는 문자성이라고 부른다(베르만, 《번역과 문자》, p. 14 참조). 이 용어는 저자 르 블랑이 앞의 각주에서 지적하고 있듯이 해석상의 많은 오류를 불러 일으켰고, 베르만 자신도 《번역비평을 위하여—존 던》에서 이 용어를 선택하긴 했지만 그리 좋은 운을 받아 선택한 것이 아니라고 밝히기도 했다. 많은 번역학자들이 그를 축자역의 지지자로 보는 것도 이런 이유 때문이다. 그런데 사실 직역과 축자역을 다른 차원에서 베르만이 사용하고 있다는 점을 고려한다면, 그리고 직역과 축자역은 분명 다른 것이기에, 베르만은 축자역주의자라기보다는 직역주의자로 불리는 것이 마땅하다. 이 책의 번역에서 우리가 직역이란 용어를 사용한다면 그것은 단어 대 단어 번역이 아니라 베르만의 관점에 따른 것임을 밝힌다. 한편 베르만의 "traduction-de-la-lettre"는 "글-몸 번역"이라고 옮겨지기도 하는데(정혜용, 《번역논쟁》, 열린책들, 2012, 78쪽), 이런 번역어 선택을 존중한다면 "외피-몸-혼-글 번역"으로 옮길 수도 있다. 또한 이것은 "형태의 번역"(윤성우 · 이향, 〈베르만(Berman) vs 핌(Pym) : 번역윤리를 바라보는 서로 다른 관점〉, 《프랑스학연구》, 41집, 2007, 67-87쪽), 혹은 "문자-지-역"으로 번역되기도 한다(조재룡, 〈동서양의 문화 번역론 비교 연구 : 뤼신과 베르만, 베르만과 뤼신〉, 《비교문학연구》, 48집, 2009, 5-32쪽).

이 실천학문에 광활한 이론의 장을 열어 보였기 때문이며, 둘째로 용어들의 모호성 자체가 온갖 해석을 가능하게 했기 때문이다. 그런데 **낯선 것의 환대**가 어째서 낯선 것을 거부하는 것보다 더 "윤리적"이란 말인지 자문해보지 않을 수 없다. 또한 실천적 관점에서 볼 때, 원전의 "낯섦"이 번역해야 할 텍스트에서 가장 중요한 요소라면, 그 결과인 번역은 이 낯섦을 받아들이게끔 되어있는 도착어 독자의 요구를 무시할 때 비로소 이런 "낯섦"을 옮길 수 있을 것이다. 이 독자는 "낯섦"을 포착할 만한 인식이나 필요한 범주를 갖추고 있기 때문이며, 바로 그런 사실 때문에 그에게는 번역이 필요하다. 게다가 충실성과 정확성이 윤리와 관계를 맺는 것이 사실이고, 이 개념들이 번역의 체험을 잘 드러내는 요소들일지라도, 어떤 번역이든지 번역의 충실성이나 정확성은 **번역가의 주관적 의도**—그가 충실하고 정확하기를 원했는지, 아니면 그렇지 않은지—에 의지해서가 아니라, **원전과의 비교에 의해서**만 평가될 수 있다. 이런 까닭에 충실성과 정확성은 윤리적 범주가 아니라 비평적 범주에 속한다고 해야 한다. 번역이란 그 본질적 목적에 의해서 본래부터 윤리적인 행위라고 강조하는 베르만이 인정하지 않았던 것은 바로 이런 지향이 실제로는 **비평적 내용물**을 지니고 있다는 점이다.

§ 36 번역해야 할 텍스트, 그것은 동일성[identité]이다. 번역은 동일성을 다른 것에 열어 보이는 것이다. 이런 면에서, **낯선 것**은 결코 텍스트나 텍스트의 내용이 아니다. **낯선 것, 그것은 어찌되었든 간에 번역가이다.** 출발텍스트 앞에서 자신을 개선[s'amender]시

켜야만 하는 자는 바로 번역가이다.[78] 그는 출발어를 완벽하게 이해해야 하고, 개인의 교양을 확장시켜야 하며, 모국어이든 외국어이든 간에 독서를 많이 하고, 어떤 경우에는 실수를 통해서 혼자 배우고, 또 다른 경우에는 스승으로부터 사례를 통해 배우면서 자신을 수십 번,수백 번 훈련시켜야만 한다. 번역가 양성의 목적은 출발텍스트 앞에서 번역가를 낯선 자로 남아 있지 않게 만드는 데 있다. 이렇듯 **낯선 자**가 번역가라면, 번역 행위는 '타자'를 '타자'로서 받아들이는 행위가 아니라, 오히려 '타자'가 번역가를 있는 그대로, 자신의 일부로 받아들이게 만드는 것이 된다. '타자'는 '낯선 자'가 아니라, 또 다른 자기 자신 un autre moi-même인 것이며, **그**il의 모습을 한 **나**je인 것이다. 그러므로 '타자'를 '나'로 인정하고 받아들이는 것, "나"인 "타자"가 나 자신을 알기 위해 반드시 필요하다는 것을 고려한다면 **낯선 자는 그가 아니라 바로 나 자신**(소크라테스적인 의미)이라는 것을 인정하는 것이 윤리적 행위이다. 번역의 경우에도 마찬가지이다. 번역의 목적은 '타자'를 이해하는 것이 아니라, '타자'를 통해 나를 이해하는 것이다.[79] 게다가 플라톤의 동굴 우화는 '낯선 것'을 잘 설명한 바 있다. 자유를 얻은 죄수가 동굴 밖에서 마주치는 사람들과 자신을 비교한다면 분명 그는 "이방인"이다. 따라서 그는 그가 '타자'의 집에 머물 때 마치 자기 집에 있

---

78 [옮긴이 주] '출발텍스트 수준까지 자신을 끌어올려야만 하는 자'라는 의미이다.

79 [원주] '타자'를 '타자'로서 인식하고 받아들이는 것이 아니라, '타자'를 '자기 자신'으로, 달리 말해 '타자' 안에서 다른 '자아'를 보는 것이 진정한 윤리적 행위이다. 이렇게 되었을 때 비로소 도덕률은 보편적인 것으로 이해될 수 있다. 기독교는 이 점을 알고 있었다. 게다가 '다른 자'가 실은 다른 '나'라는 사실은 급진적인 이타성 철학의 한계를 잘 보여준다.

는 것인 것처럼 되기 위해서는 '타자'에게 길들여져야만 한다. 그러고 난 후에 다시 동굴로 돌아오게 된다면, 동굴 안 사람들 눈에 그가 "이방인"으로 비치게 될 것이라는 것은 자명하다. 바로 이런 이유 때문에 동굴로 돌아온 그는 자기 모국어의 모든 뛰어난 특이성génie을 고르고 골라서 그들이 자기를 알아보게 만들어야만 한다. 만약 이 죄수가 동굴 밖에서 통용되는 범주에 따라서 자신을 표현한다면, 온갖 신조어와 이상한 차용어로 주둥아리를 가득 채워 말을 늘어놓는 그는 결코 동굴 안 사람들로부터 이해를 받지 못하게 될 것이다. 번역가는 어느 정도 이런 죄수와 같은 상황에 놓여있다. 그가 받을 진짜 벌은 동굴 안에 갇히는 것이 아니라, 자기 자신이 "이방인"이라는 점이다.

§ 37 베르만이 '타자'를 병합시켜 "**낯선 것을 낯선 것으로서 자기의 고유 언어 영역에 열어 보이려는 욕망**"을 본질로 삼고 있는 소위 "**번역의 윤리적 소임**"을 서구가 목 졸라버렸다고 비난할 때, 그는 번역이론 안에 해결하기 힘든 (같음과 다름이라는) 양립성의 자리를 마련해놓고 말았다. 만약 텍스트가 **낯선 것**으로서의 **낯선 것**이라면, 혹은 이런 표현보다는 우리가 더 선호하는 **타자로서의 타자**라면, 텍스트는 **절대적으로 다른 것이므로, 텍스트의 번역은 불가능하게 될 것**이다. 그런데 다시 반복하자면 번역은 공유되는 것 위에 기반을 두어야 하고, 게다가 바로 그 공유로부터 "모든 인간들이 공유하는 것vulgaris"인 환원주의적 번역vulgarisation의 복권이 이루어진다. 이것에 베르만은 혹평을 가하였다. 어떤 텍스트 안에서 진땀을 빼고 있는 낯섦은 텍스트의 고유한 속성으로서의 낯섦이라기보다는, 번역가에게 속

한 것, 달리 말해 번역과정의 인공물인 것이다. 번역가를 양성한다는 것은 본질적으로 번역가에게 자기 집이건만 남의 집에 있다고 느끼도록 만드는 것이며, 하나의 문화에서 다른 문화로 옮겨갈 수 있는 그런 모든 동질성을 '다른 것'에서 발견하는 것을 말한다. 그런데 여기에는 윤리의 문제가 개입하지 않는다. 여기에는 본질적으로 냉정하고 지적이며 방법적인 비평의 태도가 있을 뿐이다.

§ 38 번역에 대립쌍이 있다면, 아니 좀더 구체적으로 말해 번역이 번역이라는 행위 내부에 잠재되어있는 대립쌍을 드러낸다면, 번역은 윤리의 토양이 아니라 언어의 토양에 뿌리를 내리고 있다. 데카르트와 로크가 명제의 개념을 고찰하며 어떻게 서로를 잘 보완했는지를 생각해보면 된다. 데카르트에게 **자명한 진리들**은 명제의 속성을 지녔다. 어떤 주어진 조건에서 하나의 사물이 존재하면서 존재하지 않을 수는 없으며, 어떤 일이 이루어지면서 동시에 이루어지지 않을 수도 없고, 혹은 생각이라는 것이 생각하고 있는 동안에 존재하지 않을 수는 없는 것이다. 그런데 **사물에 대한 우리의 지각**은 본래 비명제적이다. 이렇게 명제가 아닌 우리의 지각들을 데카르트는 "관념idées"이라고 부른다. 사물은 구체적인 물건이지만, 그것을 드러내는 관념은 "이미지"와 같다.[80] 참과 거짓은 데카르트에게는 명제의

80 [원주] 데카르트, 〈성찰〉, III, xv, in 《형이상학적 성찰Méditations métaphysiques》, Paris, GF-Flammarion, p. 109(《성찰—성찰에 대한 학자들의 반론과 데카르트의 답변》, 원석영 옮김, 나남, 2012, 2책, 1권 135쪽).

속성이다. 명제적 성질이 부족한 관념은 그 자체로 참도 거짓도 될 수 없다. 부엉이에 대한 관념, 찻잔 혹은 건반에 대한 관념은 본래 참도 거짓도 아니다. 그런 관념을 명제에 끼워넣게 되면, 관념은 참이 되기도 거짓이 되기도 한다. 이 후자의 단계를 치밀하게 고찰한 로크에 따르면 명제의 참과 거짓은 "기호가 대체하고 있는 사물들이 서로 조화를 이루는지 여부에 따라 이런 기호들은 결합하기도 하고, 그렇지 않기도 하는데, 이것에 견주어 명제의 참과 거짓이 결정된다"[81]고 주장한다. 이런 **기호들**은 관념일 수도 단어일 수도 있다. 관념이든 단어이든 간에 "기호들의 **결합**과 **분리**를 우리는 명제라는 다른 이름으로 부른다."[82] 결합하거나 분리된 기호들이 관념들이라면 그것들은 "정신명제"를, 이런 기호들이 단어로 되어있다면 그 기호들은 "언어명제"를 이룬다.

번역에 의해서 명백하게 드러난 문제는—일반적으로 언어에 내재된 문제인데—**정신명제와 언어명제, 관념과 어휘 사이**의 차이이다. 번역이 예외 없이 특히 강조하는 것은 하나의 언어에서 다른 언어로 언어명제를 옮겨놓기가 어렵다는 것, 혹은 정신명제(의미)를 언어명제(문자)로 구현하는 것이 거의 불가능하다는 것이다. 경우가 어떠하든, 번역이라는 행위 자체가 전제로 하는 것은 **언어명제가 정신명제에 토대를 두고 있다**는 것이 될 터인데, 가끔은 꼭 그렇지 않은 경우도 있다. 시와 자동

---

81 [원주] 존 로크, 《인간지성에 관한 철학적 에세이Essai philosophique concernant l'entendement humain》, traduit par P. Coste et édité par E. Naert, 1755년 판본 복제본, Paris, Vrin, coll. Bibliothèque des Textes Philosophiques, 1998, IV, v. 2, p. 574. 또한 《성찰》, II, xxxiii, 9, p. 391 참조.

82 [원주] 같은 책, XX.

글쓰기가 그러하다. 이것들은 비지시적인 것, 즉 독특한 의미를 가지고서 언어명제를 만들어내기 위해 단어-뜻을 조작하기 때문이다. 조금만 더 깊이 고찰해보면, '낯선 것'의 번역은 번역을 근본적으로 언어명제의 차원으로 축소시키고, 한 언어에서 다른 언어로 언어명제를 옮겨놓는 문제를 해결하기 위한 타개책으로 윤리를 고려하고 있다는 것을 알 수 있다. 거기에서 우리는 **같음/다름이라는 불필요한 대립쌍**을 만들어내고, 이 대립쌍은 관념과 단어 사이에 이미 존재하고 있었던 대립쌍에 덧붙여진다. 바로 이런 이중의 대립쌍이 부분적으로는 '낯선 것'이라는 문제를 다루는 논문, 학술대회 그리고 번역학이라는 이름으로 행해진 잡다한 연구들의 남발을 야기했다는 책임을 지고 있다. 어떤 질문이 모호할수록, 그것이 제기하는 문제들은 더 그럴싸하게 보이는 법이다.

§ 39 위에서 언급한 어려움 말고도 번역이라는 실천학문의 이론적 버팀목으로 칭송되는 윤리의 엄격함 자체에 대해서도 질문을 해야 할 것이다. 글자역이라는 실천을 윤리이론에 근거하여 행하는 것이 과연 적합한 것인지 곰곰이 생각해서 자문해보지 않을 수 없다.

§ 40 하나의 이론이 토대를 마련하기 위해서는 그것이 **사실에 의해 유효**하게 되어야 한다. 번역의 영역에서 엄격한 성격을 띤 하나의 이론은 절대적이고 완벽하며 원형이 되는 번역사례들로 자신의 가치를 확고히 할 수 있어야 한다. 이런 종류의 번역만

이 이론의 가치를 보장할 수 있을 것이다. 그런데 **번역 한 편**은 원형으로서의 가치를 갖지 못한다. 그것은 고작 "**텍스트에 대한 가설**hypothèse"일 뿐이다. 따라서 번역이론의 문제는 그것이 **확인되고 의심의 여지없는 사실이 아니라 가정**에 토대를 두어야만 한다는 데 있다. 바로 여기에서 번역이 객관적으로 진보할 수 없는 이유가 나온다.[83] 번역이 할 수 있는 것이라곤 방법론적인 발달에 기여하는 것이다. 즉 텍스트에 대한 가정들의 토대가 가능한 한 아주 잘 세워지도록 만드는 것이다.

§ 41 번역이론의 객관적 토대를 만들기 위해서는 출발텍스트와 그것이 만들어낸 다양한 번역들을 비교하면서 번역이론을 평가해야만 한다. 만약 번역의 가치를 판단하기 위해 번역을 분석한다면, **그 결과는 이론이 아니라 또 다른 번역**이 될 것이다.[84] 그런데 이런 판단마저도 의문의 대상이 될 것이다. 따라서 또 다른 번역이 필요할 것이고, 그것은 텍스트에 대한 또 다른 가정일 것이며, 이런 식으로 **무한히** 계속될 것이다.

§ 42 이 점은 어떠한 번역이론이라도 이론적 형성의 계기를 마련해주었고, **가정**이 아니라 **하나의 사실**로 취급되었던 번역텍스트와의 관계하에서만 의미를 지닌다는 것을 내포한다. 그런데 모

83 [원주] 이러한 진보를 위한 또 다른 장애물은 같음/다름의 대립을 당연한 것으로 여기는 것이다.

84 [원주] 바로 이런 점이 번역이 실천행위라는 것을 보여준다.

든 번역은 텍스트에 대한 **가정**일 뿐이고, 모든 이론은 **사실**에 의해서만 효력을 갖게 되므로, 다음과 같은 결론이 도출된다. 우선, 번역이론은 주어진 텍스트에 대한 가정들을 체계화한 것일 뿐이다. 이런 까닭에 번역이론이 주장하는 과학성과 보편성은 유효하지 않다. 둘째, 이런 번역이론은 실증적 사실에 힘입은 효력을 갖지 못하기에 올바른 것이 아니다. 따라서 그런 이론은 번역을 이렇게도 저렇게도 이끄는 규칙들에 대한 하나의 묘사description일 뿐이다. 따라서 번역이론은 **방법론**méthodologie 혹은 방법론에 대한 판단jugement이다. 따라서 번역은 **비평**critique이다. 게다가 번역 하나하나는 각자 유일하다. 그것은 번역대상이었던 텍스트가 유일한 것과 마찬가지이다. 두 개의 동일한 번역을 만들 수 없다는 불가능성은 결과적으로 번역규칙들의 보편화를 가로막는다. 바로 이 점 때문에 번역이론의 주장들은 충분한 효력을 보장받지 못한다. 따라서 독일 전기낭만주의자들이 그랬던 것처럼, 번역가의 작업을 받치고 있는 **비평적** 측면이 강조되어야 한다.

§ 43 한 편의 번역을 분석하면서 번역가의 순간적인 산만함에 기인하는 번역오류와 그의 미학적이고 이데올로기적이며 윤리적인 등등의 의도된 선택이 낳은 오류를 어떻게 구분해낼 수 있겠는가? 번역가가 문서로 남긴 자료들 같은 증거를 가지고 있지 않다면, 단지 가정하고 짐작만 할 수 있을 뿐이다. 하나의 텍스트에 대한 서로 다른 번역들을 분석해야 한다면, 우리는 분명 같은 문장의 서로 다른 형태에 대한 백과사전식(양적인) 이해에 도달하게 될 뿐, 이런 다양한 형태들을 낳은 여러 이유들의 본

질적(주관적) 측면을 이해하지 못한다. 그런데 번역윤리의 이론을 만드는 것은 바로 이런 후자의 이유들이며, 베르만에 따르면 그것들이 번역이론의 **의도**를 만든다. 폰 이가Von Igar[85]를 번역한 프랑스 번역가들이 각자 자신의 번역 선택에 대한 자료를 모아놓은 노트를 가지고 있다면, 이 노트를 신빙성을 가지고 읽어내고, 그것들을 비교하여 텍스트 해석의 열쇠를 발견할 수 있을 것이다. 그런데 이런 증거들이 없기 때문에, 그 어떤 과학적 가치도 지니지 못한 추측들 혹은 새로운 번역에 필요한 오류들을 한데 모아 그것의 수정을 위한 가정들을 늘어놓을 수밖에 없다. 그런데 이 새로운 번역은 모든 측면에서 출발텍스트에 대한 또 다른 가정일 뿐이다. 그렇게 출발텍스트는 **무한히** 검토되어야만 할 것이다.

§ 44 여기에서 다음과 같은 결론이 가능하다. 번역윤리이론은 번역과는 무관한 원칙들, 윤리적인 명령이 아니라 상식적인 가이드라인을 제공하여 다른 많은 활동영역에도 적용할 수 있는 그런 일반원칙(진실을 존중하라, 모두 번역하라, 번역행위에 책임을 가져라 등) 말고는 실제 번역하는 과정에서 어떤 역할도 하지 못하는 원칙들에 토대를 둘 수밖에 없다. 번역윤리의 규범들은 번역되어야 할 텍스트에 의해 정당화될 수 없다. 규범들을 평가하기 위해서는 출발텍스트에서 벗어나야만 한다. 따라서 학문으로서의 번역 밖으로 나가야만 한다. 출발텍스트의 낯섦을

85 [옮긴이 주] 본명은 Elfriede Jaksch(1849-1897). 《피라미드와 감란산》 등의 소설을 쓴 독일 여류작가이며, 여성의 심리를 주로 다뤘다.

존중하는 것이 윤리라고 말한다면, 번역을 이끄는 이런 원칙은 출발텍스트(이 안에는 어떤 낯섦도 없으며, 텍스트는 텍스트 자체 그 이상 그 이하도 아니다) 안에 있지도, 도착텍스트 안에 있지도 않다. 번역에는 낯섦이 있으며, 번역이 "낯설게 울린다"는 사실은 **이론이 아닌 방법론적인 원칙의 결과**이기 때문이다. 따라서 "윤리적"인 태도는 무한히 다양하며 그 개념은 의미를 지니지 못한다. 이것을 피하기 위해서는 출발텍스트 자체가 모든 번역가에게 이론적인 규칙들을 제공해서, 그 어떤 번역가도 이런 번역이 저런 번역보다 낫다고 마음대로 선택하지 못하게 만들어야 한다. 그런데 자유가 없으면 윤리도 없다. 출발텍스트에서 윤리적인 것으로 보였던 것이 출발텍스트가 아니라 바로 번역가의 생각—출발텍스트에 대해 그가 가지고 있었던 가정—안에 있었던 것이다. 그리고 우연이라는 것이 작동해서 그가 이런 가정에 근거하여 번역을 해나간다면, 그는 **실제로는** 이론적인 원칙이 아니라 **방법론적인 원칙**을 따르는 셈이다.

§ 45 번역이 텍스트 내부의 기준들(대략적으로 말하자면, 괜찮은 번역 개론서에서 제시되는 기준들)과 텍스트 외부의 기준들(예를 들어, 번역가의 원칙, 즉 신념에 어긋나는 텍스트를 번역할 것인가 말 것인가?)에 따라 진행될 수 있다는 점을 고려한다면, 번역윤리의 문제점은 다음과 같은 질문으로 압축된다. 텍스트 외부의 방법론적 기준들이 토대로 삼는 것은 무엇인가? 이 질문에 대한 답은 번역이라는 학문 밖에 있다. 그 대답은 본질적으로 번역가 각자의 개인적인 윤리 그리고 (자신의 윤리적 삶의 토대를 이루는) 자기 **양심**이 해당 순간에 직업윤리의 본분이 제시하는 기준들

을 따르게 할지 말지를 결정하는 그의 의지에 달려있다. 기준들이 변하기 때문에 어떤 순간에는 윤리적인 번역으로 평가받을 수 있는 것이 다른 순간에는 그렇게 되지 않을 수도 있다. 텍스트 외부의 방법론적 기준들(예를 들어, 유대인과 흑인들에 대해 부정적인 이미지를 줄 수 있는 것을 번역하지 않기)이 텍스트 내부의 방법론적 기준들(텍스트가 실제 반유대적이고 인종차별적인 암시들을 담고 있어 문제가 되는 문장들을 건너뛴다면, 그것은 가장 단순하고도 명백한 차원에서 의도된 누락이 될 것이다)과 갈등을 맺게 될 때 반드시 혼란이 발생한다. 베르만의 윤리개념은 이런 차이différence 혹은 이런 **간섭**interférence을 인정하는 데 실패했기 때문에, 달리 말해 번역윤리는 번역되어야 할 텍스트가 아니라 **번역가 그 자신**에게 달려있다는 것을 인정하는 데 실패했기 때문에 결함을 지닌다. **낯선 자**인 번역가(텍스트가 아님)는 스스로를 교육시킬 의무가 있으며, 그렇게 함으로써 그는 번역을 수행하면서 방법론적인 기준들과 직업상의 기준들 모두를 확실히 존중할 수 있게 된다. 번역한다는 것은 이해하는 것이다. 이해의 윤리성을 문제 삼는 모든 말들은 번역가와 텍스트 사이의 관계에 대한 분석[86]이 아니라, 번역가의 양심과 그 뒤에 숨은 자유가 그가 할 행위의 윤리적 성격의 토대를 이룬다는 점에서 번역가에 대한 면밀한 조사를 전제로 한다.

---

86 [원주] 독일 낭만주의자들이 그랬던 것처럼 같음/다름, 낯섦의 전이 등의 용어를 사용하면서. 그러나 이들은 이런 사용에서 자신들이 **윤리학**이 아니라 **비평**을 발전시키고 있다는 것을 알고 있었다.

§ 46 "번역윤리"라는 사상 안에는 파리통번역학교Ecole française의 "의미론théorie du sens"이 지닌 논리적 난점에 답하려는 시도 같은 것이 있다. 이 이론은 탈-언어화와 재-표현이라는 용어로 번역가의 작업을 정확하게 분석하였지만, 언어에 대한 관련 지식 혹은 관련된 부수적인 지식이 없어도 어떻게 텍스트를 이해할 수 있는지를 설명하지 못했다. 이런 난제를 해결하기가 불가능했기에 베르만이 이 문제를 **인식론의 영역에서 윤리의 영역**으로 옮겨놓으려고 시도한 것이 분명하다. 텍스트의 의미를 형성하는 언어적 그리고 비언어적 정보를 선택하기 위한 정확한 방법론적 기준이 부족했다. 그래서 이론가들은 번역가의 **선택**과 **책임**[87] 그리고 **의도**라는 문제를 제기하였고, 그럼으로써 부지불식간에 그것들을 증명하기 위한 윤리적 기준들을 개입시키고 말았다. 그 결과 **선택**—번역에는 근본적인—의 개념이 **타당한 이유도 없이 방법론에서 윤리로 옮겨가게** 되었다. 이런 전이는 번역철학론을 낳았으며, 여기에서 **이해의 문제**—그러나 본질적인—는 **번역가와 출발텍스트의 관계**를 '이타성', '낯선 것', '낯섦', '타인'의 얼굴 등의 용어로 분석함으로써 **뒤로 물러나버리고 말았다.** 이런 관점의 이동은 출발텍스트의 이타성을 언급한다는 것뿐만 아니라 철학의 개념들을 뒤죽박죽으로 사

87 [원주] 안토니 핌, 앞의 책, pp. 67-82. 핌은 불행하게도 **책임**을 윤리의 토대로 삼았다. 그런데 책임이 윤리적 행위의 근본요소라고 말할 수는 있겠지만, 그것의 주춧돌은 아니다. 이 점은 책임이 자유를 전제로 한다는 사실에서 쉽게 알 수 있다. 윤리적 책임은 양심의 자유로운 훈련에서 나온 결과이다. 번역가에게 자유를 보장하는 것은 그가 번역할 때 그를 인도하며, 그를 명확하고도 숙고한 선택을 하게끔 도움을 주고, 출발텍스트를 올바르게 성찰한 텍스트를 생산하도록 해주는 그의 배움formation이다. 따라서 가르침과 배움의 목적이 **자유의 교육**, 즉 통찰력 있는 선택을 하게 만드는 합리적 정신의 교육이라는 점은 자명한 것이다.

용하고 있는 까닭에 대단히 의심스럽다. 이렇게 헤르메스는 서서히 아폴론에 맞서 승리를 거둔다. 그의 이론의 날개들은 천천히 그러나 확실하게 이론의 신인 아폴론을 대신하기 위해 고안된 사기성을 드러낸다. 도둑들과 거짓말쟁이들의 신은 형세를 역전시키기 위해 놀라운 계략을 펼쳐 보인다. 전령사였던 헤르메스는 여기에서 인간의 격정에 딱 들어맞는 웅변의 위엄을 펼쳐 보이며 수사가인 양 성공적으로 행세하기에 이른다. 이론들의 소용돌이—그 안에 그는 몸을 숨기고 있다—는 그에게 이득만 안겨줄 뿐이다. 그는 이 안에서 아폴론에게 리라를 넘겨주면서 포기했던 창조의 즐거움, 창조할 수 있는 자에게만 허용된 즐거움, 단지 전령사로만 남아있지 않게 된 자의 명예를 즐기는 즐거움을 다시 찾는다. 헤르메스가 내뿜는 각각의 이론적 광채는 진실에 대한 기여가 아니다. 그것은 자기 것이었던 짐을 덜어내고, 자신의 과도함 때문에 치러야 할 대가를 줄이며, 바람 부는 올림포스 정상에서 영원히 왕좌에 앉아있기 위해 포기해야만 했던 자유를 다시 취하려는 의지의 표현이다.

§ 47 그러나 헤르메스는 자신의 서약에 묶여있다. 그는 암 송아지들을 훔쳤을 때 그랬던 것처럼 자신의 흔적을 뒤쫓는 자들을 따돌릴 수 없다. 약간의 수고를 들인다면 그를 쫓아내고 그가 쳐 놓은 함정들을 들춰내는 것이 가능하다. 앞에서 말한 이론에 대해서도 다르지 않다. "번역윤리"라는 개념을 정의해야 한다면, 그것은 사실 번역가와 번역해야 할 텍스트 사이의 관계에 대한 **분석론**analytique이라고 말해야만 할 것이다. 그런데 이런 분석론은, **세상이 돌고 돌듯이**, 다시 돌아온 과거une antique nouveauté이다.

그것은 노발리스나 슐레겔 형제를 선두로 한 전기낭만주의 철학자들이 이해했던 바 그대로 **비평** 이외의 다른 것이 아니다. 실제로 전기낭만주의에서 비평은 외부적인 요소로 작품을 이해하려는, **본래** 미학적인(혹은 인식론적) 범주의 적용으로 인식될 수 없었다. 그들에게 진정한 비평은 내적인 것이다. 작품을 분석하는 가운데 낭만주의자들은 "엄밀하게 말해 작품의 내용을 버리고 내적인 형태와 구조"[88]에 초점을 맞췄다. 작품을 본원과 구조를 형성하는 하나의 주관성의 발현으로 인식하는 그들은 **의미의 해석학**을 필요로 했다. "번역윤리" 이론은 이런 의미의 해석학을 문학 분석이 아닌 번역학이라는 영역 안에 재도입하였다. 베르만과 전기낭만주의를 결합하는 내밀한 끈을 발견한다고 해서 이런 "영원한 회귀"에 지나치게 놀랄 필요는 없다. 그러나 낭만주의와 결별한 바로 그 자리에서 베르만과 그의 추종자들은 번역행위를 이끌어내고 그것을 구조화하는 이런 주관성의 열쇠를 **윤리학** 안에서 찾았다고 생각했다. 반면에 낭만파들은 슐라이어마허가 플라톤 전집을 번역하며 시도했던 것처럼, **해석학**, 혹은 의미론을 향해 나아갔다. 바로 이런 이유로 다양한 번역방법에 관한 책에서 슐라이어마허는 "방법"이라는 단어를 강조했다. 그는 번역행위를 이해의 응용된 형태, 즉

---

88 [원주] 졸고 《세상의 시적 형태La forme poétique du monde》, Paris, José Corti, 2003, pp. 521-525 참조. 바로 이런 의미에서 노발리스도 비평을 하나의 "상태"로 명시하였고, 그것을 "자기 반성적 회귀"라고 말했다 (노발리스가 《초안집草案集Le brouillon général》, Paris, Allia, 잠언 152와 385에서 언급한 것을 참조). 전기낭만주의자들에게서 비평은 **엄정하게 말해본다면** 철학의 **소명**을 질서정연하고 완전한 하나의 방식으로 정의하고, 철학을 학문의 지위로 고양시키기 위해 필요한 이론적 토대로 간주되었다(같은 책, 잠언 488).

궁극적으로는 해석학 그 자체로 여겼다.

§ 48 헤르메스 아메카노스Hermes Amechanos. 함정에 빠질 수 없는 헤르메스. 신들을 가둘 수 있는 황금올가미[89]에 걸려들고 말았다고 생각하는 바로 그 순간, 그는 그것을 벗어나고 그의 영리한 머리는 새로운 함정을 상상해낸다. "번역학"의 근본적인 야망 가운데 하나는 이렇게 문학이론과 언어이론의 지배력으로부터 번역을 자유롭게 만드는 것이었다. 그것은 이런 이론들에서 가져온 다양한 패러다임을 번역에 적용하기보다는 번역을 번역이게끔 만드는 요소들에 대해 성찰한다. 바로 이런 이유로 베르만은 번역학을 "번역한다는 체험에 근거하여 번역이 번역 자신에 대해서 하는 성찰"[90]이라고 말하였다. 이렇게 부르면서 베르만은 번역에 대한 성찰의 관심사를 언어 내적인 관계에서 텍스트 상호 간의 관계로 옮겨놓길 원했다. 그러나 번역의 윤리는, 그리고 좀더 넓은 차원에서 이제는 **번역의 변증법**[91]이라고 부르는 것이 적합한 이것은, 더 이상 텍스트에 기초한 분석에서가 아니라, "의도"라는 이론적 개념에서 그 궁극을 맛보는 번역가의 주관성에 대한 분석론analytique de la subjectivité에서 파생되

---

89 [원주] 아프로디테와 아레스의 사랑에 관한 에피소드를 참조(《오디세우스》, VIII, 266-342).

90 [원주] 베르만, 《낯선 것의 시련—독일 낭만주의 문화와 번역L'épreuve de l'étranger. Culture et traduction dans l'Allemagne romantique》, Paris, Gallimard, 1984, p. 39(《낯선 것으로부터 오른 시련—독일 낭만주의 문화와 번역》, 윤성우 · 이향 옮김, 철학과현실사, 2009, 47쪽).

91 [원주] 즉, 같음/다름, 동일성/낯선 것 사이의 긴장을 의미한다.

어 나온다. 이와 같은 주관성에 대한 분석은 번역이라는 실천 학문을 훌쩍 넘어가버린다. 그리고 그것은 이리저리 살펴보아도, 텍스트 사이의 관계들, 즉 때로는 번역학자들이 만나게 되는 실제적인 대립항의 검토 때문에, 또는 문서화되지도 가늠할 수도 없는 **의도** 때문에 신비스러운 것이 되어버린 그런 관계들이 번역하는 과정에서 어떻게 맺어지는지를 검토하려는 최초의 목적을 거스르는 것처럼 보인다. 여기에서 일종의 **번역행위에 대한 초월적인 접근**approche transcendantale이 생겨난다. 이것은 번역의 개념 자체가 역사적historique인 것이며, 따라서 번역 개념을 이론적인 **선험**a priori으로는 다루기 힘들다는 것을 고려하지 않는다.[92]

§ 49 번역가는 자기 이름이 아니라 저자의 이름으로 말을 하며, 그의 전령사 역할을 한다. 궁극적으로 그는 메시지의 윤리성을 지배하는 규범을 통제하지 못한다. 만약 그가 자기 이름으로 말하고자 한다면—윤리의 측면에 대한 소유를 다시 주장하기를 바란다면—, 그는 단순한 전령사가 되길 그만두거나 메시지를 조작해야travestir 한다. 자기 이름으로 말하고, 자기 발화의 윤리적 토대를 마련하고, 단순한 방법론을 넘어서려는 번역가의

---

92 [원주] 우리는 모든 것과 무관하게 "그 자체로 놓고en soi" 번역하지 않으며, 오히려 **시간 안에서** 번역한다. 시간성이 번역이 만들어내는 텍스트의 전반적 의미에 기여한다는 점은 번역이론에 의해 고려되어야만 했으며, 이것이 "번역의 죽음"이라는 가상의 현상pseudo-phénomène을 설명해낼 수 있다. 이에 관해서는 앙리 메쇼닉, 〈번역시학을 위한 제언들Propositions pour une poétique de la traduction〉, in 《시학을 위하여 IIPour la poétique II》, Paris, Gallimard, 1973, pp. 305-323 참조.

이 소박한 욕망은 **헤르메스 콤플렉스**의 또 다른 징후이다.

§ 50 이와 마찬가지로 이론적 "선험"에 의해 직접 이끌려 구성되고, 계획되며, 진행되는 번역은 헤르메스의 속임수가 너무 노골적이기에 바로 간파될 수 있는 것처럼, 별 효과를 얻지 못한다. 한 예로 발터 벤야민의 경우를 들어보자. 그 어떤 번역도 원전을 이해할 수 없는 독자들을 대상으로 삼지 않는다는 그의 생각은 우리가 알고 있는 한 실제적인 어떤 영향을 도출하지 못했다.[93] 1923년에 발표된 〈번역가의 과제Tâche du traducteur〉가 보들레르의 〈파리 풍경Tableaux parisiens〉 번역의 서문 역할을 하고 있을지라도, 그것이 실은 1921년에 작성된 별개의 이론서이며, 게다가 1916년에 작성된 언어에 대한 그의 에세이들[94]과 연결된다는 점에 대해 비평가들은 모두 동의한다. 이 작품은 벤야민의 번역을 좌우하지 않았으며, 〈파리 풍경〉의 번역에 대한 분석 자체도 독일비평에 관한 텍스트[95]에서 그가 언급한 이론의 원칙을 넘어서지 않는다. 그런데 만약 이런 작품들이 그의 번역을 주재했더라면 경우는 달랐을 것이다. 따라서 **이론과 실천**

93 [원주] 대학의 번역학과는 이런 원칙을 출발점으로 삼아 번역을 교육하지 않는다.

94 [옮긴이 주] 《언어 일반과 인간의 언어에 대하여Über Sprache überhaupt und über die Sprache des Menschen》에서 언어는 어떤 사물이나 의미를 전달하기에 앞서 자기 자신을 전달하며, 이것이 언어를 통해 전달되는 것의 정신적 본질이라고 벤야민은 피력한다.

95 [옮긴이 주] 《독일 낭만주의에서의 예술비평개념Begriff der Kunstkritik in der deutschen Romantik》, Bern, Verlag A. Francke, 1920.

사이의 간극을 목도하게 된다. 이 간극은 다음과 같은 것을 고려한다면 더욱 분명해진다. 벤야민의 에세이는 이런 원칙에 근거해서 이루어진 주요 번역물들의 사례를 단 하나도 포함하지 않는다. 그는 키케로를 부끄럽게 만들 정도로 독자들의 **동정을 얻은** 덕분에 수많은 해설과 해석, 수많은 학술대회와 셀 수 없는 주석들을 낳는 계기를 제공했다. 그러나 실제적인 번역사례가 없다는 것에 놀랄 필요는 없다. 사실 벤야민에게 정보의 전달은 번역행위의 목적이 아니다. 그는 번역이란 **정보의 본질**을 포착해서 그것을 살아남게 만들어야만 하고,[96] 그렇게 함으로써 모든 언어에 내재된 최초의 언어, 즉 **순수언어**, 문법도 아니고 의미도 아닌 **단 하나의 언어**Langue를 자유롭게 하는 것이라고 생각한다. 따라서 번역가의 과제는 자기 언어에서 출발언어 안에 억눌려있는—마치 원전 안에 갇혀있는 것 같은—이 순수언어를 구해내는 것이다.[97] 이 순수언어는 바벨탑이 무너지면서 잃어버리고 만 최초의 언어, 즉 **아담의 언어**langue adamique 이외의 다른 것이 아니다. 번역가의 막중한 과제는 이 언어를 되찾는 것이다.[98] 이 점에서 각각의 번역은 깨져버린 커다란 유리병 조각들, 그러나 잘게 부서진 이것들이 한데 모아지면 그 모양이 완전히 복원될 수 있는 조각들과 같다.

---

96 [원주] 벤야민은 언어를 무언가(의미나 메시지)의 소통을 위한 도구가 아니라 그 자체로 서로 소통하는 객관적인 실체une réalité로 파악한다.

97 [원주] 대단히 매력적인 생각이다. 그러나 번역의 역사를 통틀어서 이런 생각을 적용해보려고 시도하고, 그것의 실현에 성공한 번역이 있었던가?

98 [원주] § 63에서 "아담의 언어"라는 개념을 고찰해볼 것이다.

§ 51 그런데 이 유리병은 어디에 있는가? 거의 한 세기가 흘러가버렸고, 이 최초의 순수한 아담언어의 본질에 대한 벤야민의 이론 그리고 그의 기발한 고찰들을 다룬 해설들을 제외한다면, 우리는 그것을 알지 못한다. 파편화된 여러 언어들이 순수언어라는 원형의 틀 안으로 되돌아가서 마침내 하나로 모아지는 일은 아직 이루어지지 않았다.[99] 데리다는 이렇게 늦어지는 이유를 알고 있는 것 같다. 《바벨탑Des tours de Babel》에서 그는 순수언어에 관한 벤야민의 생각을 해석해낸다. 바벨탑의 실패가 번역을 필요로 했고, 또 그만큼 번역을 불가능하게 만들었다. 번역이 필요한 것은 인간들이 서로 이해되기를 간절하게 원했기 때문이다. 번역이 불가능한 것은 신께서 언어들을 뒤죽박죽으로 만들어서 바벨탑 건축이 실패로 끝나고 인류가 서로 흩어지도록 만들었기 때문이다.[100] 여기에서 더 나아가 데리다는 신께서 자기 이름을 강제하면서 보편언어의 식민주의적이고 제국주의적인 폭력과 단절했다는 것을 환기한다.[101] 이런 이유로 이 프랑스 철학자는 보편언어에 대한 생각을 어떤 특정 민족의 지배를 받지 않게끔 되어있는 **보편이성**raison universelle에 대한 생각으로

---

99 [원주] 이에 관해서는 조지프 그래험Joseph Graham, 《번역에서의 차이Difference in Translation》, Ithaca, Cornell UP., 1985, pp. 25-27 참조.

100 [원주] 〈창세기〉, 11, 1-9.

101 [원주] 제국주의의 이런 지배가 어떻게 가능하단 말인가? 제국주의는 차이, 즉 지배받아야 할 타자가 있다는 것을 전제로 삼는다. 보편언어의 경우에는 그런 타자가 없으며, 단지 동일성만이 있을 뿐이다. 따라서 이 개념은 자기 모순적이다. 또한 보편언어는 '낯선 것'을 지시하는 어휘들을 갖고 있지 않을 것이며, 또 가질 수도 없다. 왜냐하면 이런 어휘들은 이타성이라는, "다른-존재être-autre"라는 언어범주가 있다는 것을 함축하기 때문이다. 그런데 아담언어의 보편성과 획일성은 이것들을 처음부터 금지하였다.

대체할 것을 제안한다. 그렇게 하면 번역은 시원始原의 이상적인 언어가 아니라 보편이성을 드러내게 된다. 이런 관점은 순수하게 텍스트 사이의 활동이었던 번역의 장벽을 깨뜨리고, 그것을 언어들 사이의 역동적인 주고받음 안에 위치시키는[102] 흥미로운 결과를 낳았다. 실제로 언어들은 서로에게 영향을 끼치며 서로를 개선시킨다. 언어들 사이의 상호 성장이 가능한 것은 이 때문이다. 이런 관점에 따르면, 언어들은 서로를 보완하면서 더 광대하고 언제나 더 보편적인 언어를 만들어낸다. 이제 번역에서 문제가 되는 것은 텍스트가 아니라 번역이 갈망해야만 하는 저 **시원의 의미**sens originaire이다. 그러므로 번역과 원전 사이의 대립이란 이젠 있을 수 없다. 이 둘은 순수언어(베르만) 혹은 보편언어(데리다)라는 동일한 그리고 이상적인 대상을 지향한다. 여기에서 번역은 앞에 놓인 텍스트의 옮기기transcription가 아니라, **원전이 발생시킨 생산적인 활동**이라는 주장이 가능해진다.[103] 원전과 번역텍스트는 텍스트의 의미에 영향을 끼치는 문화적이고 언어적인 요소들을 서로 소유하고 있는 까닭에 이제는 더 이상 저 시원부터 존재해온 의미단위를 만들어내는 행위를 멈추게 된다. 결국 번역이 우리에게 드러내는 것은 최초의 의미—그것은 분명 존재하지 않을 것이다—가 아니라, 오

---

102 [원주] 이런 관심사의 이동—이것은 번역이론의 전형적인 유형이다—은 다른 유형의 상호교환, 특히 상호 문화적 관계에 문을 열어 보였다. 이 이동은 번역행위가 전달해야만 하는 메시지로부터 번역행위를 자유롭게 만들려는 의지를 드러낸다. 그리하여 객관적으로 번역해야 한다는 것과는 더 이상 아무런 관계를 맺지 않게 된 번역은 이제 텍스트에 없는 요소들을 소개할 수 있게 되었고, 텍스트의 범주마저 넘어설 수 있게 되었다. 이것 역시 헤르메스 콤플렉스의 한 징후이다.

103 [원주] 자크 데리다, 《타자의 귀The Ear of the Other : Otobiography, Transference, Translation》, New York, Schoken, 1985, p. 153.

히려 다양한 언어들과 의미들이다.

§ 52 앞에서 다룬 것들은 번역이 **재생산**reproduction이 아니라 **생산**production의 문제라고 말하는 것과 별반 다르지 않다. 이 점에서 **헤르메스 콤플렉스**의 가장 순수한, 가장 고유한 특유의 징후 가운데 하나가 엿보인다. 그 어느 때보다도 중개자는 메시지가 되고, 번역가가 번역이 되는 것이다.[104] 이런 사상들은 거부의 행위이다. 즉 **메시지에 대해 전령사를 불복**하게 만들고, 전달해야만 하는 메시지 뒤로 물러나있어야만 하는 자가 일종의 **권력을 갈망**하게 만든다.[105] 이 사상들은 또한 번역행위의 초월적 욕망, 베르만의 순수언어나 벤야민의 보편이성 안에서 완성되는 숭고한 그 무엇의 표현을 자기 내부에서 찾으려는 욕구를 드러낸다. 이런 개념들에게서 번역의 일상적 현실—번역된 것이 이것인가? 번역가가 진정 이렇게 했는가? 등—은 이론의 도취ivresse를 목도하게 되면서 별 중요하지 않은 것이 된다. 헤르메스의 지팡이처럼 이런 이론들은 현실을 구축하는 힘이 아니라 꿈을 꾸게 만드는 힘을 가지고 있는 것처럼 보인다.[106]

---

104 [옮긴이 주] 번역이 추구하는 것은 번역과정이고, 번역가는 생산자가 된다는 뜻이다.

105 [원주] 베르만과 벤야민의 사상에 근거하면, 번역가는 더 이상 번역가라는 역할에 만족할 수 없다. 그가 전달하는 것은 메시지라는 껍데기일 뿐이다. 메시지의 본질은 그에게는 알려져있지 않다. 이런 까닭에 전령사로서의 번역가는 자기 짐 속에 있는 메시지를 자기 것으로 여기지 않게 되고, 그 본질을 소유하기 위해 메시지를 명령한 자의 권력을 갈망하게 된다.

106 [원주] 오비디우스, 《변신》, II, 730-736.

§ 53 위 이론들은 정녕 번역을 관심의 한복판에 놓고 있는 것인가? 이런 이론들에게서 번역은 단지 이론을 세우기 위한 부산물 혹은 최후의 **논의수단**ultima ratio은 아닌가? 데리다의 번역에 대한 생각이 《글쓰기와 차이L'écriture et la différence》에서 거부한 "현존présence에 대한 로고스 중심의 형이상학"에서 나온 파생물인 것은 분명하다.[107]

§ 54 말parole보다는 현저하게 열등한 글écriture이라는 선물을 사양한 이집트 신 토트Theuth에 대한 플라톤의 언급에 의지하는 데리다는 플라톤 이래로 철학의 일반적인 성격은 로고스중심주의 혹은 "현존의 형이상학"을 특징으로 삼는다고 설명한다. 전통철학에서 말은 **현존**이지만, 글은 **부재**이며, 현존의 부정이다. 말을 하는 주체의 영혼은 진리에 좀더 직접적인 방식으로 다가가지만, 글은 이런 매개가 필요 없는 즉각성immidiateté이 제거된 것이다. 말 안에는 영혼이 존재하지만, 글 안에는 영혼이 없다. 그리하여 지난 이천 년 이래로 우리는 말을 지지하며 글을 수치스러운 것으로 만들어왔다. 바로 이것이 서구철학의 로고스중심주의이다.[108] 이런 근본주의적인 로고스중심주의를 공격할

---

107 [원주] 《파이드로스》, 274c 이하.

108 [옮긴이 주] 서구철학은 이성중심주의, 즉 로고스중심주의를 지향해 왔다. 인간의 로고스는 인간의 이성으로부터 나오는데, 전통철학에서 이성은 영혼이 작동한 결과이다. 그리고 영혼의 사유는 이성적 사유이며, 밖으로 표출될 때 음성의 형태를 띤다. 이 음성이 언어체계를 만들고 다시 문자로 표시된다. 따라서 언제나 신을 전제로 하는 기존 철학은 음성중심주의체계를 지지했다고 말할 수 있다. 신의 신탁 역시 말로, 그리고 소리로 전달되지 않았던가? 데리다는 이런 로고스중심주의, 음성의 현존에 대한 과거의 강조를 부정한다.

목적으로 길을 떠났던 사람들을 찾아 나선 데리다는 바타유, 아르토, 특히 니체, 프로이트, 하이데거에게 에세이들을 바친다. 이런 문맥에서 기호—쓰인 글—는 찬탈자이며, 발화된 말의 자리를 차지한다. 기호는 공간적 의미에서는 "차이différent"이다. 그러나 시간적인 거리도 동시에 만들어내는 기호는 "차연différance"[109]이다.[110]

§ 55 기호가 공간적 거리(차이)와 시간적 거리(차연)을 함께 만들어내는 것이라면, 번역가의 목적은 결국엔 텍스트의 글자가—즉 기호가—아니라 기호를 낳은 의미sens에 머물러있어야만 할 것이다. 번역가는 하나의 기호에서 다른 기호로 옮겨가는 자가 아니라, 의미의 **연속성**continuité을 보증하는 자이다. 그는 삼도천三途川의 이 강변에서 저 강변으로 사람을 실어 나르는 사공이 아니라, 이 도도한 강이 흘러가도록 만드는 자이다. 그렇지만 이것에 어려움이 없는 것은 아니다. 가끔씩 번역가가 강물의 흐름을 방해하는 일이 생기기 때문이다.[111]

---

109 [원주] 여기에서 데리다는 그리스어 "diapherein"과 라틴어 "differre" 사이에 있는 어원적 뉘앙스를 사용한다. 프랑스어의 "différer"는 이 두 용어에 어원을 두고 있다.

[옮긴이 주] 두 용어 모두 '차이를 만들다'라는 뜻을 지닌다.

110 [옮긴이 주] '차이'와 '차연'은 발음상으로는 동일하지만 글자상으로는 서로 구분된다. '차이'를 만드는 '차이', 예를 들어 나와 이방인이라는 차이를 구분하는 차이를 로고스중심주의는 모두 설명해내지 못한다. 차이를 만드는 근간이 되는 차이가 있는데, 그것은 보이지도 잡히지도 않는다. 이를 위해 데리다는 '차이'와 문자상으로 구분되는 '차연'이라는 개념을 사용하고, 그럼으로써 동일한 음성을 지닌 두 용어를 각각 구분하지 못하는 음성중심주의 철학, 즉 로고스중심주의를 해체하려고 시도한다.

§ 56 데리다는 번역에 대해 성찰하지 않았다. 그는 그것을 **주제로 다루었다**. 즉 자신의 고유한 철학에 맞춰 그것을 해석하였다. 이런 방식을 택한 그는 번역 자체보다는 번역을 **거친**à travers 현존의 철학에 대해 말을 하는 것이다. 따라서 이런 개념들을 번역에 가치 있게 적용하기 위해서라면 데리다 철학이 이것들 안에서 차지하는 위치를 반드시 고려해야만 한다. 하나의 개념에 대한 **성찰**은 어떤 개념을 그 자체로서 분석하거나 혹은 경험을 통해 그것이 결정해놓은 것과 관련시키며 분석하는 것이다. 그리고 하나의 개념을 **주제화한다**는 것은 해당 철학의 특별한 범주를 고려하면서 개념을 해석하는 것을 말한다.[112] 그런데 실천과 밀접하게 관련된 개념들—달리 말해 **그 자체**en soi로서는 파악될 수 없는 것들—의 경우, 그것을 성찰하기 위해서는 경험과 관련하여 고려하거나, 혹은 더 나아가 그것이 경험적으로 드러낸 것과 관련시키며 고려해야만 한다. 우리는 '아름다움 그 자체'를 아름다움의 구체적인 표상과 관련시키지 않고도 성찰해볼 수는 있다. 이런 성찰을 위해 자연 내부에 '아름다움 자체'인 그 무엇이 진정으로 존재할 필요는 없기 때문이다.[113] 그러나 실천과 뗄 수 없는 개념들의 경우, 그것을 성찰하기 위해서는 그것의 구체적이고 직접적인 특성, 그리고 다른 개념들과의 관계나 연계성을 고려하는 특별한 방식으로 해야만 한다. 번역이 바로 이에 해당한다. "번역 그 자체"라는 것은 없다. 번역은

111 [원주] 이것은 어째서 번역이 원전이 만들어낸 생산적인 활동인지를 설명한다.

112 [원주] 데리다 그리고 베르만의 경우가 이에 해당한다. 그들에게서 번역윤리는 타자의 철학을 주제화한 것이다.

113 [원주] 플라톤, 《파이드로스》, 65d와 75c. 또한 《파르메니데스》, 130b와 150c를 참조. 유클리드이든 비유클리드이든 수학이나 기하학에도 마찬가지이다.

언제나 **무언가에 대한**de quelque chose 번역이기 때문이다. 이런 의미에서 "번역 그 자체"에 대한 성찰은 **해석술**art d'interpréter의 적용에 대한 성찰 혹은 **판단술**art de juger의 **적용**에 대한 성찰로 압축된다.[114] 번역을 언제나 실천과 관련해서 성찰해보아야 한다는 발언은 다음과 같은 질문으로도 표현될 수도 있다. 벤야민의 이론에 따라 번역가의 언어에서 "순수언어를 해방"시킨다는 것의 **구체적이고 의심의 여지 없는** 한 예로 인용될 수 있는 번역은 대체 어떤 것인가? 데리다의 "보편이성"을 대체 어떤 번역이 **완전무결하고도 명백한 방식**으로 표현해내는가? 줄여 말하면, "번역 그 자체"를 낳는 출발텍스트는 대체 어떤 것인가? 대학의 학술대회 주제에 딱 맞는 질문들 아니겠는가?

§ 57 분명 번역을 성찰하는 데 **이론적 모델들**의 가치를 부인할 수는 없다. 지난 20여 년의 연구들은 번역행위의 의미, 목적 그리고 한계 등에 대해 질문을 던지며 이 모델들의 적절성을 제시하였다. 그러나 이론적 모델을 번역행위의 본질적 내용으로 여기는 것, 달리 말해 번역에 대해 **성찰한다**고 생각한다면 그것은 염려할 만한 일이다. 번역을 **주제화하고** 있기 때문이다. 이론적 모델에 부합하는 실제적 모델이 없다는 것이 이렇게 생각하게 만든다.[115] 넘쳐나는 모든 이론의 모델들을 살펴보다 보면, 모

---

114 [원주] 해석술이나 판단술 역시 해석학의 관점에서든, 비평의 관점에서든 모두 번역을 주제화한 것이다.

115 [원주] 아마도 이런 이론적 모델에 따라 진행된 번역이나 그것의 먼지 낀 낡은 종이조각을 요술처럼 마음대로 만들어낼 수도 있을 것이다. 그러나 그런 노력들은 "인간이 알 수 있는 모든 것 — 그러므로 일부에 한하여De omni re scibili et

호하기 그지없는, 그리고 피티아Phthie마저도 뜻을 간파하기 위해 신탁에 문의할 필요마저 있는 그런 수수께끼를 실어 나르는 교리해설자들을 만나고 있다는 인상을 갖게 된다. 비록 텍스트를 세심하게 분석하는 자들에게만 들린다 할지언정, 이 모든 것이 헤르메스에게 웃음을 안겨준다.

§ 58 **세상의 소멸**annilhilatio mundi이라는 가정은 어떤 개념에 대한 **성찰**과 그것의 **주제화** 사이의 혼란 그리고 이런 혼란이 낳은 **과잉된 해석들**을 잘 설명해주는 한 사례이다. 중세의 오컴, 뷔리당Buridan, 작센의 앨버트Albert de Saxe, 월터 벌리Walter Burley 그리고 다른 많은 이들은 신이 초월적인 힘을 사용해 지상세계의 모든 내용물을 파괴할 수 있다고 전제했다. 그렇게 해서 빈 공간이 생기게 되면, 이 빈 공간에서 거리와 크기는 어떻게 되는지에 대해 그들은 의문을 가졌다. 거리와 크기는 남아있는가, 아니면 빈 공간, 즉 허공에 의해 구분되었기에 거리와 크기는 **구분되지 않게** 되는가? 만약 후자의 경우라면 한때는 세계였던 이 비어있는 공간의 "사방"은 차례로 무너져 내려야 하는 것 아닌가? 이것이 공간의 개념에 대해 생각해볼 수 있는 적당한 이론적 모델이라고 할 수 있다. 가상디Gassendi와 홉스는 17세기에 이 문제를 다시 검토하였다. 영국 철학자는 프랑스 철학자가 **세상의 소멸**이라는 가정을 적용하면서 너무 멀리 나갔다고 비난했다. 왜냐하면 가상디는 전체가 비어버리게 된 후 인간의 관점에서 그 결과

---

quibusdam aliis"라고 피코 델라 미란돌라가 주장하며 의도했던 것을 희한하게도 닮아있다.

를 지켜볼 수 있을 최소한 단 한 명의 인간마저도 남겨놓지 않았기 때문이다. 네덜란드의 일부 철학자들, 아르미니우스 지지자들, 회개한 소치니 학설 신봉자들, 자유사상가들, 피로니즘 철학자들, **자유철학**libertas philisophandi 지지자들 혹은 갈릴레오의 신과학 추종자들은 세계가 비어버린 마당에 대체 어떤 인간이 살아남을 수 있는지 질문을 던지며 홉스의 어리석은 비판이 잘못되었다고 말하였다. 또 다른 어떤 이들은 이 인간이 공간이 없는 이 세계에 꽉 끼어있을 것이라고 암시하기도 했다. 더 섬세한 어떤 이들은 세계는 최소한 신의 생각 안에는 남아있을 것이기에 비게 될 수 없다고 주장했다. 이 세계가 영원할 것임을 암시했다는 의심을 받은 이 후자들은 종교재판에 회부된 후 모두 화형에 처해졌다. 이러한 철학적 광기에도 불구하고, 우리 세계는 결국 살아남았고, **세상의 소멸**이라는 개념은 단지 공간을 **그 자체**로 개념화하는 데 기여했음을 기억하는 것이 중요하다. 비어버린 세계 안의 공간에 대해 생각한다는 명백한 모순을 차치하고서라도, 다른 목적을 위해 가정을 사용하는 사람들은 공간에 대해 생각하는 것이 아니라, 공간을 **주제화하는 것**이다. 즉 원래는 가정을 연구할 목적으로 만들어진 이론적 모델의 **결과**로 가정을 다룬다. 물론 부인할 수 없는 하나는 남았다. 세계는 여전히 여기 있고, 공간은 존재하며, 많은 가련한 자들이 쓸데없이 화형에 처해졌다.

§ 59 이런 구분을 어떻게 번역에 적용할 것인가? 베르만의 관점에서는 번역평가를 위한 합의된 기준을 제공하는 이 윤리에 대해서 우리가 논쟁을 벌이게 될 때에는, "번역의 윤리"가 번역을 이타

성에 관한 좀더 넓은 성찰의 틀 안에서 살피게 만들지만, 그것은 초월적 행위가 아니라 실천적 행위인 번역 자체에 대해서는 아무 말도 하지 않는 **껍데기 이론**scientia apparentialis, 이론상의 모델일 뿐이라는 점을 제대로 포착해야만 한다. 마찬가지로 **세상의 소멸**이라는 가정은 공간 자체를 해석하는 데에는 도움이 될 수 있었겠지만, 그것도 역시 하나의 이론적 모델이라는 점 그리고 허공이라는 공간에 대해 마치 실체인 양 이런저런 논의를 하는 것은 어리석은 행동이라는 점을—그런데 안타깝게도 어떤 이들은 이 점을 망각한다—기억했어야만 한다.[116] 아마존 여전사들의 도끼를 아무 손에나 쥐어줘서는 안 된다.[117]

§ 60 **번역의 주제화**와 **번역에 대한 성찰**을 혼동하고 있다는 것은 여러 방식으로 밝혀질 수 있다. 우선, 번역이 보편이성을 표현해

---

116 [옮긴이 주] 위 내용을 설명하면서 저자는 문장을 잘못 구성하고 있다. 우리가 "기억했어야만 한다"로 옮길 수밖에 없었던 원문은 "il fallait éviter 〔…〕 que ce n'était utile pour concevoir l'espace en soi 〔…〕"이다. 여기에서 '피하다'라는 뜻의 동사 "éviter"는 문맥을 고려한다면 '이해한다'는 의미의 'comprendre' 혹은 '잊지 말아야 한다'는 의미의 "il ne fallait pas oublier" 등의 표현으로 수정되어야 한다. 저자는 이 문장을 쓰면서 '중세의 지성들이 사소한 것에 지력을 낭비한 것을 교훈삼아 그렇게 하지 않도록 피해야 한다'는 의미를 염두에 둔 까닭에 "éviter"라는 동사를 사용한 것으로 여겨진다.

117 [원주] 호라티우스, 《오드집》, IV, 21.

[옮긴이 주] 호라티우스는 《오드집》 4권에서 여황제 리비아의 아들 드루수스Drusus의 승리를 찬양한다. 그에 따르면 독수리와 사자에 비유되는 드루수스는 빈델리키아족Vindelicia에 승리를 거두었는데, 이 종족은 아마존 전사의 도끼를 가지고 있었다고 전해진다. 그러나 호라티우스를 연구한 문헌학자들에 따르면 이 종족이 아마존 전사들의 도끼를 지니고 있었다는 것은 확인되지 않는다.

야 한다고 데리다가 확신하고 있다면, 어떻게 보편이성이 보편언어 없이 가능한 것인지 의문을 던져야만 한다. 매일같이 번역이 행해지고 있다는 것은 자연언어가 이성의 보편성을 전달할 수 없다는 것을 보여준다. 만약 자연언어가 보편이성을 표현할 수 있다면, 한 언어에서 다른 언어로 번역할 필요가 없을 것이다. 번역은 개념의 등가성이라는 문제를 결코 제기하지 않는, 단지 어휘들 사이의 등가성과 관련된 순전히 의미상의 활동일 수 있다. 개념들, 즉 개념들이 표현하는 합리적 내용을 우리가 이해할 수 없다는 바로 그런 이유 때문에 번역은 어려움을 제기한다. 만약 실천의 차원에서 **기호**signe의 번역이 어려움을 초래한다면, **의미**의 번역 역시 다를 바 없다. 객관적인 내용, 즉 숫자나 보편개념을 다루는 문장들의 의미에 대해서는 합의에 이를 수 있을지언정, **주관적인 사고방식을 다루는 문장의 의미**가 문제가 될 때에는 완벽한 동의에 도달하기가 거의 불가능하다. "Il fait froid날씨가 춥다"라는 문장은 여러 언어로 쉽게 번역될 수 있을지라도, 기호 "Il"을 다른 언어로 옮기는 방식에는 장애가 있으며,[118] "Je crains qu'il fasse froid날씨가 추울까 걱정된다"라는 문장은 더 많은 어려움을 초래한다. 왜냐하면 이 문장의 의미는 **어떤 정신상태**(믿음, 두려움, 희망 등은 문장의 태도에 해당한다)와 연계되기 때문이다. 따라서 문장의 **의미적 속뜻**과 **심리적 속뜻** 사이에는 차이가 있으며, 이 차이가 소위 번역의 해결하기 어려운 문제를 만들어낸다.[119] 문장의 태도에 의해 전달

---

118 [옮긴이 주] 프랑스어에서 "Il fait froid"의 주어 "il"은 비인칭이다.

119 [원주] 이런 차이가 번역시학의 형성에 끼친 영향에 대해서는 아래에서 살펴볼 것이다.

되는 개념의 의미에 대해 (한 언어에서 다른 언어 간에, 또한 한 개인에서 다른 개인 사이에) 합의에 이를 수 없다는 것이 번역의 문제이다. 이 점을 고려한다면, 실제 담화에서 문장태도상의 잡음 때문에 "보편이성"의 해석과 표현 그리고 번역은 불가능하다. 게다가 하나의 텍스트는 텍스트의 글자에 의해서라기보다는 텍스트의 정신 때문에 문제를 야기한다는 것, 이런 어려움은 마치 "허위동족어faux amis" 그리고 관용어법과 관련된 문제들이 잘 보여주는 것처럼 일상적으로 모든 번역가가 만나는 어려움이다. 따라서 데리다에게서는 번역의 과제였을 보편이성의 표현이 실천의 차원에서는 불가능해진다. 게다가 엄격한 텍스트 상호 간 활동으로서의 번역이라는 장벽을 벗어나 언어 상호 간 교환으로서의 번역으로 옮겨가는 것은 언어들이 서로를 풍부하게 만들 수 있음을 보여줄 수는 있다. 그러나 그것은 더 포괄적인 언어 그리고 언제나 더 보편적인 언어를 만들기 위해 각 언어들이 어떻게 **서로를 보완하는지**에 대해서는 설명하지 않는다.[120] 기껏해야 번역을 통한 언어 사이의 상호작용은 **차용어**를 발전시킬 뿐이다. 그런데 차용어가 도착어의 영역을 확장하여 그것을 좀더 보편적으로 만든다는 것은 결코 명백하지 않다. 오히려 많은 경우 차용어는 자기 언어를 더 빈곤하게 만들며, 자기 언어를 보편적인 도구로 만들기는커녕 빌려준 언어에게만 득이 될 뿐이다. 저 해괴한 영어의 헤게모니가 잘 보여주고 있듯이, 빌려준 언어가 보편언어가 된다.[121]

---

120 [원주] 이런 관점은 하나의 언어는 불완전한 것이며, 다른 언어들의 도움 없이는 모든 실체를 표현할 수 없다는 것을 이해할 때에만 비로소 가능하다. 그런데 이것은 우리의 언어생성능력이 무한하다는 것을 주장하는 생성문법이론과는 정면으로 배치된다.

§ 61 그런데 이 보편언어가 벤야민의 "순수언어"를 지칭한다고 말한다면 어떤 일이 벌어질 것인가? **태고의 언어**Usprach이고 **아담의 언어**인 이 순수언어 안에서 의미와 기호는 마치 π와 그것이 의미하는 3.1416 사이에 어떤 간극이 없고 서로 완벽하게 일치해서 서로 맞바꿀 수 있을 정도이므로, "순수언어"는 결국 **기호의 죽음**을 초래하고 말 것이다.[122] 게다가 이 언어는 기의를 대신하기 위해 더 이상 기표를 필요로 하지 않게 될 것이다. 말로 세상을 만드신 신은 단어는 형태이며, 그 안에서 세상의 원소들이 모양을 띠게 되었음을 보여주었다. 그 언어 안에서 말과 실재는 **인장**le sceau과 **도장**le sceau의 관계처럼 서로 일치할 것이다.[123] "순수언어"를 되찾으려는 벤야민의 계획은 문자화된 유대율법서Thora 이면에서 '창조' 그 이전에 이미 존재하고 있었던 영원한 율법서를 찾았던 유대신비사상가들의 계획과 전혀 다르지 않다. 언어가 표현한 것은 언어 그 자체라고 말할 때의 벤야민은

---

121 [원주] 하이데거와 그의 추종자들—데리다도 포함하여—이 감칠맛 나게 실천해보였던 철학적 차원의 어원중시주의는 차용어의 승화된 형태로 비쳐질 수 있다. 이들의 목적은 어떤 어휘의 일반적으로 통용된 의미를 그것의 어원상의 뿌리에 근거하여 의미를 바꿔놓거나 혹은 달리 표현하자면 어휘의 기호를 일상적 의미의 표현으로서가 아니라 무언가 진실되고, 좀더 심오한 의미를 전달하는 **근원적 기호**signe originel의 표현으로 낚아채는 데 있다. 여러 용어를 하이픈으로 연결하는 것은 이런 낚아채기의 의지에 기인한다. 그러나 이런 표현방식은 어휘의 어원을 탐색한 것이라기보다는 원래의 기호(어휘) 자체를 "새로운" 개념의 어원적 뿌리로 바꿔놓는 것이다.

122 [원주] 이 "순수언어"는 명제태도가 없는 그리고 그 형태는 순수하게 분석적인 언어일 것이다.

123 [원주] 이런 점에서 움베르토 에코가 《유럽문화에서의 완벽한 언어에 대한 탐색La ricerca della lingua perfetta nella cultura europea》에서 유대신비주의자들의 범-기호학pansémiotique을 다룬 제2장을 반드시 참조해야 한다(Roma/Bari, Literza, 2004, pp. 31-40).

유대신비사상가가 주장한 바를 그대로 말하고 있다. 사실 유대신비사상의 전통에는 최초의 언어, 공통의 기본언어protolanguage, 모든 언어들처럼 **자의**arbitraire에서가 아니라(아담이 부여한 이름들은 아무렇게나 고른 것이 아니고 **자연과 일치한다**) **관습**convention(문자화된 기호에 의한 소리의 재현은 반드시 관습적이다)에서 태어난 언어에 대한 생각이 있었다.[124] 따라서 이런 흐름에 면밀히 주의를 기울이다 보면, 우리는 벤야민의 번역에 관한 "이론"이 번역보다는 기호학과 더 관련이 있다는 것을 알게 된다. 번역은 벤야민의 사고에서는 완벽한 언어에 대한 탐색, 게다가 아주 오래된 탐색을 좀더 밀고 나가기 위해 도움을 줄 뿐이다. 따라서 우리는 번역을 **주제화**하고 있는 사례를 목도하고 있는 것이다. 헤르메스가 또다시 제자리를 벗어났다…

§ 62 순수언어에 관한 이런 모든 탐색은 본질적으로는 번역을 완전히 제거해버리고야 마는 **언어의 순수한 시학에 대한 탐구**임을 증명한다. 이러한 번역의 제거는 원전과 원전의 번역 그리고 저자와 전령사 사이의 차이, 그러나 본질적인, 그런 차이를 제거하려고 노력하는 헤르메스를 드러낸다. 자 살펴보도록 하자.

§ 63 아우구스티누스는 "**빛이 있으라!**"[125]라는 말을 신께서 어떤 언

124 [원주] 같은 책, p. 39와 〈창세기〉, 2, 20.

125 [원주] 《창세기에 관한 해석》.

어로 하셨는지 알고 싶어했다. 그 답은 십중팔구 이러했으리라. 신께서 '낮'과 '밤'에게 이름을 주실 때의 바로 그 언어였다.[126] 그런데 이 언어에는 어떤 특징이 있다. 그것은 창조적이라는 점이다. 사실 이 언어에서 말하는 행위는 창조의 행위와 완벽하게 일치한다. 신의 말씀은 세상에 존재론적 위상을 부여했다. 언어와 창조 사이의 이런 직접적인 관계가 언어의 순수시학이다. 이 언어에서 기호와 의미 사이의 거리는 없다. 오히려 이 둘 사이의 완벽한 결합만이 있을 뿐이다. 그리하여 성서 안에서 말과 사물 사이의 차이를 찾으려는 것은 쓸데없는 일이다. "빛"을 말하는 것은 빛이라는 어떤 사물을 지시하는 것이 아니라, 빛 그 자체로서 현존하는 것을 가리킨다. 그렇게 신께서는 인간에게 처음으로 말을 했을 때,[127] 인간에게는 신이 말하는 것들에 대한 그 어떤 개념들이 없었기 때문에, 단어는 부득불 고유의 의미를 지녀야만 했다. 그리하여 최초의 인간이 지상과 천상의 모든 동물들 앞에 자리를 잡고 그것들에게 이름을 주게 되었을 때, 신은 아담이 그것들을 "그것들에게 알맞은 이름으로nominibus suis"[128] 부르는 것을 볼 수 있었다. 기호/의미의 관계는 관습적이지 않았다. 여기에서 그것은 **순수하게 존재론적**이다. 후에 아담이 여인의 이름을 지을 때에도 기호/의미의 관계는 존재론적이었다.[129] 그러나 금지된 과일을 먹고 난 후, 그리고 신이 아담에게 그의 운명이 어떠할지를 알려준 이후

---

126 [원주] 〈창세기〉, 1, 5.

127 [원주] 〈창세기〉, 1, 16-17.

128 [원주] 〈창세기〉, 1, 20.

129 [원주] 히브리어에서 "Ish"는 남자를, "Ishshah"는 여자를 가리킨다.

에[130] 아담이 여자에게 "**이브**"라는 이름을 주었을 때, 기호/의미 사이에 금이 가기 시작했다. 이전에는 말과 사물의 관계가 직접적("**빛이 있으라!**")이었지만, 신께서 아담의 운명에 대한 예언을 한 이후부터 세상의 사물들은 시간성을 띠기 시작했으며, 이 시간성은 이름에도 개입하였다. 그리하여 고통 속에서 아이를 낳을 **여자**femme[131]는 "살아있는 만물의 어머니"라는 "이브"가 되었다.[132] 바로 이 순간부터 기호와 의미 사이에 관습이 끼어들었다. 바벨탑 이전에 "**언어의 혼돈**confusio linguarum"이 싹을 피운 것이다. 왜냐하면 모든 인간들은 동일한 언어를 가지고 있음에도 불구하고[133] 그중 일부가 야벳Japhet의 후손들이 그랬던 것처럼[134] 기호와 의미를 손상시키기 시작했기 때문이다. 바벨탑에서의 언어의 혼돈과 민족의 분산은 이런 현상을 강화했을 뿐이다. 게다가 이것은 알렉산드리아의 필론Philon d'Alexandrie의 의견이기도 하다. 그는 바벨탑에서의 언어의 혼돈은 언어가 본래 부여받은 특성들을 돌이킬 수 없을 정도로 파괴했다는 점을 강조하였다. 필론은 놀라운 작품인 《창세기에 대한 질문과 답변들Quæstiones et solutiones in Genesim》에서 "**뱀이 인간의 방식으로 말**

---

130 [원주] 〈창세기〉, 3, 19.

131 [원주] 〈창세기〉, 3, 16.

132 [원주] 〈창세기〉, 3, 20.

133 [원주] 〈창세기〉, 11, 1.

134 [원주] 〈창세기〉, 10, 2-5.

[옮긴이 주] 야벳은 구약성서 창세기에 나오는 노아의 세 아들 중 한 명이다. 노아가 셈에게 아시아를, 함에게 아프리카를, 그리고 야벳에게 유럽을 주었다는 해석이 있다. 야벳의 아들들과 그 후손들은 유럽 곳곳에 흩어져서 각자의 방언과 땅을 소유했다.

을 했는가?"와 같은 질문을 던졌다. 도대체 뱀은 이브를 유혹하기 위해 어떤 언어를 사용했는가? 까다로운 질문이 아닐 수 없다. 이런 가정에 대한 답 가운데 하나는 동물의 언어일 것인데, 타락 이후에 온갖 죄악들로 가득 찬 우리의 영혼이 더 이상 그 말을 이해할 수 없었다는 것이다. 사실, 필론은 **도덕성**과 **언어의 의미** 사이의 아주 밀접한 관련성을 세우기 위해 어떤 면에서 한가롭기 그지없는 이런 질문을 던졌다. 타락 이후의 인간 도덕성의 변질은 동물의 언어에 담긴 의미를 이해하지 못하게 만들었다. 이런 생각은 중요하다. 왜냐하면 인간의 도덕적 변질에 의해 언어의 혼란이 개시되었음을, 인간이 타락을 거치며 도덕이라는 광대하고도 음울한 영역을 개척하기 위해 에덴동산을 떠난 바로 그 순간, 즉 **바벨탑 이전**에 언어의 혼돈이 시작되었음을 보여주기 때문이다. **언어의 혼돈**은 인간의 타락과 함께 시작된 것이다. 결국 필론의 설명에서 우리가 볼 수 있는 것은 명제의 의미담화와 심리담화 사이의 구분이 싹을 틔웠다는 것이다. 단테 역시 이와 같은 맥락을 생각한 것으로 보인다. 아담은 에덴을 떠나면서 자신의 말은 소멸되었다고 말한다. "**내가 말했던 언어는 니므롯의 백성들이 하늘을 붙잡으려는 저 의미 없는 일을 시작하기도 전에 사라져버리고 말았다** La lingua ch'io parlai fu tutta spenta, innanzi che a l'ovra inconsummabile fosse la gente di Nembròt attenta".[135] 따라서 바벨탑이 보여주는 것은 종국에는 질투에 빠진 신의 징표로서의 언어의 혼돈이 아니다. 그것은 기호와 의미 사이의 분리가 초래한 결과이다. 만약 인간들이 처음에 단 하나의 언어만 말했다면, 언어의 다양화는 기호의 변화—가

---

135 [원주] 단테, 《신곡》, 〈천국편〉, XXVI, 124-125.

지는 그대로이지만 잎이 새로 생김[136]—를 통해서만 가능했을 것이다. 따라서 이것은 의미와 기호가 완벽하게 일치했던 최초의 언어가 궁극적으로는 불필요한 기호를 만들어낸다는 것을 전제로 한다. 베르만이 말하고 데리다가 다시 취한 순수언어, 보편언어—존재론적 창조성 덕분에 **순수** 시학이라는 위상을 부여받은, 그러나 기호의 죽음을 선언한 언어—에 대한 생각은 단지 **번역의 영점**point zéro de la traduction을 상기할 뿐이다. 장막에 비친 그림자처럼, 껍데기 생각이라는 유령, 속임수에 능란한 헤르메스의 손이 조종하는 줄에 달린 마리오네트가 막에 비친 모습을 우리는 보고 있다.

§ 64 언어의 혼돈, 혹은 좀더 정확히 말해서 기호와 의미의 급격히 변화된 관계는 이 두 용어의 연계가 앞으로는 온당히 관습적으로 될 것이며, 인간 사이의 합의의 문제임을 보여준다. 이제 언어의 **존재론적 가치**는 **정신적 가치**가 된다. **기도**prière라는 용어보다 이런 전이과정을 잘 드러내는 것은 없다. 이 용어는 언어의 혼돈 이전에는 존재하지 않았으며, 바벨 이후 언어에 내재된 정신적 성격을 반영한다. 기도는 인간의 한계에서 태어난 언어의 형태이다. 사실 인간 사이의 모든 소통행위는 개인이 자신을 벗어나 다른 이와 연결되는 것을 허용한다. 그리하여 나와 너는 "우리"를 이룬다. 그러나 내가 신에게 기도할 때엔 오직 나만 있을 뿐이다. 신과 더불어 "우리"에 도달하는 것이 불가능하다는 것은 개인으로서의 인간의 한계를 의미하며,

---

136 [옮긴이 주] 단테, 《신곡》, 〈천국편〉, XXVI, 130-138.

그런 한계는 일상의 언어[137]에서가 아니라 **기도**에서 명확해진다. 새로운 용어를 고안하는 것, 지금까지 없었던 신선한 언어의 결합을 만드는 것, 소통에서 미학으로, 차가운 객관성에서 뜨거운 주관성으로 이동하며 변화하는 언어의 목적, 이 모든 것들이 바벨 이후의 언어의 시학을 이루어내며, **시란 기도에서 드러나는 언어의 정신적 가치에 대한 확신**이라는 것을 증명한다. 여기에서 우리는 문장의 **의미적 속뜻**과 **심리적 속뜻** 사이의 구분, 번역에게는 치명적인 바로 그 구분을 목격하게 된다. 따라서 번역은 한 언어에서 다른 언어로의 이동이 아니라 한 편의 시에서 다른 한 편의 시로의 이동, 혹은 다른 말로 하자면, 언어의 창조력을 극단까지 밀고 나가는 텍스트에 대한 시적 접근의 결과라고 말하는 것이 가능해진다.[138]

§ 65 아담의 언어에 관한 이런 논리전개는 그것이 **이론상의 모델**이라는 범주에 속하긴 하지만, 그럼에도 불구하고 번역에 관한 진정한 하나의 **성찰**[139]을 제시한다. 그것들은 번역을 단순히 **주제화**하지 않았다. 사실 성서의 서술은 간단한 문장들과 문장의 태도들을 명백히 구분한다. 그런데 문장의 태도들을 번역하기는 심히 어렵다.[140] 게다가 그것들은 언어의 잠재적 창조력

---

137 [원주] 왜냐하면 언어는 "우리"에 도달할 가능성을 전제로 하기 때문이다.

138 [원주] 메쇼닉, 《성서가 철학에 가한 일격》, p. 96 참조. 메쇼닉은 번역을 하나의 디스쿠르에서 다른 디스쿠르로, 하나의 시학에서 다른 시학으로 이동하는 활동으로 파악하기를 권유한다(같은 책, p. 124).

139 [원주] 베르만, 벤야민 그리고 데리다가 각자 하나의 성찰을 제시한 것처럼.

140 [원주] 자동번역기계를 사용해서 이런 문장들을 번역하기가 불가능하다는

(내재된 시)을 설명하지만 동시에 언어의 **정신적 가치**도 증명한다. 특히 번역에서 가장 중요한 점은 이 태도들에게 부여될 **의미**의 해석—해석보다는 **의미**에 강세가 놓인다—이라는 것을 이런 문장의 태도들은 보여준다. 그럼으로써 번역은 **해석학**(그리고 해석학에 뒤따르는 모든 것, 즉 방법론적 방식), 그리고 **비평**(어떻게 이 의미를 **판단할 수 있는가**)에서 해방되어 그것의 가장 본질적인 가치, 달리 말해 의미를 생산하는 언어의 역량, 즉 **언어의 시학**poétique 안에 뿌리를 내리게 된다.[141] 바로 이런 시학에 비추어 고려한다면 "**단어 대 단어**" 번역과 "**의미**"의 번역과 같은 전통적인 대립들은 번역에서 중요한 요소가 되지 않는다. 그것들은 더 이상 번역을 하면서 선택해야 하는 원칙들일 수 없으며, 오히려 번역해야 할 텍스트에 대한 번역가의 독서가 요구하는, 그리고 의미에 도움이 되는 방법론적인 선택이 된다. 만약 언어의 본질적 역량이 **의미를 창조하는 것**이라면(결코 **표현**에 단순히 국한되지 않고), 번역은 더 이상 한 언어에서 다른 언어로 옮겨가는 **표현**의 활동이 아니라 도착언어 안에서 출발언어의 의미를 **재창조**recréation하는 시도인 셈이다. 정신을 선택할 것인가 혹은 글자를 선택할 것인가라는 문제는 이런 측면에서 보면 더 이상 근본적이고 이론적이며 혹은 이데올로기적인 선택이 될 수 없다. 그런 문제는 본질적으로 번역가의 방법론적인 선택이 된다. "정신을 옮길 것인가, 글자를 옮길 것인가?"보다는 오히려 "이러저러한 텍스트를 재창조하기 위한 가

것은 번역의 문제가 당연히 문장들 안에 있다는 것을 보여준다.

141 [원주] 구조적이고 분석적인 언어에 대한 고찰은 언어가 단지 의미전달 이상을 행한다는 점을 간과하였다.

장 좋은 도구는 무엇인가? 정신, 글자 혹은 이 둘 모두?"가 딜레마가 된다. 미학적으로 얘기하자면, 번역은 레싱Lessing이 《라오콘Laocoon》에서 제기했던 선택의 문제, 즉 아폴론의 뱀에게 자기 아들들을 깔려 죽게 만든 저 불경한 신관 라오콘의 고통을 가장 잘 표현할 수 있는 것은 그림인가 조각인가와 같은 선택의 문제가 된다.

§ 66 전기낭만주의는 아마도 번역을 새롭게 이해하면서 언어시학에 대해 아주 심도 있게 성찰한 문학사조일 것이다. 독일낭만주의의 미학적 야심은 모순을 포용할 수 있는, 달리 말해 **총체성의 미학**을 발전시킬 수 있는 예술을 추진하는 것이었다. 유한성 안에서 무한성의 흔적을 재발견하는 이 미학은 자율성과 타율성, 하나와 복수를 통합한다는 궁극의 야심을 시로 구체적으로 실현하길 희망했다.[142] 낭만주의의 미학은 표현과 표현된 내용 사이의 균형을 상정한다. 그래서 라오콘 군상을 분석한 아우구스트 빌헬름 슐레겔은 조각의 아름다움이 비극적인 주제의 **위협을 받지 않으며**, 오히려 이런 주제의 비극성 **덕분에** 조각이 아름답다고 주장하면서 빙켈만과 레싱의 대립을 넘어서려고 했다.[143] 이로 인해 고전주의 예술에서는 완벽하게 구분되었던

---

142 [원주] 이 엄청난 계획은 낭만주의의 **방대한** 스케일을 설명한다. 이 거대한 임무의 실현에 관한 어떤 특별한 비유를 들자면, 그것은 예외적인 개인, 즉 **천재**라는 비유가 될 것이다.

143 [원주] 아우구스트 빌헬름 슐레겔, 《프리드리히 슐레겔 비평Kritische Friedrich-Schlegel Ausgabe》, éd. Ernst Behler, Munich, Verlag Ferdinand Schöningh, 1963, 2 vol. pp. 217-218. 이 책의 프랑스어 번역과 소개에 관해서는 《세상의 시적 형태》, pp. 460-

내용과 형태가 서로 분리되지 않게 되었다. "아름다움이란 무엇인가?"가 아니라 "아름다움에 어떻게 반응하는가?"가 낭만주의의 질문이 되었다.[144] **존재론적 가치**에서 **정신적 가치**로 이동한 것이다. 이제 아름다움에 대한 말들은 의미를 넘어서는, 그리고 반드시 해석되어야만 하는 심리적 무게를 지니게 되었다. 이런 차원에서 단테, 페트라르카, 셰익스피어, 세르반테스, 카모에스, 로페 데 베가 등의 **세계문학**의 걸작에 대한 독서는 작품들이 표현하는 **정신적 가치**를 재발견하는 데서 즐거움을 얻게 된다. 그리고 작품의 진정한 메시지를 형성하는 이런 가치가 초기 독일낭만주의의 번역가들의 주요 대상이 된다. 노발리스는 아우구스트 빌헬름 슐레겔에게 보낸 편지에서 번역은 원전처럼 **총체성**le tout을 향해 서둘러 나아가야 한다고 주장한다. 원전과 마찬가지로 번역 작품도 **정신**의 성장에 기여한다는 것이다. 노발리스에게 셰익스피어의 독일어 번역은 하나의 학문에서 예술로 나아가며 만들어진 결실이다. 그는 번역의 교육적 잠재력을 "로마인들을 예외로 한다면, 우리는 번역에 대해 억누를 수 없는 충동을 느낀, 그리고 번역에 엄청난 문화적 빚을 진 유일한 민족이다"[145]라는 말로 강조한다. 번역은 사람

---

462 참조.

144 [원주] 이 점에서 모시스 멘델스존Moses Meldelssohn의 선구적 역할과 〈감정에 대한 편지Lettre sur les sentiments〉, 1761, in 《시집Gesammelte Schriften Jubiläumsausgabe》, éd. A. Altmann et al., Stuttgart-Bad Connstatt, 1971, vol. 1)에 드러난 그의 미학에 관한 성찰을 간과할 수는 없다.

145 [원주] 자신의 셰익스피어 번역에 관해 아우구스트 빌헬름 슐레겔에게 보낸 1797년 11월 30일자 편지(노발리스, 《서한집Werke Tagebücher und Briefe》, éd. R. Samuel, Munich, Carl Hanser Verlag, 2004, tome 1, lettre 86). 번역은 저자.

들의 정신을 다른 것에 노출시키면서 확장하는 한 수단Erweiterung으로 간주된다. 동시에 시적 교훈Es gehört poëtische Moralität[146]의 한 형태, 아름다움과 민족문학에 대한 사랑의 한 행위가 된다. “번역한다는 것, 그것은 바로 창조하는 것이며, 고유한 작품을, 그러나 아주 많은 노력을 기울여서 그리고 일상과는 아주 다른 방식으로 세상에 내놓는 것이다.”[147] 창조의 행위와 번역하는 행위를 궁극적으로는 같은 것으로 본 그는 모든 시는 번역이라는 결론을 내린다. 언어를 창조행위—어원적 의미에서의 **시적**[148] 행위—로 이해한 초기 낭만주의는 번역을 언어행위와 마찬가지로 시적 계획의 한복판에 모셔놓지 않을 수 없었다. 그리하여 그 자체가 의미를 표현하는 형태인 언어는 번역에서 가장 높은 칭송을 받게 되었다.

§ 67 노발리스는 《씨앗들Semences》[149]에서 번역의 궁극적 목적이라고 자신이 생각하는 총체적 예술에 대한 열망을 드러낸다. 그는 번역을 세 개의 층위로 나눌 것을 제안한다. 첫 번째 층위는 방대한 지식과 글쓰기 재능을 요구하고, 방법론의 지배를 받

---

146 [원주] 즉 번역은 **진정한 내적 삶의 창조에 기여**한다.

147 [원주] 노발리스, 앞의 책.

148 [옮긴이 주] 시를 의미하는 ‘poésie’는 그리스어 ‘poiasis’에서 파생한, ‘만든다’라는 의미를 지닌 라틴어 ‘poesis’에 기원을 둔다. 즉 어원적으로 볼 때 시라는 용어에는 창조의 뜻이 내포되어있다.

149 [원주] 노발리스 작품의 프랑스 판본을 알리아Allia 출판사에서 출간한 셰페르Schefer는 독일어 “Blüthenstaub”을 “씨앗들”로 옮겼다. 이 단어는 때로는 “꽃가루Pollens”로 번역된다. 알리아 판본 주석 62번과 절 68번(pp. 82-82)의 프랑스어 번역 참조. 기타사항에 관해서는 노발리스, 앞의 책, tome II, pp. 253-254 참조.

으며, "낯선 것"의 번역이라는 부류에 넣을 수 있는 **문법적 번역**traductions grammaticales을 포함한다. 두 번째 층위에는 시적으로 되도록 원전을 변형시키는 **변형 번역**traductions changeantes이 있다. 이때 노발리스는 전통적으로 "부정한 미녀들"에 해당하는 번역들을 좀더 폭넓게 수용하면서 고드프리트 뷔르거Gottfried Bürger와 알렉산더 포프Alexander Pope의 호메로스 번역을 지적한다.[150] 세 번째 층위는 언어의 시적 행위로 여겨지는 낭만주의 번역—**신화적 번역**traduction mythique이다. 이것은 가장 높은 유형의 번역에 해당한다. 이 번역은 "독립된 개별 예술작품과 같은 순수성과 세련됨"[151]을 특징으로 삼으며, 실제 작품 자체가 아니라 그것의 "이상idéal"[152]을 다시 구현한다. 이런 번역은 무엇보다도 **총체성**[153]에 대한 개념을 전해줄 수 있는 **예술가**로서의 번역가를 필요로 한다. 시인의 시인Dicheter des Dichters인 이 번역가는 작품의 이

---

150 [원주] 이에 관한 베르만의 해석(《시련》, pp. 179-180)은 "시인의 시인"이라는 개념을 오직 변형번역의 번역가들에게로 국한한다. 이에 대한 설명이 명료하게 제시되긴 했지만, 이런 언급이 지닌 역할을 노발리스의 작품이 제시하는 의미 전체 안에서 살펴보려고 시도하는 것도 어쨌든 필요하다. 두 번째 층위의 번역가들의 번역이 신화적 번역의 예술적인 뛰어남을 지니지 못한다면 어떻게 그들이 "시인의 시인"일 수 있는지 이해하기는 어렵다. 그나마 내놓을 만한 설명이 있다면, 신화적 번역이 원전을 상징의 지위로까지 고양시킨다는 사실 덕분에 어쩔 수 없이 변형적일 수밖에 없겠지만, 신화적 번역의 변형은 변형번역이 기반을 둔 미학적 측면이 아니라 오히려 철학적 측면에 기반하고 있다는 점이 될 것이다.

[옮긴이 주] 《낯선 것으로부터 오는 시련》, 226-228쪽.

151 [원주] 노발리스, 앞의 책. 낭만주의 1세대에게 있어서 **개별적인** 예술작품은 조화와 이성, 그리고 현실의 수용이라는 기준에 따라서 인격체를 가르치고 형성한다는 괴테의 **교육**Bildung에 대한 개념—물론 그들의 **교육**은 괴테가 생각한 모델과는 달리 전적으로 **내면화된**intériorisée 것이긴 하다—을 드러낸다.

152 [원주] 같은 책.

153 [원주] 같은 책, p. 254.

상을 총체적 차원에서 다시 구현한다. 신화적 번역은 인생사와 관련된 가치 전체를 마법적인 어조로 실어 나르는 신성한 언어처럼 울려 퍼진다. 노발리스의 미완성 작품인 《사이스의 제자들Die Lehrlinge Sais》에 등장하는 에덴의 거주자들이 이런 언어를 소유하고 있었다.

§ 68 일부의 제자들은 이 잃어버린 민족—아틀란티스의 사람들? 오늘날의 사람들은 야만적이고 저속해져버린 그들의 후손일 뿐이다—을 찾아서 떠난 이야기를 들려준다. 그들이 사이스를 향해 항해를 떠나지 않을 수 없었던 것은 "이 고귀한 사람들과 지상 위의 거처와 그곳의 사람들을 연결하는 화려한 끈이었던"[154] 절대언어에 사로잡혔기 때문이다. 고대의 자기 선조들 가운데 일부의 현자만이 이 언어의 일부 어휘들을 소유했을 것이라고 그들은 주장했다. 이에 따르면 각각의 이름은 모든 자연물의 영혼을 표현하는 표어와 같다.[155] 이런 어휘들을 발음하는 것은 우주의 현상들을 하나하나의 이미지로 이끌어내는 일종의 성가를 창조하는 것이다. 이 언어에 화답하여 우주는 수없이 많은 소리들과 영원히 대화를 하면서 생명력을 얻게 되었다. 그렇게 이 언어는 세상의 모든 힘과 모든 경이로움을 한데 그러모았다.

---

154 [원주] 같은 책, tome I, p. 230.

155 [원주] "Jeder ihrer Namen schien das Loosungswort für die Seele jedes Natukörpers." 같은 책.

§ 69 사이스로 절대언어를 찾아 나선 최초의 여행[156]은 언어를 통해 세상의 모든 의미들을 다스리는 시인의 여행을 연상시킨다. 시인에게 말하는 것은 창조하는 것이다. 그러나 이 창조는 존재론을 넘어선다. 그것이 겨냥하는 것은 인간에게 영혼, 정신, 내적인 생명을, 모든 것에 정신적인 가치, 말해지고 행해진 모든 것이 **세상의 시적 형태**la forme poétique du monde를 이루게 만드는 그런 가치를 불어넣는 것이다. 이런 의미에서 언어실천으로서의 번역은 창조적이며, 본질적으로 시적인 실천 이외의 다른 것일 수 없다. 번역의 표현은 의미를 창조하는 언어의 역량, 즉 **언어의 시학**이기 때문이다.

§ 70 따라서 전기낭만주의가 번역에 새로운 영혼을 불어넣었으며, 그것에 몰두했다는 것에 놀랄 필요는 없다. 바켄로더Wackenroder가 《네틀리 수도원》[157]을, 티크Tieck가 《돈 키호테》를, 슐라이어마허Schleiermacher가 플라톤을, 아우구스트 빌헬름 슐레겔이 그 누구보다도 셰익스피어, 페트라르카, 카모에스를 번역하였고, 여기에 덧붙여 《바가바드 기타》의 번역을 내놓으며 동방주의의 탄생에 기여했다. 이런 각각의 활동들—바켄로더의 경우를 제외하고—이 발견하려고 한 것은 텍스트의 진정한 메시지를 이루는 **정신적 가치**이며, 바로 이런 가치를 그들은 궁극적으로 번역하길 원했다. 그들이 생각한 번역의 역할은 원전의 완성achèvement에 참여하는 것이었다. 각 원전의 고유한 개별적 형태

---

156 [원주] 절대언어는 아담의 언어처럼 존재의 직접적인 표현이다.

157 [원주] 리처드 워너Richard Warner의 작품.

는 언어시학의 완전한 소진을 이룰 수 없기 때문이다. 매우 독특한 이런 관점은 번역활동을 처음에는 분명한 양자택일의 문제로 삼은[158] 슐라이어마허가 번역가의 방법론적 선택이 어떠하든지 간에 번역은 어쩔 수 없이 저자의 정신이든 독자의 정신이든 그 어느 하나의 정신에 우선순위를 둘 수밖에 없다는 것을 보여주려고 시도하면서, 처음에 제시했던 양자택일을 어떻게 넘어서게 되었는지를 설명한다.[159] 이런 식으로 독일 전기낭만주의는 번역에서 **축자역을 완벽하게 제거**하였다. 왜냐하면 낭만주의는 번역의 문제를 **텍스트 상호 간 소통**의 문제로 보지 않고, **문화적 소통**Bildung[160]의 문제로 간주했기 때문이다. "글자의 존중" 혹은 "낯섦의 번역"과 같은 문제들은 텍스트의 가치가 텍스트의 글자 안에 있다[161]고 고려될 때에만 의미 있는 것—텍스트의 가치가 본질적으로 **정신** 안에 있다는 것을 주장하는 낭만주의[162]와 같은 철학에는 전적으로 반하는 입장이다—이 된

158 [원주] "번역가는 저자를 가능한 한 가장 평화롭게 있게 하거나, 혹은 독자를 가능한 한 가장 얌전하게 있게 한 후 저자를 독자에게로 이끌고 와야 한다." 슐라이어마허, 《다양한 번역 방법들에 관하여Über die verschiedenen Methoden des Übersetzens》, in 《슐라이어마허 전집Shcleiermachers Sämmtliche Werke》, Berlin, Reimer, tome 2, p. 218. 번역은 저자.

159 [원주] 같은 책, p. 219.

160 [원주] 이 점은 "상호문화적 소통"으로서의 번역은 19세기 초기에 생긴 새로운 것이었음을 보여준다.

161 [옮긴이 주] 베르만의 입장이 실은 이에 해당한다. 베르만의 문자는 텍스트의 시적 가치를 간직한 문자를 가리키기 때문이다. 여기에서 독자는 문자가 텍스트의 가치를 담고 있는 한에서 문자를 번역해야 한다는 전기낭만주의자들의 입장을 소개하는 르 블랑이 조금씩 베르만과 가까워지고 있다는 것을 발견할 수 있다.

162 [옮긴이 주] 저자에 따르면 전기낭만주의와 그 이후의 낭만주의 사이에는 텍스트의 가치에 대한 관점의 차이가 있다. 초기 이후의 낭만주의는 텍스트의 가치

다. 게다가 원전을 완전하게 만들어 완성한다는 전기낭만주의의 주장이 단지 글자만을 바꾸어 텍스트 정신의 완성을 요구한 것이라면 지극히 유치한 것일 수 있었다.[163] 만약 그런 것이었다면, "**창작한다**Dichten는 것은 **번역한다**Übersetzen는 것과 본질적으로 동등하다"[164], 즉 모든 창조행위는 근본적으로à la base(노발리스가 사용한 표현이다) 번역행위라는 베르만의 관점에 우리는 동의할 수 없다. 오히려 정반대로 모든 번역은, 《아테네움Athenäum》[165]의 단장fragment들을 인용하자면, 시의 모든 장르들을 한데 모아 보다 더 광대한 시, 보편적이면서도 진보적인 시, 즉 낭만주의 시의 출현을 앞당기려는 시인(창조자)의 의도를 증명하는 창조행위이다.

를 정신 안에서 발견하길 원했기 때문이다.

163 [원주] "개별적인 것은 그 자체로 번역될 수 없다"고 슐라이어마허가 말할 때 (《윤리학Ethik : (1812/13) mit späteren Fassungen des Einleitung, Güterlehre und Plichlehre》, auf der Grundlage der Ausgabe v. Otto Braun hrsg. u. eingeleiter v. H.-J. Birkner, Hambourg, Feilx Meiner, 1981, p. 153) 그가 의미하고자 한 것은—그것은 전적으로 낭만적인 생각인데—개별적 요소는 그것을 받아들이는 전체 안에 위치하는 한에서만 완벽하게 이해될 수 있다는 점이었다. 전체는 오직 부분에 의해서만, 그리고 부분은 오직 전체와 관련되어서만 이해될 수 있다는 예전 해석학으로 되돌아가고 있는 것이다. 어떤 단어, 예를 들어 개별적인 프랑스 어휘인 '개chien'는 번역되지 않는다. 이중 언어 사전에서는 단지 이 어휘의 대응어(Hund, Sperrklinke, Charme)만 있을 뿐이다. 그러나 만약 이 어휘가 문맥 안에 놓이게 될 때에는 번역이 된다 (Mon chien est grand내 개는 크다/Mein Hund ist groß. Le chien de mon arme공이치기 없는 총/Die Sperrklinke meiner Waffe. Il a du chien그에겐 뭔가 성적매력이 있다/Er hat Charme).

164 [원주] 베르만, 《낯섦의 시련》, p. 161.

165 [옮긴이 주] 1798년 아우구스트 빌헬름 슐레겔과 카를 빌헬름 슐레겔이 창간한 문학 잡지명.

§ 71 1794년에 간행된 에세이 《그리스 시의 유파들Ecoles de la poésie grecque》[166]에서 프리드리히 슐레겔은 '자연'에 대한 관심에서 태어난 그리스 시가 어떻게 관능주의와 형식주의를 거치면서 순수한 모방으로 퇴락하고 말았는지 설명한다. 그렇지만 그리스 시의 "쇠퇴"는 시적 아름다움과 접촉하면서 새롭게 변화된 인간의 탄생에 기여했다. 따라서 예술의 역사는 이런 측면에서 보면 사조나 시기의 역사가 아니라 완벽한 인간성을 지향하며 진보해가는 인간의 서로 다른 변화의 역사인 셈이다. 이런 변화는 고전주의와 낭만주의의 교육 개념과도 일치한다. 그런데 이 변화가 폐쇄적인 인간의 문화 지평 안에서 도래할 수 있는 것은 아닐 것이다. 안티고네의 외침이 단지 테베인들만을 향한 것은 아니다. 그녀는 그리스어로 모든 인간들에게 말을 걸었다. 따라서 번역가가 해야 할 것은 그녀의 그리스어와 소포클레스의 글자 뒤에 있는 언어의 시poésie du langage, 의미의 힘force du sens을 최선을 다해 다시 구현해내는 것이다. 이런 언어의 시는 낭만주의 최초의 선언문인 《아테네움》의 단장들 안에서 잘 표현되고 있다. 《아테네움》은 언어가 인위성과 의미가 엄격하게 정의되는 용어화로부터 벗어나 언어 안에 놓인 하나의 언어eine Sprache in des Sprache의 형성을 앞당기는 의미의 혁신—그래서 온갖 축자역에 대한 충동을 번역가에게 금지하는—으로 가득차야 한다고 주장했다.[167] 문체가 언제나 예언적인 노발리스는 언어

---

166 [옮긴이 주] 프랑스어 번역본 제목은 《그리스 시 연구에 관하여Sur l'étude de la poésie grecque》이다(trad. de l'allemand et présentée par Marie-Laure Monfort, Paris, Editions de l'éclat, 2012).

167 [원주] 라쿠-르바르트Philippe Lacoue-Labarthe 와 장-뤽 낭시Jean-Luc Nancy, 《문학적 절대L'absolu littéraire》, Paris, Seuil, 1978, p. 245(《문학적 절대—독일 낭만주의

의 시가 자신이 "로골로지logologie"[168]라고 부르는 것, 즉 "정신 자체에서 질적인 영양분을 섭취하는" 창조적인 말을 거치면서 도래할 것으로 보았다.[169] 바로 이런 틀 안에서 위대한 낭만주의 번역가들을 인도하게 될 낭만주의 번역이론이 펼쳐진다.

§ 72 진정한 "시인의 시인"이며, 의미를 창조하는 언어의 역량을 찬양하는 번역가의 노력에는 그러나 한계가 있다. 모든 이해의 행위는 언제나 그 내부에 일종의 결함과 불확실성, **불가해성** incompréhension이라는 어둠의 영역을 지니고 있다. 사실 한 텍스트의 정신적 가치를 간파했는지를 어떻게 **객관적**으로 알 수 있단 말인가? 이런 불확정성indécision은 번역가가 대상으로 삼은 작품에 천재의 봉인이 찍힌 것이라면 그만큼 더 커진다. 왜냐하면 천재의 작품은 **근본적으로 일반적인 범주들로 규정될 수 없기 때문**이다. 그리하여 모든 이해의 행위에는—그리고 모든 번역 행위에는—가장 깊숙하고도 근본적인 차원에서 텍스트의 무엇인가가 그것을 이해하려는 노력을 벗어난다는 그런 생각이 끈질기게 달라붙어있다.[170] 이런 근본적인 불가해성 때문에 프

문학 이론》, 홍사현 옮김, 그린비, 2015, 365쪽). 또한 드니 투아르Denis Thouard, 〈독일 낭만주의에서의 "철학의 형태"La question de la "forme de la philosophie" dans le romantisme allemand〉, in《방법론Methodos》, 1 (2001), La philosophie et ses textes (http;//methodos.revues.org/document47.html) 참조, 2005년 10월 14일 검색.

168 [원주] 노발리스, 《씨앗들》, 단장 43, p. 132.

169 [원주] 같은 책, p. 322의 셰페르의 해설 참조.

170 [원주] 에른스트 벨러Ernst Behler, 〈프리드리히 슐레겔의 해석이론Friedrich Schlegels Theorie des Verstehens : Hermeneutik oder Dekonstrucktion?〉, in《전기낭만주의의 문제Die Alktualität der Frühromantik》, éd. E. Behler & J. Hörisch, Paderborn, F. Schöningh,

리드리히 슐레겔은 재치Witz, 아이러니, 단장과 같은 **표현의 암시적 형태**에 의지하지 않을 수 없었다. 노발리스의 **직관**과 **알레고리**가 이에 해당한다. 무한과 총체성을 아우르는 것에 대한 끝 모를 열망을 지닌 낭만주의가 언어를 그 성격상 극단으로까지 밀어붙이는 언어의 **시화**poétisation — 언어의 시학에 대한 탐색 — 에 이르게 된 것은 불가피했다. 바로 이 때문에 그들은 총체성을 상징적으로 재현하는 표현 형태를 선택하게 되었다. 그러므로 낭만주의 문학에 대한 독서는 작품의 **상징적 성격**을 고려하고, **문헌학적 접근을 한쪽으로 밀쳐두어야**만 한다. 낭만주의의 소설, 콩트, 시의 독서뿐만 아니라 낭만주의 번역 작품의 독서에서도 이것은 마찬가지이다.[171]

§ 73 독일 "낭만주의자들"의 번역에 대해 말하는 것은 게다가 위험한 시도이기도 하다. 왜냐하면 1797년과 1808년 사이에 우리가 낭만주의의 **하나의** 원칙이라고 부를 수 있는 무언가가 있을 것이라는 점은 전혀 확실하지 않기 때문이다. 프리드리히 슐레겔이 형에게 보내는 편지에서 '낭만주의'라는 단어를 정의하기

1987, pp. 141-160 참조.

171 [원주] 번역은 원전을 완성하는 하나의 방식으로 이해되고 있기 때문에(헤르메스 콤플렉스의 확실한 징후), 번역은 **형성**Bildung이라는 개념과 연계된 정신적 가치를 표현해야 하기 때문에, 번역은 언어의 시적 속성에 대한 탐색이기 때문에, 번역은 '낯선 것' — 이것 때문에 번역은 원전이 목소리를 내게 하지 못한다 — 을 옮길 수 없다. 또한 번역은 "윤리적" 입장을 드러낼 수도 없을 것이다. 왜냐하면 번역의 윤리는 나와 타자 사이의 분리 — 모든 인간을 결합하는 정신적 공동체의 이상에 역행하는 분리 — 를 만들어내기 때문이다. 따라서 시적인 것에 대한 탐색에 의해서든, 낭만주의의 시를 가득 채우고 있는 **상징적** 가치에 의해서든 번역은 글자 차원에서 작동될 수 없다.

위해서는 125쪽의 지면이 필요하다고 말했는데,[172] 이것은 이처럼 복잡한 개념을 정확히 밝히기가 어렵다는 것을 의미한다. 독일 전기낭만주의 — 그 어느 때보다도 번역사상가들을 불러 모은 시기 — 에는 처음부터 원칙이라는 것이 없었다. 노발리스의 통찰력과 프리드리히 슐레겔의 재치 사이에는, 그들이 **연대기 작가**였다는 점을 제외한다면, 그 어떤 공유점도 없다. 공책에 적힌 수많은 주석들, 급하게 작성한 듯한, 그러나 때로는 그만큼 빠르게 잊히고 마는 직관들만이 남아있을 뿐이다. 예나[173]의 사상가들에게서 뚜렷이 드러나는 "단장"의 철학은 단 하나의 공리axiome로 요약될 수 없다. 게다가 아우구스트 빌헬름 슐레겔은 "낭만주의 예술과 시는 카오스에 대한 알 수 없는 열망"[174]을 표현한다고 주저 없이 말하기도 했다. 따라서 처음부터 의도적으로 분산되었던 것을 단 하나의 운동으로 모으려는 시도는 **낭만주의를 낭만주의의 비판적 개념과 동일시**[175]할 수

172 [원주] 프리드리히 슐레겔, 《프리드리히 슐레겔과 아우구스트 빌헬름 슐레겔의 서한Briefe von Fr. Schlegel an A. W. Schlegel》, Berlin, Walerl, 1890.

173 [옮긴이 주] Jena(Iéna). 시인과 사상가들의 도시.

174 [원주] 아우구스트 빌헬름 슐레겔, 〈드라마 예술과 문학론Über dramatische Kunst une Literatur〉, in 《비평집과 서한집Kritische Schriften und Briefe》, éd. R. Lohner, Sttutgart/Berlin/Cologne/Mainz, Zweiter Teil, 1967, tome 1, p. 112. 번역은 저자.

175 [원주] 베르만이 자신의 저서 《낯섦의 시련》에서 — 그러나 아주 뛰어난 방식으로 — 행한 것이 바로 이것이다. 이 점에서 그는 전기낭만주의에서 **문학적 절대성**을 발견한 라쿠-라바르트와 낭시의 비평적 관점에서 낭만주의를 바라보았다고 할 수 있다. 다음과 같은 베르만의 언급 사례에서 그런 입장을 볼 수 있다. "작품을 있는 그대로 존재의 절대성으로 고려하는 것, 바로 그것이 《아테네움》 낭만주의의 특징이다"(같은 책, p. 115). 《낯섦의 시련》은 라쿠-라바르트와 낭시의 **문학적 절대성**을 꾸준히 끌어다 쓴다. 베르만의 《아테네움》 단장들의 인용은 이 두 명의 연구자들이 제공한 번역에 의지한다.

밖에 없는데, 낭만주의가 그것과 꼭 일치하는 것은 아니다. "낭만주의자들"에게서 번역에 대한 단일한 이론을 끄집어내려는 시도는 따라서 환원주의를 행하는 것과 같다. 독일 전기낭만주의는 노발리스나 프리드리히 슐레겔의 잠언들을 능숙하게 조합하는 것, 그리고 《아테네움》의 언급들을 박식하게 축적하는 것으로 환원될 수는 없다. 예나의 사상가들은 총체적인 하나의 진실을 추구했지만, 그렇다고 해서 이 진실이 모든 진실의 총합일 것이라고 생각하지는 않았다. 그들은 누적된 총합이 아닌 질적인 총합, 초월적인 상상력이 만들어낸 가장 아름다운 결실일 수 있는 그런 총합을 지향했다. 전기낭만주의자들이 번역에 관한 이론적 증거들을 아주 드물게 남겨놓았기 때문에, 그것들을 낳은 개념 전체를 고려하지 않는 한, 그 증거들을 있는 그대로 해석할 수는 없다. 결국 전기낭만주의는 **열린 철학 그리고 한계를 거부하는 철학**으로 이해되어져야만 한다. 낭만주의에 하나의 "체계"가 있다면—그 체계에 근거하여 낭만주의의 번역이론에 대해 말하는 것이 가능은 하겠지만—그것은 꼼꼼하게 조합해놓은 개념들로 만들어진 기계적 체계가 아니라 오히려 영원히 붙잡아놓기 어려운 총체성으로 이해되어져야만

[옮긴이 주] 이 표현을 이해하기 위해서는 슐레겔이 낭만주의를 "화학적 시대chemisches Zeitalter"로 규정하면서 모든 사고는 화학적 과정을 거칠 때 비로소 총체성과 통합을 지향하게 될 수 있다고 말한 것을 상기할 필요가 있다. 낭만주의에 내재된 "화학성chimie"이 총체성에 대한 지향을 이끈 요소라는 것이다. 그리고 베르만은 낭만주의를 반순수성의 시대, 비단순성의 시대, 그리고 어떤 면에서는 파열의 시대로 정의하면서 이 사조가 비판적 파토스pathos critique에 "도취"한 사고에 기반하고 있음을 지적한다. 이런 면에서 낭만주의는 칸트를 계승하면서도 그의 비판적 사고를 더욱 비판적으로 완성하려고 시도했다고 말할 수 있다. 이에 관해서는 베르만, 《낯섦의 시련》, pp. 112-113 참조.

한다.[176]

§ 74 이 영원히 붙잡기 어려운 총체성은 위에서 언급한 불가해성이라는 어둠의 영역과 결합하게 된다. 객관성은 더 이상 앎connaissance을 대표하지 않는다. 불가해성의 비밀들을 꿰뚫어보는 것은 예외적인 개인—천재적인 주관성—의 몫이다. 프리드리히 슐레겔과 노발리스에게서 이 천재는 분명 구체적 현실의 통합성universalité[177]을 이해할 수 있는 자, 즉 예술가이다. 단장에서 번역가에 대해 말할 때의 노발리스는 어떤 장인, 중세시대의 보잘것없는 전달자로서의 번역가가 아니라, "자기 나름의 방식대로 총체성에 대한 생각을 제시할 수 있어야만 하는"[178] 그런 예술가를 생각했다. 따라서 그는 외부의 자연과 그 자연의 생산물natura naturata—여기서는 번역해야 할 텍스트—을 모방해서는 안 되며, 자연이 창조적이듯이natura naturans 자신만의 고유한 독자적인 이미지를 만들어내면서 창조를 해야만 한다.[179] 게다가 이것은 "우리가 밖으로부터 빌려오는 것은 우리 내부에서, 말

---

176 [원주]《세상의 시적 형태》, pp. 173-178에서 전개된 논리 참조.

177 [옮긴이 주] '보편성'으로 옮겨질 수 있는 이 용어를 '통합성'으로 번역한 것에는 이유가 있다. 보편성이 '모든 것에 두루 미치거나 통하는 성질'이라는 뜻을 지녔다면, 'universalité'는 이에 해당하지 않는다. 왜냐하면 낭만주의에 내재된 '화학성'은 모든 것을 통합하고 융합하는 성질을 지녔기 때문이다. 따라서 '통합성'으로 번역하는 것이 낭만주의 본연의 속성을 드러내는 데 더욱 부합해 보인다.

178 [원주] 노발리스, 앞의 책, p. 255.

179 [원주]《세상의 시적 형태》, p. 442.

[옮긴이 주] 'natura naturata'는 '소산적 자연', 'natura naturans'는 '능산적 자연'으로 번역할 수 있다.

하자면, 재생산되어서 시의 형태로 다시 나타나야만 한다"[180] 고 말할 때의 아우구스트 빌헬름 슐레겔—말할 것도 없이 그는 이 시대의 가장 위대한 번역가이기도 하다—의 관점이기도 하다. 이 시적 형태는 전기낭만주의자들이 '자연', '역사', '과학' 그리고 '예술'을 정신적인 독립체로 만들면서 세상과 자신들의 작품에 부여했던 정신적 가치와 관련이 있다. 바로 이런 의미에서 번역은 원전의 쟁취poursuite이다. 왜냐하면 시가 빌려오는 형태—즉 창조—는 어떤 개별적인 형태, 하물며 축자역을 훨씬 뛰어넘는 것이기 때문이다.[181]

---

180 [원주] 아우구스트 빌헬름 슐레겔, 《희곡문학 강연Cours de littérature dramatique》, traduit de l'allemend par Madame Necker de Saussure, Paris, Librairie internationale Lacroix, Verboekhoven et Cie, 1865, tome 1, p. 42 참조.

181 [원주] 번역이 축자역 차원에서 작동하지 않는다는 것은 다음과 같은 사실에 의해서도 설명된다. 하나의 문장은 문법적으로 옳을 수 있지만, 그럼에도 불구하고, 그 어떤 의미도 표현하지 못할 수 있다(예 : "피부가 섬광 치는 황산염 안에 부분적으로 웅크리고 있다La peau encoigne partiellement les sulfates de fulgurances"). 그러므로 축자역이란 텍스트의 글자를 엄격하게 따르는 것이라는 점에 주목하자. 이런 의미에서 **축자역은 글자와 구분되지 않는다**. 물론 시에서처럼 어휘의 의미를 돌려놓지 않는다면—그러나 어떤 주제를 명확히 해야 하는 작품에서는 이런 일이 별로 없다—말이다. 어떤 이들은 글자란 한 텍스트 안에서 시적으로 의미가 풍부하게 작동된 언어형태를 가리키며, 그런 차원에서 베르만의 축자역을 고려해야 한다고 반박할 것이다. 그러나 한 텍스트의 형태를 이루는 것은 텍스트의 **개별 단어가 아니라 통사구문**이다. 그리고 통사구문은 수사학의 문제이지, 단어 차원의 문법의 문제는 아니다. 정신이 글자에서 나온다고 믿는 것은 모든 텍스트를 근본적으로 번역 불가능하게 만들 뿐이다. 왜냐하면 어떤 번역도 글자를 재생산할 수 없기 때문이다. 따라서 어떤 번역도 텍스트의 정신을 번역할 수 없다는 논리가 나올 수밖에 없다.

[옮긴이 주] 여기에서도 저자는 여전히 베르만의 문자를 잘못 이해하고 있다. 그는 문자를 텍스트의 어휘 차원에서 바라보고 있기 때문이다. 베르만도 이런 오해를 우려한 바 있다. 그는 독자들이 자신의 문자를 어휘에 국한시켜 읽을 것을 염려했다. 물론 그런 염려를 낳게 만든 이 문자를 선택한 자신에 대한 책망이 그에게

§ 75 전기낭만주의 사상가들이 번역의 역할을 재평가했다고 말하는 것으로는 충분치 않다. 번역에 대한 예전의 생각들이 방법론적인 고찰—텍스트를 어떻게 번역할 것인가—이나, 미학적 가정hypothèses esthétiques—"부정한 미녀"가 이것의 가장 매력적인 경우에 해당한다—에 근거하였다면, 독일 전기낭만주의는 번역을 **글쓰기의 예술**art de l'écriture이라는 반열에 올려놓았다.[182] 그리하여 자유롭게 된 번역가는 텍스트의 단순한 전달자에서 공동저자가 되고 심지어는 텍스트를 보완함으로써 **비평적 양상**aspect critique을 번역이라는 분야의 맨 선두에 위치시키게 된다. 저자와 마찬가지로 번역가는 예술의 역사라는 총체성 안에 자리를 마련한다. 이제 그는 더 이상 보이지 않는 타자가 아니다. 그에게는 저자가 그런 것처럼 예술작품을 단지 개별적인 것으로만 남게 만들지 않는 **총체성**과 관련해서 **작품**을 파악하는 직관이 있다. 바로 이런 총체성과의 연계가 작품을 단순한 개별적 차원을 넘어서게 만든다. 왜냐하면 모든 예술가들은 각각의 것에 특별한 의미를 부여하면서 거기에서 좀더 넓은 의미를 끄집어내기 때문이다. 번역가는 무엇보다도 작품의 의미—텍스

없었던 것은 아니다. 문자란 한 텍스트 안에서 시적으로 풍부한 의미를 지니게 되는 언어작동현상과 관련된다. 이 문자는 당연히 일상어를 내용을 간직한 어떤 추동된 표현으로 바꾸어놓은 것으로서 텍스트를 구성하는 개별 단어의 수준을 훨씬 넘어서는 것이다. 따라서 문자라는 표현을 띠고 있지만, 이 개념은 형식적인 일반적 글자와 정신을 아우르는 시적인 속성, 즉 창조성을 모두 함축하고 있다. 저자인 르 블랑은 § 90에 이르러서야 베르만의 문자에 대한 개념에 동의하는 자신을 드러내게 된다.

182 [옮긴이 주] 역자는 위 용어를 '작문법'이 아니라 에크리튀르를 통해 확보하는 예술성의 의미를 지닌 것으로 파악하여 '글쓰기의 예술'이라는 다소간 어색한 표현으로 번역한다.

트 차원을 넘어 좀더 광대한 무엇, 즉 '예술 자체'와 연결되는 의미—에 가장 민감한 자이다. "낭만주의 번역"은 작품 안에서 이런 광대한 무엇인가를 통해 예술의 역사적 발전에 기여하는 어떤 의미를 포착하는 번역이다. 이런 점에서 낭만주의 번역은 총체성을 이루는 모든 개별적인 것들을 **재건축**하고 꿰뚫어보고 평가하고 그것의 특징들을 드러낸다.[183] 그런데 **특징의 포착**이라고 불리는 이런 작업은 바로 **낭만주의 비평**[184]의 사명에 해당하는 것이기도 하다. 이 비평은 작품의 글자와 작품의 정신을 뚜렷이 구분한다. 이런 구분은 축자역의 문헌학적—그리고 방법론적—인 모든 굴레에서의 해방을 의미한다.[185] 이제 번역가는 작품의 정신적 총체성을 표현해야만 한다. 그는 원전을 재창조하고, 자신의 번역을 통해 원전에 충만한 깊이를 부여하며 그것을 완성하는 시인의 시인이 된다. 이 숭고한 방식

---

183 [원주] 프리드리히 슐레겔, 《레싱에 대하여Über Lessing》, in 《프리드리히 슐레겔 비평집Kritische-Friedrich-Schlegel-Ausgabe》, tome 2, pp. 100-125.

184 [원주] "특징창출은 역사의 밖에 자리한다. 그것은 대상을 평온하고도 나눠지지 않는 총체로 간주한다", 《프리드리히 슐레겔 비평집》, tome 16, p. 138. 번역은 저자. 프리드리히 슐레겔은 비평의 통일화 역할을 강조하기 위해 다른 비유를 사용했다. 그것은 '역사'와 '철학'의 "연계", "결혼"과 같은 비유이다. 바로 이 지점에서 작품은 정신에 의해 재건축되어야 하는 총체로 이해된다.

[옮긴이 주] 특징의 창출은 작품의 역사성과는 무관하다. 작품의 고유한 특성은 시간 밖에 위치한 것으로서, 시간의 흐름에 따라 변하는 의미와는 무관하다. 바로 이런 이유로 § 73에서 총체성은 "영원히 붙잡아놓기 어려운" 것으로 묘사된 바 있다.

185 [원주] 프리드리히 슐레겔, 《문헌학에 관하여Zur Phlilologie》, tome 6, pp. 35-81. 낭만주의 비평의 도약은 세상을 시의 용어로 바라보고, 삶의 모든 영역에 침투해 들어가는 데서 이루어진다. 따라서 낭만주의 비평은 냉랭하고 먼지가 잔뜩 낀 박식함을 노골적으로 거부한다. 이에 관해서는 특히 토마스 안츠 · 라이너 바스너Thomas Anz et Rainer Bassner (éd.), 《문학비평—역사, 이론, 실천Litteraturkritik — Geschichte, Theorie, Praxis》, Munich, C. H. Beck Verlas, 2004, pp. 52-55 참조.

을 슐라이어마허는 다음과 같이 상세하게 말하였다. "모든 요소들[단어]에서 문맥적 의미의 다양한 사용가능성과 그 의미의 통일성unité de la signification은 구분되어야만 한다. 〔…〕 단어는 수없이 많은 방식으로 사용될 수 있으며, 그 의미는 문맥에 의해 결정된다. 그런데 다른 모든 것들을 아우르는 언어의 유일한 영역이 있다."[186] 그것은 **개별적 창조성**individualité의 영역으로서, 이것에 의해 번역되어야 할 실제의 의미를 결정하는 문맥이 만들어진다. 따라서 의미를 포착하려는 그 어떤 시도도 의미를 탄생시키는 개별적인 것에 대한 이해 없이는 성공하지 못한다. 그런데 작품의 의미를 밝혀주고, 두드러지게 만들고, 확신하게 해주는 개별성을 지닌 저자의 내적인 삶을 재창조하기 위해서 전기낭만주의가 사용한 예술은 바로 **비평**이다. 바로 이런 이유 때문에 결국 모든 낭만주의 번역은 근본적으로 비평적 행위라고 할 수 있다.[187]

§ 76 《문헌학의 철학Philosohphie des Philologie》에서 프리드리히 슐레겔은 문헌학에 적용되는 "**고전적**Klassisch"이라는 단어를 예술작품의 역사성historicité에 비추어서 다시 정의하려고 시도한다.[188] 몇몇 호

---

186 [원주] 프리드리히 슐라이어마허, 《해석학Herméneutique》, trad. par Ch. Bernet, Lille/Paris, PUL/Cerf, 1989, p. 79.

187 [원주] 번역가의 작업 한복판에 놓여있는 이해의 불가능성(§ 72) — 이것 때문에 낭만주의자들은 암시적 표현을 선호하게 되는데 — 은 또한 번역이 어째서 **해석학**보다는 **비평**의 지배를 받는지, 의미sens, sinn보다는 의미작용signification, Bedeutung의 지배를 받게 되는지를 설명한다.

188 [원주] 문헌학에 대한 독일 비평의 새로운 개념들을 제시하면서 번역에 상

메로스 번역본들을 연구한 그는 요한 하인리히 포스Johann Heinrich Voß가 호메로스 원전의 흉내를 지향했으며, 그것은 고대와 자기 시대의 차이점을 폐기하면서 역사의 역동성마저 제거해버리고 말았다고 지적한다. 그런데 번역은 원전을 제거해서는 안 된다. **상황이해의 참조**Verweischarakter를 위해서 번역은 끊임없이 원전을 향해야 한다. 번역은 원전의 불완전성 그리고 원전의 완성 가능성의 흔적을 지니고 있어야만 한다. 모든 이해는 어쩔 수 없이 일시적일 뿐이다. 왜냐하면 이해는 끊임없이 진보해온 역사의 우여곡절을 겪으면서 지금의 이해가 되었기 때문이다. 따라서 번역—해석의 행위처럼—은 그 자체로 정의될 수 없는, 그리고 무한한 어떤 사명, 해석을 역사의 흐름에 따라 발전시켜온 역동성을 뒤따른다는 사명을 지니고 있다. 번역에 내재된 정의[189]라는 것은 없다. 기껏 할 수 있는 것이라곤 어떤 특정한 시기에 그 번역이 어떠했는지, 그리고 어떻게 되었는지를 제시할 수 있을 뿐이다. **번역은 문학형태들, 시와 예술의 현상들이 계속 발전해가는 과정에 대한 생생한 증거**이며, 궁극적으로는 《아테네움》에서—단장의 형식을 빌려—제시된 전기낭만주의 시학의 포괄적인 계획안에 포함된다. 그런데 이 계획은 바로 비평의 계획이다.[190]

당한 중요성을 부여한 슐레겔의 《문헌학의 철학》을 베르만이 전혀 참조하지 않은 것은 정말 놀라운 일이다. 아마도 그가 참조한 주요 작품이 한결같이 《문학적 절대》와—《낯섦의 시련》이 상당히 인용하고 있는—한스 요아킴 스퇴리그Hans Joachim Störig의 《번역의 문제Das Problem des Übersetzens》(Darmstadt, Wissenschaftliche Buchgesellschaft, 1963)였다는 것이 이유가 될 수 있을 것이다.

189 [옮긴이 주] '번역이란 이런 것이다'라고 말할 수 있는 고정된 정의는 없다는 것이 저자의 관점이다. 그런 정의는 번역의 역사성, 말의 역사성, 해석의 역사성을 고려하지 않기 때문이다.

§ 77 그러나 아우구스트 빌헬름 슐레겔은 사실 **괴테시대**Goethezeit의 정신에 가장 가까운 사람이다. 포스의 작업에 대한 그의 평가에서 그가 번역에 끼친 본질적 측면이 발견된다. 슐레겔이 보기에 시나 번역의 짜임새를 만드는 것은 다름 아닌 형태이다. 텍스트의 내용—특히 시의 내용—을 전달하는 것은 텍스트의 형식적인 특성이다. 예를 들어, 호메로스의 세계는 그가 사용한 언어의 형태를 통해서만 오늘날에 남아있을 뿐이다. 따라서 호메로스의 언어는 텍스트의 의미뿐만 아니라 호메로스의 세계 그 자체의 의미를 전달한다. 그러나 더 이상 진행형이 아닌 호메로스의 세계가 지닌 의미는 일시적이고 파편적이며 부분적인 방식으로서만 분석되고 해석될 수 있을 뿐이다. 왜냐하면 그런 분석과 해석은 시간에 따라 진보하는 자기 시대의 역사와 보조를 맞추며 이루어지기 때문이다. 따라서 모든 번역은 이런 **파편성**partialité, 절대적으로 단편적인fragmentaire 양상만을 표현할 수 있을 뿐이다. 번역은 어떤 특정한 시기에 나온 텍스트의 의미, 한 시대를 만족시킬 만한 의미, 그러나 그 이후의 시대에는 결코 그렇지 않을 그런 의미의 포착을 시도하는 해석이라는 무한한 사슬을 이루는 하나의 고리일 뿐이다. 텍스트를 넘어 시대의 문화 전체로 확장되는 의미의 이런 역사성에 대한 질주는 번역을 전기낭만주의의 주요 영역, 즉 **비평**의 한복판으로 몰아넣었다.[191]

---

190 [원주] "비평은 이미 존재하였으며, 이미 완성되었고, 이미 쇠퇴해버린 어떤 문학작품을 단순히 설명하는 것이라기보다는 문학작품의 모든 측면organon을 이해하기 위한 하나의 도구일 것이다." 프리드리히 슐레겔, in 《세상의 시적 형태》, p. 560. 번역은 저자.

191 [원주] 이런 측면에서 보면 소위 번역의 "노후화"는 텍스트 의미의 역사성을

§ 78 슐라이어마허에게 언어의 기능은 형태를 갖춘 하나의 체계 내부에 의미를 고정시켜 놓는 데 있다. 그러면 이 체계는 일반적이며 규정되기 힘든 의미들("그리하여", "뉴턴", "그", "~의", "사과", 등등)과 특별하고도 문맥을 띤 의미들("그리하여 뉴턴의 그 사과") 사이의 긴장이 만들어지는 장소가 된다. 언어 사용자들인 인간은 자기들의 언어가 제공하는 체계를 물려받았고, 그 체계가 발전해나가는 데 기여한다. 이런 측면에서 번역은 단지 원전의 근거를 이루는 언어체계의 번역일 뿐만 아니라, 이 체계가 **저자에 의해 사용되는 방식**[192]의 번역이기도 하다. 따라서 저자의 독특한 사용방식을 고려해야만 하며, 저자를 텍스트 안에 지속적으로 남아있게 만들 그런 번역을 지향해야 한다.[193] 그런데 언어는 그 자체에 무한성을 지니고 있다. 언어를 구성하는 각 요소들의 의미적 그리고 심리적 측면은 나머지 다른 요소들과 맺고 있는 특별한 관계에 의해 결정된다.[194] 그렇기 때문에 번역텍스트 안에 저자를 저자로서 남아있게 만드는 사명은 언어만큼이나 무한하다. 이런 의미에서 축자역은 — 저자의 고유한 언어사용방식을 재발견해야 한다는 것을 수용한다면 — 번역에 적합한 방법일 수 없다. 축자역은 슐라이어마허가 보기에 언어의 무한성을 이루는 다양한 가능성의 결합이 만들

증명해 보일 뿐이다.

192 [원주] 시에서 뚜렷이 드러나는 저자의 사용 방식은 의미의 구성요소이다. 이런 사용방식을 번역의 "시학"은 고려해야만 한다.

193 [원주] 베르만의 "낯섦"은 이런 사상의 한 형태이다.

194 [원주] 슐라이어마허, 《해석학과 비평Hermeneutik und Kritik》, éd. M. Frank, Frankfurt am Main, Suhrkamp, 1999, p. 80(《해석학과 비평 : 신약성서와의 특별한 관계를 중심으로》, 최신한 옮김, 철학과 현실사, 2000, 137쪽 이하).

풍부함을 다 퍼내오지 못하기 때문이다. 게다가 번역이 이해의 기술과 결합하는 것이라면, 단지 언어의 규칙들에 관한 것에 머물러있을 수 없다. 왜냐하면 규칙이란 것은 기계적인 방식으로 이해하게 만들 뿐, 메시지에 담긴 개별적 속성을 잃어버리기 때문이다. 이런 점에서 다시 한 번 번역은 비평에 속하게 된다.[195]

§ 79 전기낭만주의자들에게 있어서 번역을 비평의 분파로 다루게 만든 다른 요소는 **언어행위라는 예술에 대한 개념**이다. 사실 언어는 그들의 눈에는 무언가 정체된 것이 아니라 "세상의 창조"와 같이 끊임없이 변화하는 "총체"로 비쳐졌다.[196] 철학적 관점에서 "언어의 꾸준한 발전은 자신을 의식하게 된 정신의 발전과정에 기인한다".[197] 문학은 언어행위를 거치면서 진행된 언어의 변화에 특별히 딱 들어맞는 한 예이며, 시의 변화는 언어의 이런 모든 가능성을 돌파한 하나의 아이콘이다. 문학형태에 의해 표현된 언어의 부단한 발전은 말해진 것, 따라서 **번역되어질 수 있는 것**의 의미에 불가피하게 영향을 끼칠 수밖에 없

195 [원주] 낭만주의 시의 계획은, 총체성에 대한 갈증으로 인해, 어쩔 수 없이 비평 안에서 낭만주의가 원한 가장 높은 단계의 열망이 완성되고 실현되는 것을 보게 되었다. 비평으로 귀착하게 된 번역은 노발리스에게서 발견되는 것처럼 언어 시학을 따르게 된다. 이런 점에서 낭만주의가 보여준 활발한 번역활동은 **윤리**(베르만) 혹은 **순수언어**(벤야민)에 이르는 것이 아니라, 언어라는 것을 한복판에 두고 있는 더 광대한 시적 계획, 즉 **비평**이라는 계획의 실현에 기여한다.

196 [원주] 아우구스트 빌헬름 슐레겔, 《예술과 문학 강의Leçons sur l'art et la littérature》, p. 358.

197 [원주] 《세상의 시적 형태》, p. 543.

다. 익히 알다시피 낭만주의 예술작품은 유한한 방식으로 시의 무한성을 재현하길 원했다. 그런데 이 무한성은 서로 다른 무한한 방식으로 그려질 수 있다. 낭만주의 예술에서 형태의 문제는 우연적이고 일시적이다. 무한의 의미가 어쩔 수 없이 우연적일 수밖에 없는 형태로 표현된다는 점이 바로 우리가 **낭만주의의 아이러니**라고 부르는 것의 본질이다. 그리하여 **모든 언어행위의 표현은, 그 자체가, 아이러니이다.** 내용과 형태가 서로 맺고 있는 관계의 우연적 속성을 그것이 증명하기 때문이다. 번역의 관점에서 이것은 의미와 형태의 우연성을 표현할 수 없는 축자역(축자역은 형태를 매우 진지하게 취급하기 때문에)의 포기를 의미한다. 바로 이런 우연성 때문에 번역행위는 낭만주의 시라는 역동적 진보의 한복판에 위치하게 된다. 게다가 모든 낭만주의 시의 본질은 그것이 결코 완성되지 않는다는 데 있다.[198] 미완의 시이기에 **낭만주의 시는 문학형태가 파열된 시**라고 할 수 있다. 이런 파열을 **단장**이라는 형태가 대변한다. 하지만 단장이 낭만주의 시의 의미를 충분히 드러내지는 못한다. 그것은 고작해야 작은 파편일 뿐이기 때문이다. 따라서 번역이 작품의 의미를 총체적으로 포함한다는 식의 주장은 결코 할 수 없다. 번역은 의미의 부분적이고 파편적인 표현에만 이르게 될 것이기 때문이며, 바로 이것이 번역이 진보하고 변화할 수밖에 없다는 것을 결정적으로 보여준다.[199] 게다가 문학형태의 문제

198 [원주] 《아테네움》, 단장 116.

199 [원주] 이것은 번역이론에도 해당된다. 번역이론은 그것을 만든 시대, 그리고 특히 그것을 만든 당시의 미학과 밀접하게 연계되어있다는 점에서 본질적으로 역사성을 띤다.

를 해결하는 데 전기낭만주의가 봉착한 어려움은[200] 번역을 완벽하게 독자적인 문학의 한 장르로서가 아니라 비평의 한 분파로 여기게 만들고 말았다. 결국 낭만주의의 본질적 목적은 낭만주의가 현실을 가지고서 만든 시적이고 철학적인 이상에 발맞춰서 현실을 변화시키는 것이었는데, 이것은 모든 문학작품을, 그리고 모든 번역을 **유토피아적인 계획**의 일부로 만들어버렸다. **원전의 사후**au-delà de l'oeuvre로서의 번역도 바로 이런 계획의 일부이다.

§ 80 결과적으로 예나의 사상가들에게 번역은 **현재 진행 중인 문학 형태들의 발전에 관한 생생한 증인**이다. 번역은 어느 특정 시기의 텍스트의 의미를 탐색하는, 해석이라는 사슬의 한 고리일 뿐이다. 그래서 번역이 단지 원전의 언어체계를 너머 도착어 독자에게 전달하는 것은 **이런 체계를 저자가 사용하는 방식**이다.[201] 이런 개념들은 텍스트의 고정성에 맞선 형태의 변화, 특정 시기에 뿌리를 둔 텍스트의 역사적 성격과는 반대되는 시간과 함께 발전하는 의미의 역사성, 텍스트 안에서의 언어사용의 안정성에 대립하는 언어의 역동적 속성과 같은 **세 개의 근본적인 대립항**으로 표현될 수 있다. 따라서 이 사상가들에게는 문학텍스트의 형태와 의미 그리고 사용에 관한 개념이 있으며,

---

200 [원주] 낭만주의 시가 예술의 본질 자체를 표현하길 원했기에, 그 어떤 문학 형태도 적합할 수 없었다.

201 [원주] 저자의 이런 사용방식은 넓은 차원에서는 수사학이 구현해내는 시적 전망의 범주에 들어간다.

이것은 문학이라는 것이 얼마나 역동적인지, 혹은 슐레겔의 표현을 빌리자면 문학이 얼마나 **진보적 속성**을 지니는지를 증명한다. 번역에 관한 낭만주의의 이런 직관은 발전적이고 진보적인 양상을 다른 무엇보다도 중요하게 여기는—**비평**이 중시하는 양상—**미학**에 대한 이해에서 나온 것이다.[202] 또다시 번역은 주제화되었다.[203] 이번의 경우에는 **낭만주의 비평**이라는 한 분야에 바쳐졌다.[204] 그런데 번역의 원칙이 훨씬 넓은 이론의 영역에 병합된 것이 이번이 처음은 아니다. 17세기로 거슬러 올라가면 페로 다블랑쿠르Perrot d'Avlancourt는 단지 자신이 몰두하고 있는 비평체계를 옹호하고 드러내기 위하여 번역을 결심하였다. 사실 "부정한 미녀들"은 번역에 관한 이론적 입장을 드러낸다기보다는 프랑스 산문의 미학적 가능성에 대한 **비평적** 관심사를 보여준다.[205]

---

202 [원주] 비평은 형태/내용이라는 고전적인 이분법에서 벗어나 창조성 그 자체로 관심을 돌릴 것이다. 예술작품은 개인의 감수성을 표현하는 개인의 생산물로 간주되기에, 시는 상징체계(예를 들어 노발리스의 경우) 그리고 언어는 유기적 구조체(슐라이어마허)로 이해되기에 이른다.

203 [원주] 위 § 56 참조.

204 [원주] 베르만이 "번역이란 언어학, 문헌학, 비평(낭만주의자들이 생각한 것처럼) 혹은 해석학의 단순한 한 분파가 아니라, **독자적인**sui generis 한 영역을 이룬다고 단언해야 한다"(《낯섦의 시련》, p. 286)고 단정할 때, 우리는 여기에서도 헤르메스 콤플렉스, 즉 자신의 활동이 **그 자체로서** 의미를 지닌다고 확신하려는 번역가가 자신에 대한 인정을 얻어내려는 한 양상을 볼 수 있다. 그러나 앞에서 전개해온 바와 같이, 사실 독일낭만주의에 의해 역사성에 비추어 취급되어 올 때의 번역은 언제나 "독자적인 고유한 영역"이었던 이런 학문들(언어학, 문헌학, 시학 그리고 비평)의 한 분야였을 뿐이다.

205 [원주] 이 점에 관해서는 로제 쥐베르Roger Zuber의 《"부정한 미녀"와 고전주의 취향의 형성Les Belles infidèles et la formation du goût classique》, Paris, Albin Michel, rééd. 1995, pp. 413-416 참조.

§ 81 **미학과 사변학 사이에 걸쳐있는** 번역의 이런 모호함에서 단순한 의미전달행위를 넘어서려는 의지가 재발견된다. 그 의지는 번역가라는 보잘것없는 전령사가 저자인 예술의 신 앞에서 인정을 받으려는 갈구를 드러내는데, 이런 인정받기에 대한 욕망이 **헤르메스 콤플렉스**의 핵심을 이루며, 우리 시대의 번역학에 대한 수많은 논리전개는 이것의 징후들이라고 할 수 있다. 헤르메스는 분명 전령사이다. 하지만 어쨌든 간에 아폴론은 그로부터 자신의 속성을 대변하는 리라를 건네받았다. 따라서 리라의 창조자인 헤르메스에게 예술에 대한 감각이나 그런 재능이 없는 것은 아니다. 게다가 리라를 만들기 위해서는 소통에 대한 특별한 이해가 필요했다. 그래서 그가 아폴론에게 준 선물은 상징으로 가득하다. 전령의 신이 예술의 신에게 리라를 주었다는 것, 메시지를 지닌 신이 "이론"[206]의 신에게 아주 소중한 선물을 주었다는 것, 이것은 분명 무언가를 의미할 것이다.

§ 82 고대에 예술은 인간 활동을 지배하는 일련의 **규칙들**의 총체로 이해되었다. 그리하여 플라톤은 추론[207]과 정치 그리고 전쟁의 **예술**에 대해 언급하였다.[208] 의학은 예술이다. 심지어 만약 인간에게 결여되었다면 '도시Cité'에서의 평화로운 삶을 불가능하

---

206 [원주] 아폴론의 쌍둥이 누이 아르테미스는 억제되지 않은en liberté '자연'의 여신이다. 아폴론은 예술의 신이며, 그의 자유는 그 예술을 뒤따르는 규칙들로 표현된다. 비합리적인 모든 것에서 벗어나고, **의도적으로** 합리성의 규칙들을 따르는 자만이 고대 그리스에서는 자유를 획득할 수 있었기 때문이다.

207 [원주] 《파이드로스》, 90b.

208 [원주] 《프로타고라스》, 322a.

게 만들 수 있는 존중과 정의도 예술이다.[209] 따라서 **생산적**인 활동은 예술로 고려될 수 있다. 게다가 아리스토텔레스가 예술에 대해 언급할 때도 바로 이런 의미였다.[210] 플로티노스Plotin는 **물건**을 만드는 기술과 **인간**을 만드는 예술을 구분하였다.[211] 그 범주가 어떠하든 생산이 없다면 예술도 있을 수 없다. 아폴론에게 리라를 주면서 헤르메스는 모든 소통행위는 예술이며, 그런 까닭에 이런 행위는 반드시 **시학**의 지배를 받는다는 점을 지적하길 원했을 것이다. 또한 언어의 미적인 성향과 그것의 사변적 성향 사이의 모호한 경계는 본질적으로 우리가 잊고 있는 언어의 어떤 기능에 뿌리를 두고 있다. 사실 언어는 **표현** 혹은 **생각의 소통**이라는 역할만 하는 것이 아니다. 그것은 또한 **묘사**와 **논증**의 기능을 지닌다. 이 기능들이 **수사학**과 **문체**를 거치면서 **미학적 관점에서 텍스트를 분석**하게 해준다. 따라서 번역이론은 언어학 자체에 국한될 수 없으며, 추상적인 철학적 고찰 안에 푹 빠져버릴 수도 없다. 오히려 번역이론은 번역의 시학 자체에 대해 성찰을 해야 한다. 즉 의미의 전달이라는 행위의 미학적 의미를 고찰할 수 있어야 한다. 헤르메스와 아폴론을 맺어주는 것이 리라라는 점을 잊어서는 안 된다.

§ 83 수사학은 그 기원에서부터 언어의 미학적 형태를 지향한다. 그리고 미학이 본질적으로 감각에 호소하기 때문에 수사학은 이

---

209 [원주] 같은 책, 322c-d.

210 [원주] 아리스토텔레스, 《형이상학》, 982a 1.

211 [원주] 플로티노스, 《엔네아데스Ennéades》, IV, 4, 31.

성에 기대어서가 아니라 "감각을 추동시키면서" 설득을 구하려는 예술이다.[212] 그런 까닭에 수사학은 그 규칙들에도 불구하고 자유롭고도 독립적인 언어 표현 형태를 대변한다. 왜냐하면 수사학은 증거나 합리적인 지식에 근거한 논증, 혹은 객관적 확신에 근거한 논증에 얽매이지 않기 때문이다. 수사학에서는 수많은 이미지들 뒤에 숨어있는 주관적 감정이 중요하다. 수사적 입증의 증거는 진실하다는 느낌인데, 이것은 지극히 개인적인 인상에 해당한다. 그래서 수사학은 플라톤에게는 의학보다 요리법에 더 가까운 것으로, 즉 개인의 발전을 지향하기보다는 개인의 취향을 만족시키는 것으로 비쳐졌다.[213] 설득에 적합한 수단을 벼리는 학문으로[214] 고려된 수사학은 언어라는 도구의 도움을 얻어 변증법적 추론에 의해 형성된 지식의 여러 원리들을 장식하기 위해 언어의 **표현력**을 효율적으로 사용한 변증술의 장식이다. 수사학은 설득의 기술을 제한하고 조절하는 규칙들을 처방한다는 점에서 그것은 언어의 시학이다. 그러나 시학이 시가 없으면 아무것도 아니듯이, 수사학은 수사를 표현하고 어느 면에서는 그것을 완성하는 **웅변술**이 없다면 아무 것도 아니다. 이런 점에서 번역에 관한 가장 오래된 성찰들이 웅변술에 관한 논고들에서 발견되는 것은 결코 우연이 아니다.[215] 수사학이 언어의 특별한 사용을 통해 설득을 지향하는 것은 언어

---

212 [원주] 미학이란 용어는 어원상으로는 그리스어 아이스테시스αἴσθησις, 즉 **감각**sensation에서 파생되었다.

213 [원주] 플라톤, 《고르기아스》, 465c.

214 [원주] 아리스토텔레스, 《수사학》, 1355b 26.

215 [원주] 키케로, 《뛰어난 연설가에 관해서Libellus de optimo genere oratum》.

가 분명 설득의 힘을 지니고 있기 때문이다. 수사학은 언술의 설득적 힘을 인식하고, 그것을 소위 무대 위에 올려놓고, 그 힘들이 어떤 효과, 확신의 효과—객관적 앎—가 아닌 설득의 효과—주관적 반응—, 많은 측면에서 미술이 불러일으키는 주관적 인상을 닮은 효과를 발휘하게 만들 수 있다.[216] 이런 면에서 수사학은 일종의 언어의 시학을 표현한다. "텍스트의 해석자로서가 아니라 웅변가처럼" 번역을 했다고 자신의 저서에서 밝힌 키케로는 번역이라는 것이 **어떤 효과**를 만들어내야만 하는 의미로부터 출발하여 텍스트를 재창조하는 것임을 지적하고 있다. 왜냐하면 그것이 연설가의 목적이기 때문이다. 따라서 번역텍스트는 그것이 만들어지는 순간부터 **원전의 수사적 의도를 텍스트의 시학을 구성하는 요소**로 인식할 책임을 지고 있다. 키케로와 마찬가지로, 호라티우스는 《시학》에서 단어 대 단어로 텍스트를 충실하게 번역하기보다는[217] 텍스트의 정신, 즉 원전의 언어를 작동시키는 수사적 형태에 천착하기를 시인에게 요구하였다. 그러므로 모든 형태의 축자역은 원전의 시학적 응집성과 수사적인 유기적 구성을 제거하며, 의미를 찾으려고 하면서 의미를 배반하기에 이르고 만다. 수사성—또한 문체—의 제거 혹은 출발언어에 내재한 그것의 시적 역할을 무

216 [원주] 가르치고, 기쁘게 하고, 감동을 주는 것.

217 [원주] "Nec verbo verbum curabis reddere fidus interpres", 호라티우스, 《시학Art poétique》, 133행. 여기에서 번역은 미학에 포함된다.

[옮긴이 주] 사실 호라티우스의 이 표현은 "fidus interpres"를 호격으로 여길지, 아니면 축자역의 주어로 고려할지에 따라 충실성의 개념과 관련된 많은 논란을 불러일으켰다. 그가 말한 충실한 번역가가 어휘에 충실한 번역가를 가리킬 수도 있고, 아니면 다른 그 무엇에 충실한 번역가를 지시할 수도 있기 때문이다.

시하거나 그것에 무관심한 것은 번역의 측면에서는 언어를 단지 **표현**과 **생각의 소통**이라는 기능으로 한정하고, 그것의 **묘사적** 그리고 **논증적** 기능을 폐기처분하려는 의지만을 드러낼 뿐이다. 그것은 수사학과 웅변성을 단순한 말하기 차원으로 깎아내리고, 사람 사이에 이루어지는 대화의 복잡성을 메시지 차원으로 깔아뭉개서, 결국엔 헤르메스를 강제로 아폴론 앞에 무릎 꿇게 만들려는 뻔뻔한 의도를 드러낼 뿐이다.[218]

§ 84 역사적으로 헤르메스 콤플렉스의 징후가 처음으로 나타난 것은 18세기부터이다. 데카르트에 뿌리를 둔 이성주의 독단론은 18세기라는 다양한 철학적 견해들이 넘쳐나던 세계 안에서 이 세기 전체를 이성의 시대로 디자인하면서 만개하였다. 그런데 이성이 지배하던 이 시기에, 이성이 모든 것을 할 수 있고, 모든 것을 입증하던 이 시기에, 설득을 명시적으로 지향하려는 의도를 지닌 모든 예술은 더 이상 허용될 수 없었다. 이성이 무소불위의 권력을 누리는 그곳에는 설득의 기술을 위한 자리는 없었다. 이성의 빛은 수사학을 불태워버렸다.[219] 우리가 보기

218 [원주] 헤르메스는 가끔씩 "웅변술의 신"으로 불린다. 그러나 신전에 가서 봉헌된 희생물의 **혀**langues를 그에게 바친 고대인들은 헤르메스에게 부여된 웅변술이 **언어의 도구적 기능**(말하기라는 물리적 능력)에 국한된다는 것을 보여주었다. 웅변술을 **숭고하고도 미적인 소통의 형태**로 여길 때의 고대인들은 아홉 뮤즈들의 한 명인 **칼리오페**를 먼저 생각했다.

219 [원주] 칸트가 금한 것과는 반대로 사물에 대한 인식의 접근 수단으로서 감정의 인식론적 회복을 시도한 독일 전기낭만주의는 자연스럽게 문학의 영역에서—따라서 번역의 영역에서—미학이 문학텍스트의 근본적인 의미 구성요소라는 개념을 복구해야만 했다.

에 번역이 수사학을 완전히 포기하게 만든—따라서 번역의 시학을 포기하게 만든—전환점을 이룬 지적인 고찰은 아이스킬로스의 《아가멤논Agamemnon》을 번역한 빌헬름 폰 훔볼트Wilhelm von Humboldt의 번역 서문에서 발견된다.

§ 85 진부하기 그지없는 학술계가 생각하는 것과는 달리 훔볼트는 단지 분량이 길고 때로는 난해한 저작들로 언어를 다룬 사상가만은 아니다. 이런 저작들이 종국엔 그의 명성에 크게 기여한 요소이긴 하지만, 훔볼트는 언어학이나 문헌학에 자신을 가둬두지 않았다. 사실 그의 저작을 이해하기 위해서라면, 그것이 그의 사상의 다양한 측면을 응집시키고, 그리하여 소위 그가 쓴 저작 전체를 항해하게 만들어주는 인간에 대한 독특한 개념에 바탕을 두고 있다는 점을 상기해야만 한다. 훔볼트는 인류의 정신은 개별적인 인간들 안에 살아있고 인간들의 역사를 따라 활동[220]하며, 인간의 모든 개별성과 인류의 모든 현상들을 가늠할 수 있는 이상과 기준을 제시했다고 확신한다. 그런 이유로 그는 모든 인간이 추구해야 할 목표는 끊임없이 진보하며 인류의 발전과 완성에 기여하는 것은 바로 인간 자신이라고 판단했다.[221] 인류에 대한 이런 개념은 많은 측면에서 고대에 가

220 [옮긴이 주] 훔볼트는 언어를 대상을 표현하고 의사소통을 행하는 도구로 간주하지 않았다. 그가 보기에 언어는 인간의 사유행위와 연관되어 끊임없이 새롭게 작용하는 정신활동의 과정이다. 그는 정신의 현존이 오로지 활동 안에서만, 그리고 활동 그 자체로 사유될 수 있다고 보았기 때문이다. 그에게 언어는 문법과 어휘목록 속에 수록되어있는 체계가 아니라 세계를 내적인 정신활동을 통해 사상의 표현으로 바꾸어놓는 동적인 변형으로 간주되었다.

깝고, 인간은 본래의 인간이 되어야만 한다는, 즉 자기 안에서 구체적으로 인류의 개념을 실현해야 한다는 괴테의 개념과도 통하는 것이다.[222] 인류의 정신, 그 어느 인간도 완전하게 실현할 수 없는 이 플라톤적인 이상이 훔볼트 인류학의 요체를 이룬다.[223] 그는 이런 사유를 세상의 모든 인간현상들을 지배하는 정신의 힘으로 간주한다. 인류의 정신을 활성화시키려는 시도는 **예술**[224] 탄생의 기원이 되고, **역사**[225]를 나아가게 만드는 추동력이다. 인간 안에서 활동하는 이런 정신의 힘은 **언어**를 불러일으킨다. 훔볼트에게 언어는 인간정신을 정의하는 활동이며, 그래서 인간 삶의 모든 양상에 영향을 끼친다. 언어는 살아있는 유기적 총체인 듯 구조를 갖추게 되고, 그 구조 안에서 각

---

221 [원주] 바로 이것이 "**형성**Bildung"으로 빗대어 말해지는 독일 고전주의와 낭만주의 문화의 요체를 간략하게 요약한다. 훔볼트가 번역에 대해 말한 것을 제대로 파악하기 위해서는 언어에 대한 그의 이론이 그의 인류학에 근거하고 있음을 이해하는 것이 필요하다. 그리하여 베르만이 주장한 것과 같은 "번역의 **형성**"이라는 것은 있을 수 없게 된다(《낯섦의 시련》, p. 245). 왜냐하면 모든 "**형성**"은 주체의 "언어적" 관점이 아니라 그의 "인류학적"인 관점과 연관을 맺기 때문이다.

222 [원주] "인간이 지닌 모든 능력의 조화로운 발전은 인간이 욕망해야 하는 것이며, 그리고 바로 그것이 완벽함을 형성한다고 말하는 것은 정확하다. 물론 그렇다. 그러나 인간은 그렇게 할 수가 없다. 따라서 인간은 모든 인간을 결합하는 것이 무엇인지를 단지 파악하려고 추구하면서, 자신을 총체적 존재의 한 부분으로 간주하고 발전시켜야만 한다." 괴테, 《에커만과의 대화Conversation avec Eckermann》, année 1825.

223 [원주] 훔볼트, 《저서 전집Gesammelte Schriften》, éd. Albert Lietzmann, Berlin, Preußischen Akademie des Wissenshaften, 1903-1936, Nachdruck, 1968, 16 vol., I, p. 388 이하.

224 [원주] 예술은 현실을 이상화시키며 변화시킨다. 즉 상상력을 통해 현실을 **인간적인** 정신의 힘으로 변화시킨다. 같은 책, II, p. 133 이하 참조.

225 [원주] 같은 책, IV, p. 56.

각의 어휘들은 다른 어휘들을 예상하고 추정한다. 헤르더Herder가《역사에 대한 또 다른 철학Une autre philosophie de l'histoire》에서 각 민족은 고유의 존재양식을 지닌다고 확언한 것처럼, 훔볼트는 언어와 그 언어를 말하는 민족의 존재양식 사이의 긴밀한 관계를 암시한다. 언어는 **민족정신**Volksgeist을 표현한다. 민족어의 다양성은 세상에 대한 비전의 다양성을 환기하고 동시에 표현하는데, 이 비전은 상상력과 감정의 조절을 받는다.[226] 그러나 언어가 영혼의 활동에 기원을 두고 있기 때문에, 모든 언어는 그 구성에 무언가 유사성을 지니게 된다.[227] 민족어가 다양한 것은 언어의 창조력[228]에 의한 것이며, 각 언어가 고유의 상상력과 감정에 의해 형성되는 것이기에 이 창조력은 한 민족에서 다른 민족으로, 시대의 흐름에 따라 다르게 발전해왔다. 그렇지만 그 언어들은 마치 대양의 바위가 바람과 파도의 힘을 받아 깎여 나가며 다양한 암초들을 만드는 것과 같이 하나의 원칙에서 출발하여 색다르게 표현된다.

§ 86 이 독일 사상가의 언어에 대한 비전은 번역의 영역에 적용될 때

---

226 [원주] 게다가 이런 생각은 독일에만 고유한 것은 아니다. 같은 시기의 프랑스에서도 퍼져있었다. 조제프 드 메트르Joseph de Maistre는 다음과 같이 주장한 바 있다. "각 민족들은 하나의 보편적인 영혼과 지금의 그들을 있게 만든 하나의 진정한 도덕적 통일성을 지니고 있다. 이 통일성은 특히 언어로 드러난다", in《작품집Oeuvres》, Lyon, Vitte, 1884, tome I, p. 325.

227 [원주] 이것은 모든 것이 번역될 수 있으며, 번역이 유사성에서 유사성으로, 알려진 것에서 알려진 것으로 행해지는 이유를 설명한다. 샹폴리옹Champollion과 로제타석은 이런 점의 뛰어난 예이다.

228 [원주] 이 창조력은 지성뿐만 아니라 상상력과 감정에 의해 만들어진다.

훔볼트의 역설이라고 불리기에 적합한 것을 만들어냈다. 만약 모든 언어가 그 조직에 무언가 공통적인 것을 지니고 있고, 그래서 번역될 수 있을지라도, 각 언어는 민족의 **독특한** 정신을 반영하고, 그 독특함 때문에 언어의 전달을 힘들게 만든다. 사실, 한 민족정신의 독특함을 구성하는 것이 다른 언어로 온전히 표현될 수 있다면, 바로 그 점은 그것이 어떤 독특함도 지니고 있지 않다는 것, 그리고 그 정신의 범주가 그것을 번역하는 다른 민족의 독특함과 완벽하게 일치한다는 것을 증명하게 된다.[229] 만약 그러하다면, 번역가는 이 껄끄러운 역설 앞에서 무엇을 해야 한단 말인가? 언어 일반, 그리고 특히 문법에 관한 훔볼트의 관심사는 **형태적** 측면이 그의 최대의 관심사였음을 보여준다. 중국어의 문법형성에 관한 글에서 그는 다음과 같이 확언한다. "문법은 언어의 다른 어떤 요소들보다도 화자의 말하는 방식에 보이지 않는 영향을 끼친다. 화자들은 각자 외국어 안에 자신의 문법 범주를 갖다놓고, 만약 이 범주들이 더 완전무결하고 완성된 것이라면, 그것을 외국어에 겹쳐놓는다. 각 언어에서, 그 언어가 사용되는 매 순간들을 고려한다면, 한 문장을 이루는 각 단어들에게 하나의 문법형태를 할당할 수 있기 때문이다."[230] 그런데 만약 이러한 것이라면, 모든 번역가들은 번역할 텍스트에 자신의 언어범주를 가져다 놓는 셈이 된

---

229 [원주] 이런 점은 사피어-워프의 과장된 가설과는 아무런 관계가 없다. 그들은 언어가 일정한 문화의 특별한 사회적 현실을 번역한다고 보았으며, 우리가 현실이라고 생각하는 것은 단지 모국어에 의해 만들어진 비전 그 이상이 아니라고 주장했다.

230 [원주] 〈중국어의 문법구조에 관하여Über den grammatischen Bau der Chinesischen Sprache〉, in《저서 전집》, V, p. 311.

다. 따라서 원전에 대한 그의 이해는 자신의 "문법적 개념"이 원전에서 제시된 "문법적 개념"에 어느 정도 일치하느냐에 달려있게 된다. 우리는 여기에서 이런 생각이 초래한 많은 결과들을 논의하는 대신에 그것이 무엇보다도 의미를 **구성**의 문제로만 이해하고 있음을 강조해야 한다. 이것은 텍스트의 이해가 한편으로는 텍스트의 문법적 구성에 달려있으며, 다른 한편으로는 그 구성이 번역가에게 익숙한 구성에 일치하느냐 아니냐의 문제에 달려있음을 의미한다. 이런 관점은 의미를 **문법**, **어휘** 혹은 **문맥**에만 연계시키며 의미의 형성에 끼치는 문체의 역할을 전혀 고려하지 않는다.[231] 이것을 좀더 자세히 살펴보면, 수사학의 미학적 효과와 텍스트의 의미에 관한 수사학의 중요한 영향을 상실하고 있음을 알게 된다. 이 세 요소의 어느 하나에 수사학을 국한시킬 수 없으며, 이 세 요소 모두를 만드는 것이 바로 수사학이기 때문이다. 의미의 형식적인 측면에만 집착하면, 우리는 위에서 언급한 역설에 봉착하게 된다. 이 역설에서 벗어날 수 있는 유일한 방법은 텍스트의 의미가 텍스트의 문법적, 어휘적, 혹은 문맥적 구성 전체를 훨씬 뛰어넘는다는 점을 인정하는 것이다.[232]

231 [원주] 이러한 분리의 형태는 일반적으로 축자역의 전형이다.

232 [원주] 메쇼닉이 번역을 한 언어에서 다른 언어로의 번역이 아니라, 하나의 디스쿠르에서 다른 디스쿠르로의 번역, 하나의 시학에서 다른 시학으로의 번역으로 고려할 것을 주장할 때(《성서가 철학에 가한 일격》, p. 124), 그는 두말할 필요도 없이 수사학의 미학이 의미에 끼친 영향과 언어를 작동하게 만드는 수사학의 역할을 번역이 고려해야 한다는 관점을 피력한 것이다. 언어활동과 디스쿠르 행위 사이에는 차이가 있는 것이다.

§ 87 훔볼트가 아이스킬로스의《아가멤논》번역을 간행한 해는 1816년이었다. 그는 여기에서 고대비극을 되새겨보고, 학문으로서의 번역에 대한 몇몇 고찰을 시도한다. 이런 고찰의 의미를 충분히 파악하기 위해서는, 그 고찰을 텍스트를 통해서 세상에 대한 특별한 비전을 표현하는 본질을 지닌 언어활동에 관한 훔볼트의 방대한 탐구 안에 갖다 놓아야 한다. 번역은 언어와 그 언어를 수용하는 민족정신에게 결여된 무언가를 전달하며, 그렇게 함으로써 번역은 개인의 **형성**을 닮은 집단적 성장의 가능성을 민족에게 부여한다. 그런 까닭에 언어와 문체가 특히 위대한 고전작품 안에서 가끔은 서로 화합을 이루더라도, 시학에만 의지한 텍스트는 번역될 수 없을 것이다. 왜냐하면 작품의 주요 특성을 이루는 것(정확히는 텍스트의 문체)이 너무 독특하고, 언어개념이 아닌 **언어의 효과**effets로부터 만들어지는 까닭에 그런 특성은 한 언어에서 다른 언어로의 전이(소통)를 허용하지 않을 것이기 때문이다. 물리적 대상을 지시하는 경우를 제외한다면, 한 언어의 그 어떤 어휘도 다른 언어에서 자신의 등가를 찾을 수 없다. 각 언어는 어휘가 표현하는 근본적인 정신적 개념을 미세하지만 서로 다르게 선택해서 드러내기 때문이다. 이런 차이점은 경험을 개념화하는 공동체의 언어방식에 차이가 있다는 것을 말한다. 어느 한 텍스트에 대한 최고의 그리고 가장 충실한 여러 번역을 서로 비교해본다면, 우리는 통일성을 보고자 하는 바로 그곳에서 다양성을 목격하게 된다. **가장 충실한 번역들이라는 것이 실은 서로 가장 큰 차이를 지닌 것**이기 때문이다.[233] 어휘들이란 정신의 추상적 개념들

233 [원주] 훔볼트, 〈아가멤논 번역 서문Einleitung zur Agamemnon—Übersetzung〉

을 지시하는 것이기에, 완벽한 대응어를 찾기는 본질적으로 어렵다. 따라서 축자역의 시도는 작품(세상에 대한 비전)을 번역하는 것이 아니라 비본질적인 것(별난 것, 기괴한 것, 이상한 것)을 만들어내고야 마는 **낯섦**Fremdhei으로 더럽혀진 번역들만을 내놓을 수밖에 없다. 따라서 텍스트를 관통해서 표현되는 정신[234]을 번역하는 일만이 남는다. 그런데 언어들 사이에 완벽한 동의성synonymie이란 없는 것이기에, 글자는 정신을 표현하는 데서는 아무런 역할도 하지 못한다. 따라서 단 하나의 그리고 심지어 위대한 텍스트에 대한 최고의 번역들이 표면적 구조 차원에서 서로 다양성을 드러내는 것은 당연하다. 이 번역텍스트들이 서로 공통적으로 갖고 있는 것은 언어들 사이의 근본적인 차이점, 정신적 차이점, 도착어가 독특한 것 혹은 **낯선 것**Fremd으로 고려하는 차이점을 보존하는 방식이다. 간단히 말해서, 독일어로 옮긴 아이스킬로스의 《아가멤논》의 좋은 번역텍스트는 독자가 텍스트를 따라가기 위해 사전을 뒤적이게 만들어버리는 번역, 혹은 원전의 문체나 형식을 지키려다 보니 독자를 혼란스럽게 만드는 번역이 아니라, 그리스 정신이 독일어의 잠재적 **표현력**과 그 중요성을 증대시키면서 독일정신을 더 풍부하게 만드는 그런 번역이다.

§ 88 훔볼트의 짧은 서문에 나타난 그의 주요 생각들을 분석하다 보

(1816), in 《번역의 제 문제Das problem des Übersetzung》, éd. H. J. Störig, Stuttgart, 1963, pp. 71-96, 특히 pp. 87-92 참조.

234 [옮긴이 주] 텍스트의 생명을 만들고, 텍스트를 언제나 살아있게 만드는 숨결을 의미한다.

면, 문체의 문제는 번역에서 자리를 차지하지 못하게 되었다는 결론에 이르게 된다. 수사학은 전달력을 상실한 의미요소가 되고 말았다. 사실 훔볼트는 직접적인 감각에 따른 인식을 전달하지 않거나, 혹은 순전히 물리적인 대상을 지시하지 않는 어휘들은 다른 언어 안에서 정확한 등가어를 발견할 수 없다고 지적한다. 때문에 만약 독특함만을 강조한다면 시 번역은 불가능하게 된다. 시가 표현하는 보편적인 본질을 포착하기 위해서라면, 시의 형태를 옥죄고 있는 사슬들을 풀어버려야 한다. 이와 같은 모든 생각은 **민족정신**을 표현하는 언어에 대한 개념, 그리고 이 개념을 뒷받침하는 인류학적 개념에 근거를 둔다. 훔볼트에게 언어는 한 민족의 정신을 표현한다. 번역이 전달해야 할 대상은 바로 이런 정신이다. 그렇지만 번역의 미학적 혹은 시적 개념은 **언어 자체보다는 주어진 언어의 정신을 표현하는 예술가의 방식**을 고려해야만 한다. 문학텍스트는 근본적으로 언어의 창조적 사용방식, 의미를 만들어내고, 번역이 전달해야만 하는 사용방식을 표현한다. 번역가가 번역을 위한 **선택**을 하게 되면, 그는 역시 선택을 하지 않을 수 없었던 저자의 노력을 따라가면서 그의 작품을 어느 정도 다듬어간다. 저자에게 이런 선택을 하는 데 도움을 주었던 것은 수사학과 문체이다. 헤르메스는 메시지를 잘 전달할 수 있지만, 그 메시지를 조화롭게 조절하는 자는 바로 아폴론이다. 인정을 받고 싶은 욕망에도 불구하고, 이 전령사는 예술가에게 자리를 양보해야만 한다. 만약 그렇게 하지 않는다면, 그의 메시지는 모호하게 되고, 이해될 수 없으며, 어떤 울림도 자아내지 못하여, 마침내는 "낯선 것"이 되고 만다. 한마디로 말해, 메시지는 헤르메스 콤플렉스 징후의 가장 병적인 단계인 **난해성**herméitisme 안으로 떨어지고 마는 것이다.

§ 89 한 저자가 이러저러한 표현을 선택할 때, 이 선택은 저자라는 사람이 자유롭게 텍스트를 창조한다는 전제하에서 보면 분명 불가사의하고도 무의식적인 수사적 그리고 시적 동기를 따르게 된다.[235] 그러나 텍스트 의미를 소위 강요받는 번역가의 입장에서 보면, 동일성은 수사적으로 **선험적**인 의미를 지니지 않는다. 구체적으로 말하면, 저자는 미학적 동기들—작품 전체의 의미에 기여하는 동기들—의 부추김을 받아서 한 단어를 선택할 수 있지만, 번역가는 미학적 동기들과는 상관이 있을 수도 없을 수도 있는 이유(저자의 무의식적인 부정확한 어법 사용이 그런 예이다), 혹은 텍스트를 읽는 자신의 독특한 방식을 따르다가 저자가 받은 동기와는 반대가 되는 미학적 동기를 얻은 이유 때문에라도 어떤 등가적 의미를 선택하게 될 것이다. 자신의 서문에서 훔볼트는 번역의 의도는 언제나 소통이라고 주장했지만, 동일성을 선택한다는 전략은 원전의 창조적인 낯섦을 전달하는 번역이 아니라 원전이 낯설다는 것을 전달하는 번역을 낳고야 만다. 원전의 의도가 대부분 수사적일 수 있다는 측면에서 이제 번역의 문제점 하나가 생기게 된다. 사실 번역은 **소통의 의도가 아니라**, 이런 동일성의 문제가 보여주고 있듯이, **어떤 시적 계획 위에 토대를** 둘 수 있다.[236] 훔볼트가 쓴

---

235 [원주] 텍스트의 문체는 따라서 자신이 창조하는 텍스트 앞에 선 저자의 자유에 대한 표현이다.

236 [원주] 형식적인 차원에서 보면, 텍스트의 수사적 의도는 발화된 문장의 의

서문이 폭넓게 인정을 받았다고 주장할 필요는 없지만, 그럼에도 불구하고 이 서문이 원전의 의미를 대체할 정도로 미학적 측면에 특권을 부여한 "부정한 미녀들"이든, 혹은 앞에서 살펴본 것처럼 저자의 주관성이 텍스트의 의미와 본질적으로 연계되어있다는 독일 전기낭만주의의 개념이든 간에, 이런 과거의 번역에 대한 개념과는 단절을 꾀하고 있다는 점을 알 수 있다. 이런 관점에서 보면 훔볼트는 번역에 대한 새로운 개념, 그러나 수사적 측면을 포기하고 단지 텍스트의 객관적인 소통과 텍스트의 해석학적 잠재성만을 고려하는 개념의 문을 열어 보였다고 말할 수 있다. 훔볼트와 더불어서 헤르메스는 아폴론에 대한 승리에 더 가까이 가게 된다. 메시지는 더 이상 권위적 아우라를 지니지 않게 되고, 메시지의 해석은 예언의 본질을 구성하는 성스러운 모호함과 시적인 텍스트의 계시를 떨쳐버리게 된다. 번역은 메시지에만 초점을 맞추고, 그것을 언어적으로만 검토하여, 메시지를 차갑게 만들어버린다. 만약 번역이 극복할 수 없는 문체상의 어려움에 봉착하게 되면, 그것은 예술의 신인 아폴론에 호소하기보다는 언어행위의 신인 헤르메스에게 벤야민처럼 이상적 언어를 간청하게 된다. 문학텍스트가 그리고 시적 언어가 우리를 우리의 모국어 안에서 낯선 자로 남아있게 만든다는 것을 인정하지 않는 훔볼트는 낯선 자란 타자이고, 우리 마음 저 깊은 곳에도 미개한 것barbarie — 어원적 의미에

도와 관련된 논리의 문제, 즉 **말한 것**(내용) 그리고 **말하고자 하는 것**(의도)과 관련된 모든 문제와 관련된다. 관심의 대상이 단지 소통이라면, 오직 내용만이 중시될 것이고, 그러면 헤르메스가 아폴론의 우위에 놓이게 된다. 텍스트에 대한 미학적 — 따라서 시적 — 접근은 텍스트가 **말하고자 하는 것**을 가장 핵심적인 문제로 간주하며, 아폴론에게 헤르메스가 차지하길 원하는 자리를 확실하게 보장해준다.

서—이란 조금도 없다고 우리를 설득하는 여행자들의 신 헤르메스에게 메시지의 모든 의미를 의탁해버렸다.

§ 90 시 텍스트 앞에서 우리 모두는 무언가 혼란스럽고, 게다가 놀라운 감정에 사로잡히게 된다. 시적 감동을 촉발시키는 대부분은 시인이 사용하는 개별적인 어휘—그것도 대부분은 일상적인 어휘—가 아니라 그것을 사용하는 **방식**에 있다. 시어의 이런 사용방식의 중요성은 최소한 부분적으로는 고대 시 텍스트에서 거의 모든 역할을 수행한 작시법 규칙이 예술가의 주관성이 최고의 권위를 누리는 현대시에서 사라져버렸다는 것을 설명한다.[237] 시를 마주한 우리는 외국어로 작품을 읽는 독자, 어휘들과 통사형태 모두에 놀라게 되는 독자의 입장에 선 자신을 발견하게 된다. 시 텍스트는 모국어 안의 우리를 낯선 자로 만들어버린다. 우리가 가장 친숙하다고 여기는 것—모국어—의 한복판에서 경험하는 이런 유형exil이 그러나 우리가 경험하는 미학적 기쁨의 대부분을 만들어낸다.[238] 따라서 시에서 언어는 유형의 표현이다. 시인이 언어를 사용하는 방식에는 미학적으

---

237 [원주] 언어의 시적 사용이 규칙을 따르는 한, 소통은 언제나 가능하다. 이해를 가능하게 해주는 객관적 요소들이 있기 때문이다. 아폴론은 예술의 신이지만, 동시에 이론의 신이기도 하고, 규범을 준수하는 성찰contemplation의 신이기도 하다. 시적 사용이 주관적인 규칙—즉 예술가의 주관적 절대성—만을 따르게 된다면, 소통은 멈추게 되고, 시가 아니라 난해한 발언만이 남게 된다. 헤르메스가 메시지를 구술하기 때문이다.

238 [원주] 이런 까닭에 많은 이들은 마치 모국에서 멀리 떨어져 익숙한 지형지물도, 의지할 데도 없는, 풍습과 관습이 전혀 다른 나라에 있게 되는 것을 혐오하듯이, 그렇게 시를 혐오한다.

로 고도화되고, 수사적 문체로 쓰인 이국적인 것들로 가득 차 있어서, 그것들이 우리를 시 형태에 익숙하지 않은 자로 느끼게 만들고, 바로 이런 이상하고 낯설며 예민해진 감각성이 텍스트의 시적 의미와 그것을 독서할 때 느끼는 감동에 영향을 끼치게 된다. 그렇다면 이런 기쁨을 주는 시를 설명하라는 요구를 받게 되면, 당신은 어찌하겠는가? 그것을 큰 목소리로(종교 텍스트에 대한 설명이 **텍스트를 펼쳐서**ex-plicare 그것을 큰 소리로 읽는 것으로 이루어지듯이) 읽는 것에 만족할 수도 있고, 다른 어휘를 사용해서 그 의미를 해석하고, 어휘들 간의 관계와 그런 구조가 메시지에 어떤 특별한 색감을 부여하는지를 설명할 수도 있을 것이다. 이때 당신의 설명은, 말의 엄격한 의미에서 본다면, 그 자체가 "번역"이 될 것이다. 왜냐하면 번역한다는 것은 한 언어에서 다른 언어로 **의미**가 아니라 언어의 **사용**을 전달하는 것이기 때문이다. 이런 측면에서 번역은 무엇보다도 텍스트의 의미 그리고 언어사용방식과 즉각적인 접촉이 이루어지는 최초의 장소라고 할 수 있는 **독서행위**acte de lecture이다. 그 결과 번역의 습득은 자신의 모국어를 단련시키는 핵심이라고 할 수 있는 올바른 독서를 거치게 된다. 훌륭한 번역가는 훌륭한 독자이다. 모든 훌륭한 번역가는 햇빛을 받은 눈이 그러하듯 도서관의 서가가 정신을 흥분시킨다는 것을 알고 있기 때문이다.[239]

---

239 [원주] 모국어로 하는 독서 말고는 번역을 준비하는 데 더 좋은 방법이란 없다. 독서는 어휘와 문법적 구조의 의미가 문학적 사용—이런 사용은 궁극적으로는 번역해야 할 의미 요소**이다**(이것이 글자/정신의 대립을 넘어서게 만든다)—과 밀접한 관련이 있다는 것을 보여주기 때문이다. 모국어 이외의 그 어떤 곳에서도 텍스트의 다의성이 명확하게 드러나는 경우는 없다. 한 텍스트의 다의성을 모국어로 이해한다는 것—즉 다의성에 대한 완벽한 해석을 한다는 것—이 번역을 하

시 텍스트는 시라는 것이 글자나 정신에 머무는 것이 아니라, 글자와 정신을 결합하는 언어사용 안에, 우리를 빈번히 길을 잃게 만들고, 우리 언어에서 탈출한 것인 양 시 텍스트 앞에서 낯설다고 여기게 만드는 언어사용 안에 머물고 있다는 것을 보여준다. 번역을 글자와 정신의 문제에만 가둬두려는 행위와 이런 용어들로서만 번역을 고려하려는 꽉 막힌 학교 선생의 고집스러움은 헤르메스 콤플렉스의 또 다른 징후이며, 아폴론의 시적 사용보다는 메시지를—글자이든 정신이든 간에—우선시하는 사고방식의 증거이다. 헤르메스는 전하는 자이고, 아폴론은 신탁을 내리는 자이다. 그 신탁을 해석하는 열쇠는 정신이나 글자가 아니라, 시어에 의한 이 둘의 창조적 융합에 있다.[240]

§ 91 《아가멤논》 서문에서 훔볼트는 언어 사이의 차이들이 번역에 긍정적인 가치를 부여하며, 독자들이 번역된 텍스트의 "낯섦"을 느낄 수 있도록 도착텍스트 안에 그 차이들이 남아있게 해야 한다는 결론을 내린다. 그렇게 함으로써 그는 독일 전기낭만주의자들이 번역의 기술과 관련하여 가치 있는 것으로 여긴 주관성을 제거하며 **언어학에 우선권**을 부여한다. 아마도 그가 원한

기 위한 첫 번째 일이다. 모국어로 이런 훈련을 하지 않는다면, 어찌 외국어로 완벽한 해석을 했다고 주장할 수 있겠는가? 텍스트의 다의성은 헤르메스가 왜 아폴론 없이는 안 되는 것인지, 그리고 하나의 메시지가 겉보기와는 달리 왜 그렇게 간단하지 않은지를 설명해준다.

240 [원주] 메쇼닉은 성서를 히브리어가 만든 것이 아니라, 성서가 히브리어를 만들었다고 말하면서 이와 유사한 생각을 피력한 바 있다. 《성서가 철학에 가한 일격》, p. 148.

것은 아니겠지만, 그에 의해 번역은 미학의 아폴론 신전에서 축출되어 언어에 관한 학문들 사이에 자리 잡게 되었다.[241]

§ 92 그러나 낯섦을 번역할 가능성이 문제시되는 것과 마찬가지로, 우리는 텍스트의 수사성—즉 언어요소들의 전개를 지배하는 미학적인 관점—의 번역이 실현 가능한 것인지 자문하게 된다. 이 점에서 베네데토 크로체Benedetto Croce의 답을 우리는 알고 있다. 그에 따르면 한 언어의 표현력은 한 언어에서 다른 언어로의 전이과정에서 살아남을 수 없다. 이 점에서 훔볼트의 "**언어적 형성**"이라는 이상은 불편한 것이 된다. 크로체는 한 용기에서 다른 용기로 옮겨지는 물의 이미지를 사용한다. 용기의 내용물은 한결같을 수 있으나(자주 벌어지는 일이지만 물을 엎지르지 않는다는 조건하에서), 용기의 형태는 어쩔 수 없이 변하고 만다. 그런데 용기의 최초 형태가 그 내용물 못지않게 사물의 의미에 기여한다는 것을 부인할 수는 없다. 여기에서 크로체는 번역의 불가능성을 지적한다. 왜냐하면 용기의 형태, 한 언어에서 다른 언어로 전이하는 가운데 어쩔 수 없이 잃어버린 형태를 다시 복원할 수 있으리라고는 생각할 수 없기 때문이다. 이런 전이의 가능성을 부인하는 크로체의 논거에 따르면 문학텍

---

241 [원주] 언어사적 차원에서 훔볼트의 이런 관점이 끼친 영향력을 부정할 수는 없다(로젠츠바이크Rosenzweig(〈활자와 루터Die Schrift und Luther〉, in M. Buber & F. Rosenzweig, 《문자와 독일화Die Schrift und ihre Verdeutschung》, Berlin, Schocken, 1926). 혹은 낯섦에 대한 이런 생각을 《최후의 인간Dernier homme》에서 밝힌 블랑쇼Blanchot에게서도 이와 유사한 표현을 발견할 수 있다. 물론 이런 생각은 앙투안 베르만이 자기 저서들에서 주로 다룬 것들이다.

스트는 미학의 왕국—언어의 세계가 아닌—안에 놓여있으며, "미학적 독립체의 모든 어휘는 정확하고도 적절한 어휘일 뿐"이다. "어떤 주어진 직관을 표현하는 방식은 오직 하나이다. 왜냐하면 그것은 직관이지 개념이 아니기 때문이다."[242] 그러나 우리의 경험에 의하면 번역은 가능한 행위이며, 어떤 면에서는 유익한 행위이다. 크로체의 회의주의는 언어의 의미가 용기 안에 담긴 내용물처럼 언어 안에만 있는 것으로 보았다는 데서 기인한다. 내용물은 **본질적**으로 같지만, 내용물의 형태는 용기에 의해 변형된다. 그렇지만 그는 언어와 언어의 **내용**이 실제로 맺고 있는 관계가 이런 것과는 다르다는 점을 간과했다. 왜냐하면 언어의 의미가 직관과 본질을 표현할 뿐만 아니라 **언어 그 자체를 표현한다**는 측면에서, 언어의 수사적, 문체적, 문법적 형태는 그 자체가 **언어의 내용**을 구성하는 요소들이기 때문이다. 그러므로 번역가는 수사성과 문체가 동시에 재현해내는 문학텍스트의 미학적 직관을 반드시 고려해야만 한다.[243] 만약 크로체가 그런 것처럼 언어의 내용에 모든 중요성을 부여하며 내용과 형태가 서로 겹치는 것이 아니라 완벽히 구분되는 것으로 보고, 또한 내용에 의해서만 언어의 완전한 형태가 구성된다고 본다면, 번역은 글자의 관점에서든(단어를 통한 지시가 의미의 전이를 결코 보장하지 않으므로) 미학의 관점에서든(기호와 기호의 구성형태가 다른 기호와 다른 구성형태에 의해 대체될 것이기 때문

---

242 [원주] 베네데토 크로체, 《표현의 학문으로서의 미학과 일반 언어학Estetica come scienza dell'espressione e linguistica general》, Bari, Laterza, 1928, p. 81. 번역은 저자.

243 [원주] 주목할 만한 것은 앞에서(§ 34) 다룬 베르만의 "의도"와는 반대로 이런 미학적 의도가 원전의 수사적 그리고 문체적 형태, 특히 원전의 여러 문채figure에 의해 분명히 드러나게 된다는 이점을 지니고 있다는 것이다.

에) 결국엔 불가능한 행위가 되고 만다.[244]

§ 93 번역해야 할 텍스트는 악보와 같다. 악보에는 분명 계명階名note들이 있지만, 또한 **템포지시**indications de tempi와 이런 계명들을 연주하는 방식을 알려주는 각종 표시들expressions이 있다. 그런 **템포**의 기호들과 표시들은 그 자체가 음악이 아니다. 그것들은 연주될 수 있는 것이 아니기에 메시지를 이루지 않는다. 그러나 종이 위에 쓰인 단순한 표시들이 실제 음악이 되도록 이끄는 안내의 역할을 하는 것은 바로 이것들이다. 음악연주는 악보를 읽고 이런 계명들과 **템포**의 기호들 그리고 표시들을 풀어내서 음악작품으로 **재창조**한다. 연주자는 계명들을 읽어내어 음악이 되도록 만드는 자이다. 그가 하는 음악적 행위는 **음악의 진정한 모태인 계명 연주**를 배운다는 단 하나의 목적에 집중된다.[245] 서투른 연주자는 음악에 생명력을 주기보다는 오히려

---

244 [원주] 크로체는 상당히 진보적이다. 시 번역 혹은 산문의 미학적 내용의 번역이 가능하다는 것을 부정하는 그는 번역을 출발언어의 어휘/개념이 도착언어의 어휘/개념과 온전히 일치한다는 조건하에서만 가능할 수 있는, 참으로 난처하기 그지없는 실천행위로 한정한다. 《시La poesia. Introduzione alla critica e storia della poesia e della letteratura》, Bari, Laterza, 1936, pp. 100-106 참조.

[옮긴이 주] 이 문단에서 피력된 저자의 관점을 요약하면 다음과 같다. 번역을 미학의 차원에서 파악한 크로체의 관점을 수용할 수는 있지만, 형태와 내용을 구분하여 내용만이 의미를 구성한다는 관점은 번역행위의 본질을 설명하기에는 부족하다. 크로체는 내용과 형태가 구분된 둘이 아니라 서로 겹쳐있다는 사실을 간과한다. 그의 관점은 글자와 정신을 구분하는 관점과 다르지 않다. 글자와 정신, 기호와 의미, 어휘와 의미가 서로 구분된 것이 아니라 겹쳐있다는 것을 고려하는 번역에 대한 관점이 오히려 요구된다.

245 [원주] 엑토르 베를리오즈는 《오케스트라의 밤Soirées de l'orchestre(25번째 날)》

그것을 죽이고 만다. 그는 종이 위에 적힌 계명들 이외에 다른 것을 보지 않기 때문이다.[246] 뛰어난 연주자는 메시지에 국한되지 않고, 템포지시들과 표시기호들이 제공하는 모든 가능성을 사용하여 소리에 미학적인 모든 가치를 부여하는 가운데 메시지를 넘어선다. 주어진 음악 악보의 **규칙들**은 연주된 작품인 **결과**와 분리될 수 없는 것이다. 음악에서 악보의 템포지시들과 표시들이 수행하는 역할을 문학텍스트에서는 수사학과 문체가 수행한다. 수사학과 문체는 어휘와 통사에 응집성을 부여하는 의미의 지시소들이다. 번역해야 할 텍스트를 마주한 번역가는 악보를 마주한 연주자와 같이 자신이 번역하려는 텍스트의 수사적 그리고 문체상의 의미를 고려해야만 한다. 그러나 글자만을 중시하는 번역이나 정신만을 지지하는 번역에는 번역이란 원전의 **미메시스**가 되어야 한다는 생각이 자리를 꿰차고 있다. 단지 정신이나 글자 중 어느 하나를 이런 **미메시스**의 대상으로 삼느냐에 따라 약간의 차이가 있을 뿐이다. 그러나 번역의 목적은 원전의 "복사하기copier"나 그것의 복제reproduction가 되어서는 안 되며, —**음악에서처럼**— **모든 문학텍스트는 규칙**règle(**텍스트의 형태를 이루는 언어라는 자원을 사용하는 규칙**)**이고 동시에 이런 생산적인 규칙의 결과물**résultat(**그런 언어를 창조적으로 사용해서 만든 결과물**)임을 고려하면서 텍스트를 **재창조**recréer하는 데 놓여있어야만 한다. 이런 이유 때문에 언어는 언어 자체를 표현한다exprimer고 말할 수 있다. 그러므로 소나타 연주가 단지 계

에서 지휘자는 "오케스트라"를 연주하는 자라는 개념을 명확히 밝히고 있다.

246 [원주] 대부분 이렇게 하지 않을 수 없는데, 악기를 능숙하게 다룰 수 없는 이 연주자는 음악의 기술적인 문제에 매달리기 때문이다.

명의 복제를 지향하지 않는 것과 마찬가지로 한 텍스트의 번역은 객관적 의미의 전달이라는 단 하나의 목적이 아니라, 출발 텍스트의 주관적 경험이 도착 언어 안에서 (텍스트의 수사성과 문체를 통해) 이해될 수 있도록 만든다는 목적을 지닌다. 헤르메스와 아폴론이 **서로 협주하여**in concerto 한다면 이것은 가능하게 된다. 하지만 헤르메스와 그의 속성들이 더 중시된다면 이런 협주는 결코 가능하지 않을 것이다.

§ 94 만약 번역을 헤르메스의 보호 아래에만 갖다 놓는다면, 메시지와 메시지의 전달만이 중시되는 텍스트를 우리는 마주하게 된다. 헤르메스는 메시지를 실어 나르는 데만 도움이 되는 자신의 속성들을 선택할 뿐이다. 따라서 만약 그가 자신을 보지 못하게 만드는 힘을 지닌 챙 넓은 모자 **페타소스**petasos를 쓰게 된다면, 번역은 저자 앞에서 완벽하게 자신을 지우면서 **번역가의 투명성**과 메시지의 **글자**만을 표현하게 될 것이다. 만약 그가 갈등을 해결할 수 있고 손에 닿는 것을 황금으로 변하게 만들 수 있는 **지팡이**를 힘주어 쥐게 된다면, 번역은 원전의 은유와 상징 그리고 알레고리를 변형시킨 것이 되고 만다. 원전의 **정신**을 숭고하게 여기는 연금술사와 같은 전령사의 손 안에서 텍스트와 그것의 문자는 날아가버리고 말 것이기 때문이다. 그리고 신들의 날렵한 전령사임을 상기시키는 **날개 달린 신발**을 신고서 "바람의 숨결만큼이나 빠르게 광대한 대양과 대지 위"[247]를 그가 지나간다면, 번역은 메시지를 빠르게 전달하는 행위만

247 [원주] 호메로스, 《오디세우스》, V, 54.

이 중시되는 메마른 실천 행위가 되고 만다. 낯섦의 번역, 번역의 윤리, "부정한 미녀들", 무미건조한 번역, 이것들은 소리 없이 빠르게 여행하는 헤르메스가 쓴 가면들이다. 그는 말만 염두에 두며 메시지를 전달한다. 메시지의 미학성에 접근하게 해주는 하나의 속성, 즉 **리라**가 그에겐 결여되어있기 때문이니… 하지만 신들의 인정을 받아 온전한 자격을 지닌 올림포스의 신이 되길 바라는 그가 아폴론에게 선물로 준 것은 바로 그 리라였다.

§ 95 헤르메스가 아폴론을 따라잡을 방법은 자신에게 맡겨진 메시지의 미학성을 고려하는 데 있을 것이다. 그렇게 되면, 모자나 지팡이 혹은 날개 달린 신발이 아니라 리라만이 그에게 필요하게 된다. 그에게 요구되는 것은 자신의 메시지를 수사학과 문체가 중시되는 하나의 시적 계획으로 간주하는 일이다.[248] 텍스트의 의미가 언어적 요소뿐만 아니라, 문학테스트의 **언어의 사용방식**이 증명하듯 미학성을 지니고 있다는 것을 인정할 때, 그는 비로소 그렇게 할 수 있게 된다. **엄격하게 말해**, 번역은 해석의 학문une science interprétative이다. 그런데 모든 해석이 해석되어야 할 것에 대한 어떤 **감상**을 내포한다면, **해석을 미학적 활동으로 보는 것**이 결코 지나치지 않다. 그런데 만약 메시지 안에서 메시지의 인식론적인 양상만을 보려 한다면, 즉 메시지와

---

248 [옮긴이 주] 저자의 이런 생각은 사실 베르만의 문자역에 대한 관점과 다르지 않다. 이 점에서 우리는 저자가 베르만을 비판하면서도 동시에 베르만과 생각을 공유하고 있다고 말할 수 있다.

해석가의 관계를 고려하지 않고 메시지 자체만을 해석하려 한다면, 우리가 내놓을 수 있는 것은 고작 방법론일 뿐이다.[249] 반대로 메시지에 형태를 부여할 사명을 지닌 해석자를 우선적으로 고려하는 가운데 해석을 하게 된다면 우리는 시학을 그 결과로 얻게 될 것이다. 게다가 번역될 문학텍스트는 그 자체가 다양한 해석을 마음껏 펼쳐놓는다. 괴테의 《파우스트》와 같은 작품이 잘 보여주고 있는 것처럼, 작품 한 편은 여러 번역을 만날 수 있다. 괴테의 텍스트에서 무엇을 본질로 여기느냐에 따라서, 그리고 번역가가 괴테에게 무엇을 부여하느냐에 따라서 네르발Nerval처럼 숭고화된 번역도 가능하고, 작시법의 규칙들을 중시하는 장 말라플라트Jean Malaplate와 같은 고전주의식 번역도 가능하다. 이 점에서 **해석**은 **자기성찰**과 손을 맞잡는다. 하나의 원전은 수많은 번역을 만날 수 있다. 원전에 대한 여러 해석의 가정들이 있을 수 있기 때문에 다수의 번역이 가능해진다. 그러나 **텍스트가 고정되어있는 것이라면**, 다시 말해 텍스트가 제시하는 개념이 여러 해석을 허용하지 않는다면, 이런 풍부함을 생각할 수는 없다. 번역되어야 할 텍스트 안에 많은 잠재적 의미들이 공존하고 있다는 바로 그런 이유 때문에 이 텍스트는 여러 번역들을 만날 수 있다.[250] 따라서 원전 자체가

249 [원주] 번역이론의 고상한 의도에도 불구하고, 낯섦의 번역 혹은 번역의 윤리는 원전을 "어떻게 번역할 것인가"를 반영할 뿐이다. 그리고 위에서 언급한 것처럼 이것들은 번역을 총체적 차원에서 하나의 학문으로 고려하지 못한다. 좋게 말하면 방법론적인 처방에 국한하기 때문이고, 나쁘게 말하면 혼란스럽기 그지없는 형이상학적 해석학을 전개하기 때문이다.

250 [원주] 문학텍스트의 생명력을 보장하는 시적 의도는 텍스트가 만들어지는 순간부터 잠재된 여러 의미들 사이의 조화로운 구성을 통해 표현된다. 텍스트의 다의성을 조직하는 이런 시적 의도는 그 자체가 텍스트의 전반적 의미의 일부를

이미 가정된 여러 의미를 지니고 있기 때문에, **단 하나의 원전이 수많은 번역들을 탄생시키는 것이 아니라는 결론이 가능하다.**[251] 사실상, **여러 번역이 있을 수 있는 만큼이나 여러 원전이 있는 것이다.** 그러므로 문학텍스트는 닫혀있기보다는 오히려 "열려있으며", 이런 개방성이 실용텍스트와 문학텍스트를 구분하는 징표가 된다. 독자는, 아니 번역가는 문학텍스트 앞에서 그 메시지를 수동적으로 수용하지 않는다. 만약 원전의 의미가 닫힌 것이라면 그러하겠지만, 이들은 일종의 해석 작업, 나아가 창안 작업invention을 실행해야 하며, 그것이 그들을 저자의 위치에 자리하게 만든다.[252] 원전의 다의성을 조직하는 것이 저자가 언어를 다루는 특유의 **방식**임을 인정한다면, 이런 다의성을 고려하는 번역가는 저자가 행한 수많은 방식과 유사한 방식으로 번역을 구성해야 할 것이다. 다시 말해 다양한 층위의 복합성을 지닌 원전의 의미를 역시 그와 같은 방식으로 재창조하기 위해서 도착언어의 여러 자원을 개척해야 할 것이다. 이와 같은 번역을 위한 언어사용방식은 수사학과 문체의 개념

이루기 때문에 번역에 반영되어야만 한다. 그렇지만 어휘나 정신 차원에서가 아니라, 출발언어 안에서의 조화로움과 유사한 조화로움이 도착언어 안에 놓여야만 한다. 달리 말해, 번역은—원전의 시학이 만들어내는—**원전의 다의성을 보존해야만 하며**, 그렇게 함으로써 원전에 "충실한"한 것으로 고려될 수 있게 될 것이다.

[옮긴이 주] 다시 한 번 저자가 베르만과 조우하고 있음을 확인할 수 있다. 베르만 역시 문자역이 이 점을 반영해야 한다고 언급하기 때문이다.

251 [원주] 수사학과 문체, 즉 문학텍스트 안에서 저자가 언어를 사용하는 방식 때문에 그러하다. 우리는 수사학을 문학텍스트의 다의성을 뒷받침하는 구성 원칙으로 정의할 수 있을 것이다.

252 [원주] 독자가 문학텍스트의 창조자여야 한다는 이런 근본적인 개념은 움베르토 에코의 《이야기 속의 독자Lector in fabula》(Milan, Bompiani, 1979)에서 다루어진 바 있다(《이야기 속의 독자》, 김운찬 옮김, 열린책들, 2009, 79-104쪽).

을 끌어들이며, 그것에서 원전의 미학적 의도가 다시 구현된다. 이렇게 번역의 미학적 측면이 회복되면, 한때는 중간자이며 전령사인 헤르메스에게 예술의 신이 소유한 리라가 되돌아가게 된다. 번역은 원전을 드러내는 것이 아니라 독자/번역가의 비평적이고 미학적인 인식conscience을 드러내는 것이다. 움베르토 에코는 여러 저작에서 저자가 미리 마련해 둔 규범들에 화답하는 독자, 저자의 의도, 특히 원전에서 "암시된 의미"를 포착하는 데 필요한 여러 역량을 지닌 독자에 대한 생각을 피력한 바 있다. 이런 역량들은 방법론적이고, 단순히 실제적인 차원의 번역에 대한 접근을 통해서 개발되지 않는다. 그것은 처음에는 번역가의 모국어로, 그 다음에는 그가 번역하길 바라는 언어로 문학작품을 끊임없이 다루는 가운데 개발되는 것이다. 이런 점에서 번역이론은 문학텍스트에 대한 시적인 독서의 이론이어야 할 수 있다. 소통의 기술이기 이전에 **번역은 독서술** art de lire이며, 저자의 문체가 있는 것과 마찬가지로 **독자의 문체**가 있어야만 하는 것이다. 게다가 문학사는 각 시대별 독자의 역할에 주의를 기울여야 할 것이다. 작품이나 저자의 문학사가 아닌, 온전한 독자의 문학사도 상상할 수 있다. 그리하여 문학은 글자에 대한 연구가 아니라 **글자를 마주한 의식**에 대한 연구가 되어야 할 것이다. 또한 이 새로운 문학사는 저자의 글자와 한판을 벌이는 독자의 의식을 기반으로 삼는 번역의 역사가 될 것이다.

§ 96 그러나 키케로와 퀸틸리아누스 이후 번역에 대한 생각들은 불행하게도 언제나 한결같았다고 스타이너Steiner가 지적한 것처

럼,[253] 번역은 정신과 글자의 딜레마에서 벗어날 수 없는 것처럼 보인다. 이점은 메쇼닉이 분명하게 말한 것처럼 텍스트를 **발화**énonciation가 아니라 **발화체**énoncé로 고려한다는 사실에 기인한다.[254] 인간의 이성에 어떤 오류도 없다면, 수사학이나 문체가 존재할 리 없다. 그러나 "인간이 빵만 먹고 사는 것은 아니다".[255] 따라서 객관적인 논리는 인간 지식의 수많은 요구사항을 만족시킬 수 없다. 실제로 인간의 담화가 문제가 될 때, 논리의 본질적 양상인 **논증**démonstration은 모든 것을 해결할 수 없다. 논리적 언어는 그 어떤 해석의 필요성을 느끼지 않는다. 따라서 그 어떤 번역도 필요로 하지 않는다.[256] 그것은 절대적으로 참인 전제를 증명한다. 논리적인 메시지를 구축하는 데 그 어떤 시적인 고려도 필요 없다. 언어의 조직과 그 사용은 엄밀한 법칙들의 결합을 따르며, 말하는 자의 자의적인 의지에 결코 의지하지 않는다. 논리의 의미는 닫혀있고, 전제—논리의 타당성을 보장하는—에 의해 가차 없이 결정된다. 그러나 일상의 삶은 불확실성 그리고 오해의 소지가 있고 모순된 의견들로 가득 차있다. 그래서 여러 면에서 우리가 신뢰할 수 있는 이성은 가장 가깝게 접하고 있는 것들이 문제가 될 때 별 소용이 없게 된다. 예를 들어 흐느낌, 잃어버린 하루, 잊어버린 목소리, 인간의 무한성과 같은 이 모든 것들은 수학적 정리théorème 이

---

253 [원주] 《바벨탑 이후Après Babel》, Paris, Albin Michel, 1978.

254 [원주] 메쇼닉, 《성서가 철학에 가한 일격》, p. 168.

[옮긴이 주] 발화가 진행되고 있는 상황을 가리키는 'énonciation'은 역동적 관점으로, 발화가 완료된 것을 의미하는 'énoncé'는 정적인 관점으로 이해할 수 있다.

255 [원주] 《누가복음》, 4, 4.

256 [원주] 수학이 한 예가 될 수 있다.

상으로 우리의 마음을 더 움직이고, 그런 흐느낌, 그런 하루, 그런 목소리는 한 개인의 정신과 가슴을 무겁게 짓누른다. 이 안에 언제나 참인 전제가 있을 수 없다. 이런 일상의 것들에 대해 우리가 할 수 있는 말들은—작가들은 그것들 안에 있는 가장 숭고한 무언가를 탐색해낸다—**가능할 수 있는**probable 혹은 단지 **진실임 직한**vraisemblable 전제들에만 의지한다. 그런데 이런 전제들은 열역학 제3법칙이나 배중원리排中原理보다도 우리에게 훨씬 더 중요한 것들이다! 왜냐하면 우리는 삶의 상당 부분을 반박의 여지가 없는 진실보다는 그럴듯하고 개연적인 진실임 직함 안에서 보내고 있기 때문이다. **수사학—따라서 시학—은 문학에든 우리의 삶에든 필요한 것이다**. 비로 이 점 때문에 번역은 반드시 필요하다. 사실 수사학의 역할은 이성이 사실인 전제들을 발견하지 못할 때 이성에게 도움을 주는 데 있다. 세상을 이해하려는—그리고 그 이해를 대부분 언어로 표현하는—이성은 이성적인 담화가 이루어질 수 있는 토대를 필요로 하며, 그 토대를 이성은 수사학에서 발견한다. 예를 들어 수사학의 **생략삼단논법**enthymème은 진실임 직한 전제들만이 있는 상황에 일종의 시작점을 제공한다.[257] 태양이 떠올랐기 때문에 아침이 되었다라는 진술은 생략삼단논법이다. 왜냐하면 추론의 대전제(태양은 아침마다 언제나 떠오른다), 경험과 개연성에 의해 언제나 진실이라고 여겨지는, 그러나 논리나 사실에 토대를 두지 않은 전제가 생략되었기 때문이다.[258] 세상에 관한 우리

---

257 [원주] 아리스토텔레스, 《분석론 전서Premières Analytiques》, 70a 10 참조. 또한 피에르 데스파뉴Pierre d'Espagne, 《논리학 개요Summulae logicales》, 5.04 참조.

258 [원주] 흄의 반박이 생각에 떠오른다.

의 많은 담화들은 개연적인 혹은 **진실임 직한** 전제에 근거를 둔 생략삼단논법들이다.[259] 이러한 수사적 추론 형태는 정신적 생활, 나아가 마음의 안정에 꼭 필요하다. 그것은 우리의 믿음체계를 조직하고 우리가 사회생활을 하는 데 필요한 많은 요소들을 조화롭게 만든다.

§ 97 17-18세기의 프랑스는 담화 내에서 수사학이 지닌 위상 그리고 사회적 가치들의 균형을 유지하는 데 대화술이 끼친 영향이 얼마나 중요했는지 잘 보여준다. 모렐레 사제abbé de Morellet는 이 점에 대해 다음과 같이 쓴 바 있다. "대화는 정신의 위대한 학교이다. (…) 대화의 역동성은 정신에 더 많은 활기를, 기억에 더 많은 확신을, 판단에 더 많은 통찰력을 가져다준다."[260] 활기, 확신, 그리고 통찰력과 같은 이런 특성들은 삼단논법에서 나오지 않는다. 그것들은 **담화의 수사성이 사회와 맺는 상호작용**에서 생기는 것들이다. 게다가 조너선 스위프트는 인간의 삶에 미학적 기쁨을 안겨주는 원천이라고 할 수 있는 대화술은 단순한 생각의 교환을 넘어서는 것임을 권고한 바 있다. 그리고

---

259 [원주] 성 아우구스티누스는 우리 인식의 많은 부분들, 그러나 우리에게는 결정적인 부분들이 인식의 사실성에 대한 믿음, 논리적인 관점에서 보면 전제의 진실임 직함 위에 세워졌다는 것을 지적한다(《고백론Confessions》, VI, 5, 7. 그리고 믿음과 생각 사이의 관계에 관한 동일한 생각은 《성자들의 운명예정설De praedetinatione sanctorum》, 2, 5에서 발견된다). 앙셀므 신부Anselme de Cantobéry와 그의 "**이해하기 위해 믿는다**credo ut intelligam"는 생각은 더 나아가서 믿음이 지적인 탐색의 출발점이라고 분명히 밝히고 있다(《신의 존재에 대한 담론Prologion》, I, 그리고 같은 관점이 《신은 어떻게 인간이 되었는가Cur Deus home》, I, 2에서 다루어진다).

260 [원주] 《대화에 관하여De la conversation》, Paris, Payot & Rivages, 1995, pp. 32-33.

실은 그에게까지 거슬러 올라갈 필요도 없다.[261] 왜냐하면 몽테뉴는 "확신에 가득 찬 거친 상대와 논쟁을 벌이게 되면, 내 사방을 공격해오는 그의 상상력에 맞서 질투, 영광, 경쟁심과 같은 내 상상력이 펼쳐지게 되는데, 이로 인해 나는 나 자신을 넘어 가장 높은 곳에 도달하게 된다"[262]고 말하기도 했다. 이 말에 앞서 몽테뉴는 자신이 아주 중요하게 여기는 **담화의 미학적 기쁨**에 대해서도 언급하였는데, 그는 이것을 "우리가 살아가면서 행하는 어떤 행동보다도 더 감미로운 것"으로 여기며, "바로 이런 이유 때문에, 하나를 버리라는 선택을 강요받으면, 귀나 입보다는 기꺼이 눈을 선택할 것"[263]이라고 힘주어 말하기도 했다. 우리 시대가 듣기와 말하기에 더 많은 우선권을 부여하며 보기를 더 중시했던 고대의 미학적 관심사를 뒤집어버렸다고 말할 수도 있으리라.[264] 그런데 이런 전복이 17세기 초부터

---

261 [원주] 〈대화에 관한 에세이를 위한 조언들Hints Towards an Essay on Conversation〉, in 《책들의 전쟁 혹은 다른 단편들The Battle of the Books, and Other Short Pieces》, Londres et New York, Cassell, 1886 참조.

262 [원주] 《에세Essais》, Livre III, chap. VIII, in 《전집Oeuvres complètes》, Gallimard, coll. La Pléiade, 1967, p. 900.

263 [원주] 같은 책.

264 [원주] 아리스토텔레스, 《형이상학》, 980a 24. 분명 이러한 전복은 고대시대에 번역이 글쓰기의 예술로 고려되지 않았다는 점을 설명한다. 이상적인 모델의 재현인 미메시스가 실천적인 활동을 예술의 경지에 오르게 하지만, 이런 이상적 모델에 집착했던 고대는, 원전을 불완전하게 재현하는 까닭에 어쩔 수 없이 불완전할 뿐인 번역작업을 어떤 예술로도 고려할 수 없었다. 그러나 담화와 말—따라서 이상적 모델의 주관적 재창조—이 지배하는 사회에서는 이상으로 여겨지던 원전을 주관적으로 재창조하는 번역은 필연적으로 하나의 예술, 그것도 극히 일부만 이해하는 예술로 여겨지지 않을 수 없다. 불완전함이 독창성의 지표와 고유한 문체의 흔적으로 여겨질 수 있기 때문이다.

확산된 이성중심주의에는 전혀 낯선 것이 아니었다. 말하기의 기쁨은 온전한 미학적인 기쁨이며, 말을 하면서 정신은 의견을 표현할 수단을 발견하게 된다. 이 의견은 **에피스테메**épistémé와는 반대되는 그리스의 **독사**doxa하고는 하등 상관이 없다. 그것은 언어와 수사성의 모든 아름다움을 지닌 조직화된 생각이다. 17세기 교양인에 해당하는 "오네트 옴honnête homme"이 무엇보다도 드러내는 것은 바로 재치 있는 정신의 아찔한 **곡예**이다. 이런 "세련된 정신"에 의해 지성의 미학성과 수사성이 드러난다. 중세는 대화술을 발전시키지 못했다. 담화의 논리성에 심하게 몰입했기 때문이다. 게다가 중세의 웅변술은 **대화**conversatio가 아니라 전형적인 **논박**disputatio에 해당한다.[265]

§ 98 따라서 **언어의 작동은 어쩔 수 없이 수사학을 필요**로 한다. 모든 메시지는 완벽한 참인 전제 위에 세워지지 못한 추론의 토대를 필요로 하기 때문이다. 개연적인 전제 혹은 진실임 직한 전제가 지적이고 사회적이며 정신적인 우리 삶의 본질을 이룬다. 언어의 작동을 위한 수사학의 이런 필요성은 일반적으로 실제 소통에 영향을 끼치고, 작가의 손을 거치게 되면 대부분 **텍스트의 의미를 이루는 근본적인 요소**가 된다. **수사학이 시학의**

---

265 [원주] 대화에 관해서는 베네데타 크라베리Benedetta Craveri의 뛰어난 저작인 《대화의 문화La civilità della vonversazione》, Milan, Adelphi, 2001(갈리마르 출판사에서 2002년 《대화의 시대L'âge de la conversation》라는 제목으로 프랑스어 번역판이 출간)을 참조. 또한 앵글로색슨 문화에서의 대화의 초상을 살펴보기 위해서는 스티븐 밀러Stephen Miller의 《대화. 퇴락하는 기술의 역사Conversation. A History of a Declining Art》, New Haven & Londres, Yale UP., 2006 참조.

위상을 얻게 되는 것이다. 의미의 근본적인 요소로서의 수사학은 그리하여 텍스트 번역에서 고려되어야만 할 것이다. 논리적인 메시지와는 달리 수사적 메시지는 본질적으로 해석에 개방적이다. 그것은 해석을 위한 여러 가정에 문을 열어놓는다. 그것은 열린 메시지이고, 그것의 개방성은 메시지의 수사적인 조화를 이루어내며, 이 점이 번역을 가능하게 만든다. 그러므로 **텍스트의 시학은 텍스트의 번역을 가능하게 해주는 지표**라는 결론을 내려야만 한다.[266]

§ 99 글자를 중시하든, 정신을 중시하든 번역이론가들은 텍스트를 논증으로 혹은 논리적 총체로, 참인 전제—이것이 **텍스트의 의미**를 낳는다고 여기며—위에 구축된 발화체로 간주하는 경향이 있다. 예를 들어보자. "그리하여 앙리 드 나바르, 선왕 앙리가 남부지방에서 왔다"[267]라는 문장이 있다. 이 문장의 의미는 문장을 구성하는 명명백백한 표현요소들의 총합을 훨씬 넘어선다. 이 말을 한 사람이 어떤 **사실**fait이 아니라 어떤 **정신상태**état d'esprit, 즉 사실에 대한 자신의 **믿음**, 앙리 드 나바르가 선하다는 자신의 신념을 표현한 것이 아니라고 어찌 우리가 확신할 수 있겠는가? 이런 신념 또한 텍스트의 의미이지 않은가? 만약 텍스트가 논증 혹은 발화체로서만 간주된다면, 텍스트의 정

---

266 [원주] 텍스트가 객관적일수록 번역의 필요성은 줄어든다. 텍스트가 주관적일수록 번역가능성은 커진다. '오늘의 날씨'는 번역 가능성이 제로이지만, 한 편의 시에 대한 번역가능성은 최고점에 이른다.

267 [옮긴이 주] 16세기 국왕들은 발루아 가문 출신이었으나, 세기 말에 가서 현재의 프랑스 서남부 지방을 지배하던 부르봉 가문에서 국왕들이 나오기 시작했다.

신상태는 제거될 것이다. 어떤 기호(단어)도 그 상태를 드러내지 않기 때문이다. 그러나 어떤 **정신상태**가 있는 것이라면, 바로 그것이 텍스트의 구성을 주도하고, 텍스트에 의미를 부여하는 것이리라. 결국 **글자를 중시하는 텍스트에 대한 접근**은 우선적으로 이런 정신 상태를 삭제해버리고, 번역해야 할 텍스트를 **참인 전제들**(단어들)로 이루어진, 전적으로 배타적인 논증으로만 간주하기에 이르고 만다. 반대로 정신을 중시하는 것이 텍스트를 구성하는 **정신상태**에 대한 주목을 의미하지도 않는다. 그것은 해당 문장의 전반적인 의미를 **완전히**in toto 참인 전제로 간주하며 그것에만 주목한다. 글자 중심이든 정신 중심이든 이런 번역은 텍스트를 조직하는 의도(신념, 정신상태, 미적인 의도 등), 수사학과 문체를 통해 텍스트의 시학을 결정하는 의도를 고려하지 못한다.

§ 100 번역을 하면서 문학텍스트의 수사적 의도를 고려할 필요성은 다른 방식으로도 제시될 수 있다. 앞의 예, "그리하여 앙리 드 나바르, 선왕 앙리가 남부지방에서 왔다"를 다시 보자. 만약 이 텍스트를 논증(아니면 달리 말해 참인 전제들로 구성된 문장)으로 고려한다면, 상당히 재미있는 논리적 문제에 부딪히게 된다. 중간에 놓인 생각(선왕 앙리)이 절의 맨 앞(앙리 드 나바르)과 맨 뒤(남부지방에서 왔다)에 놓인 부분과 맺고 있는 관계는 정확하게 무엇인가? "선왕 앙리"라는 신념은 이 표현의 앞과 뒤에 있는 부분을 가지고서는 논리적으로 추론되지 않는다.[268] 그 어떤

---

268 [원주] 이런 문제는 삼단논법의 문제이기도 하다.

전제도 확실한 것이 아니고, 문장을 구성하는 세 부분 사이의 관계도 **논리적 사슬로 성립된 것**도 아니다. 우리가 다루는 것은 논증이 아닌 셈이다. 이 문장의 의미는 문장을 구성하는 세 가지 생각의 결합으로부터 **추론될 수 있을 뿐**이다. 그런데 이 결합은 앞에서 살펴보았듯이 엄격하게 말해 논리적이지 않다. 따라서 우리는 결합이 **수사적**이라고, 언어의 특별한 사용을 통해서 구체화된 의미의 의도에 의지하고 있다고 말할 수 있다. 정확히 말하면 바로 이것이 문학텍스트의 시학을 정의하는 요소이다.[269]

§ 101 우리가 본 바와 같이 저자가 언어를 사용하는 문제는 매우 중대하며, 따라서 이에 대한 간단한 설명이 필요하다. 홉스Hobbes는 사고의 본질을 연구하면서, 생각하는 것이 계산하는 것임을 증명하였다.[270] 알다시피, 모든 계산은 기호의 사용에 토대를 둔다. 따라서 생각의 기술은 종국에는 해당 기호를 정확하게 사용하는 기술이 된다. 자연어에서 어휘(기호)는 관습을 통해 형성되기 때문에, 이것은 자연스럽게 어휘와 사물 사이의 관계가 과연 참인지 아닌지를 결정해야 하는—그리고 번역가능성마

---

269 [원주] 이런 의미 의도가 여러 문장들 사이의 관계에서 추론된다면, 이것은 **수사적**이라고 말할 수 있다. 그러나 그 의미 의도는 문장과는 무관한 요소들로부터 추론될 수도 있다(앙리 드 나바르가 선왕이라는 역사가들 사이의 합의된 생각). 이때의 의미 의도는 **문화적**이다. 따라서 수사적 형태가 우리와는 다르고, 타 문화의 영향하에서 만들어진 문장들을 번역할 때 온갖 어려움이 있으리라는 것을 쉽게 상상할 수 있다.

270 [원주] 홉스, 《정치체제에 관하여De corpore》, I, 1장, 항목 2, § 55 : "Propositio componitur ex subjecto et predicato, omnes igitur propositiones sunt computationes".

저 시험대에 올려놓는—문제를 제기한다. 달리 말해, 개념과 기호의 관계가 자의적이라면, **기호에 의해 전달된 의미가 정확히 위치하는 곳은 대체 어디일 것인가?**라는 문제가 제기된다. 자의적인 것으로부터는 어떤 참된 지식도 나오지 않는다. 따라서 용어 자체(**사물**res과 **말**verba)에 근거하기보다는 오히려 그것들 사이의 **관계**에 근거하여 의미의 기능을 분석하는 것에 초점을 맞추는 것이 합당하다. 그렇게 한다면, 말과 사물의 관계에 놓여있던 자의성은 사라지게 된다. 언어가 시니피앙과 시니피에 사이에 **안정적인** 기능상의 관계—우리는 기능적으로 안정된 관계를 **사용**이라고 부른다—를 만들어주기 때문이다. 따라서 이러한 관계의 안정성이 번역을 가능하게 만든다는 결론을 내려야만 한다. 번역은 개별적인 어휘들이 아니라, 어휘들의 사용과 관계하기 때문이다. 문학시학poétique littéraire은 이러한 관계의 안정성을 조절하거나 문제 삼는 기술이다. 문학 **장르**와 관련된 형식적인 문제에 주목하였던 고전주의 시학과는 반대로 현대의 문학시학은 문학창조의 진정한 도구인 언어의 **사용**에 더 관심을 가진다. **언어(언어의 사용)가 문학 장르가 되었다**—이 점은 초현실주의에서 두드러진다—고 말할 수 있을 것이다. **하물며** 언어사용이 미학적 목적을 위해 동원된다면, 번역가는 이런 미학적인 사용을 반드시 고려해야만 한다. 두말할 나위 없이 그것이 문학텍스트의 의미를 구성하는 요소이기 때문이다.[271] 어떠한 이유로든 번역가는 텍스트를 통째로 헤르메스에

---

271 [원주] 라이프니츠의 〈사물과 말들의 결합에 관하여Sur la connexion des choses et des mots〉(《철학 작품집Oeuvres philosophiques latines et françaises》, Amsterdam & Leipzig, 1765, pp. 505-512 ; 프랑스어 번역으로는 《형이상학에 관하여Discours de métaphysique et autres textes》, Paris, GF Flammarion, n° 1028, 2001, pp. 103-108) 참조.

게 바쳐서는 안 되며, 전령사인 이 신의 권력으로부터 떨어져 있어야만 한다.

§ 102 고대 세계에서 헤르메스와 아폴론은 말 많은 신들이었다. 그들에게 말은 자신들의 근본적인 속성을 대변하는 것이었기 때문이다. 방패를 소유한 남편에 의해 아궁이로 쫓겨난 말이 없는 헤라를 상상하거나, 지옥 깊숙한 곳에서 단 한마디의 말도 내뱉을 수 없는 하데스를 상상하는 것이 어려운 일은 아니지만, 그런 것이 신화를 약간이나마 변하게 만들지는 않는다. 아레스의 무기들이 서로 부딪히는 소리, 사랑에 빠진 아프로디테의 구슬픈 소리, 헤파이스토스의 용광로에서 뿜어져 나오는 화염소리, 이런 것들이 이 올림포스 신들의 말이었다. 데메테르는 황금이삭을 노래하게 만드는 바람 말고는 다른 것을 원치 않았다. 사티로스 판이 끄는 수레에 올라탄 디오니소스가 아울로스[272]의 거친 고음과 탬버린의 요란한 소리 말고 어떤 다른 말을 필요로 했겠는가? 포세이돈에게는 파도의 속삭임이 있었고, 평화와 지혜의 여신인 아테네는 수많은 말보다도 더 가치가 있는 깊은 생각을 인도하는 침묵 속에 살았다. 제우스에게는 벼락의 우지직 소리가 있었다. 뒤늦게 의학의 신이 된 아스클레피오스는 꿈의 침묵 속에서 처방을 전해주었다.[273] 그러나

게다가 라이프니츠는 명제적 논리logique des propositions에서 추론(번역이 간과해서는 안 되는 규범)을 되살린 사상가이다. 또한 《인간오성에 관한 새로운 에세이Nouveaux essais sur l'entendement humain》, IV, XVII, Paris, GF Flammarion, n° 92, 1966, pp. 422-424 참조.

272 [옮긴이 주] 고대 그리스의 복황複簧 악기.

어찌되었든 말을 하지 않는 헤르메스와 아폴론을 상상할 수는 없다. 헤르메스에게 언어는 전령사의 역할을 하는 데 꼭 필요한 것이었으며, 아폴론에게 언어는 예언을 내리기 위해 필수불가결한 것이었다. 이처럼 **이 두 신들은 언어의 신들이었다.**[274] 그러나 이 둘 사이에는 약간의 차이가 있다. 각자 인간들에게 말을 하지만, 그들이 말을 사용하는 방식은 근본적으로 달랐다. 헤르메스는 **메시지**를 전달하지만, 아폴론은 **신탁**을 내리기 때문이다.

§ 103 헤르메스는 전령사로서의 자기 의지를 개입시키지 않고 가능한 한 객관적인 방식으로 내용을 전달해야만 했다. 그가 님프 칼립소에게 오디세우스를 놓아주라는 제우스의 의지를 알리려고 할 때나,[275] 프리아모스에게 그의 아들 헥토르가 12일 전에 죽음을 맞았지만 여전히 그의 몸이 썩어가고 있지 않다는 것을 알릴 때[276]나 그는 그렇게 하였다. 중개자로서의 그의 역할은 그의 객관성에 달려있으며(헤르메스는 무게와 측량의 신이기도 하다), 젊은 신부들이 아버지 방을 거쳐 **낯선 자와의 결합**을 허용

---

273 [원주] 말을 하지 않는 이 두 신들을 상상할 수는 있다. 그러나 헤파이스토스의 그물에 아레스와 함께 붙잡힌 아프로디테의 이야기가 충분히 증명하고 있듯이 **웃음을 터뜨리지 않는** 그들을 상상할 수는 없다(《오디세우스》, VIII, 260-301, 304-333행).

274 [원주] 게다가 헤르메스는 플라톤에게는 언어를 발명한 신이기도 하다. 《크라틸로스》 406e 참조.

275 [원주] 《오디세우스》, V, 100-112.

276 [원주] 《일리아드》, XXIV, 419.

하는 쉽지 않은 여정이라고 할 수 있는 신랑의 방으로 건너가도록 도운 이도 바로 그였다.[277] 고인의 영혼을 하데스에게로 인도하는 전달자로서의 그의 역할은 목적지에 도달하는 길들을 확실히 알고 있고, 아무러한 길들을 달갑지 않게 무시한다는 것을 전제로 삼는다. 그가 개입하는 바로 그곳에서 그의 메시지는 어떤 모호함도 제거하였다.[278] 헤르메스의 메시지에는 수사적 의도가 결코 없으며, 그는 글자 그대로를 취해야만 했다. 바로 이런 이유 때문에 그는 교차로의 신이었으며, 방향을 가리키기 위해 길을 따라 놓인 돌들에는 그의 모습이 새겨져있었고, 그것은 성물로 존중되었다.[279] 또한 헤르메스의 메시지에 담긴 이런 글자중심주의는 그를 거짓말쟁이들의 신으로도 만들었다. 거짓말은 진실의 반대(즉 오류)가 아니다. 그것은 거짓말쟁이가 자신이 말을 거는 사람의 어떤 구조적인(즉, 인식적 측면이나 신상에 대해서나 혹은 문화적인 등의) 결함을 이롭게 이용하는 일종의 게임이다. 거짓말은 듣는 이가 뭐가 뭔지 모르기 때문에 그의 입장에서는 사실이다. 잘못은 거짓말에 있지 않다. 그것은 갖지 말아야 할 결함을 지닌 자 안에 있다. 따라서 아이스킬로스의 《코이포로이Choéphores》에서 클리타임네스트라가 오레스테스에게 거짓말을 한 것이 아니다. 물론 그것은 오레스테스의 **관점에서이긴 하지만**, 오히려 반대로 그녀는 그에게 엄정한 진실을 말하였다. 이런 점에서 그녀는 헤르메스의 지지를

277 [원주] 포사니아스, 《페리에게시스Périégèse》, XXVIII.

278 [원주] 아폴로도로스, 《요약집Epitome》, I, 7, 2.

279 [원주] 우리는 여기서 알키비아데스가 헤르메스 석상의 남성을 제거해버린 것을 생각해볼 수 있다. 이 에피소드에 관해서는 투키디데스의 《펠로폰네소스 전쟁사》, XXVIII 참조.

받았다.[280] 거짓말에 그 어떤 수사적인 의도가 없다는 것은 그것이 문체상의 기교장치가 아니라는 사실에서도 분명히 드러난다. 거짓말은 글자중심주의에 속하며, 언제나 그러할 것이다. 온갖 형태의 교환의 거장인 헤르메스는《헤스티아에 바치는 찬가Hymne à Hestia》[281]에서는 "천사"로 불린다. 그가 높은 세계와 낮은 세계를 중개하기 때문이다. 그가 가는 어느 곳이라도 말은 그를 따르며—그래서 호메로스의 작품에서 말에는 헤르메스처럼 날개가 달려있다—, 타인의 말을 받아들여 전달하는 예언을 일삼는 모든 자들을 헤르메스는 후원한다. 헤르메스의 세계에서 메시지는 전적으로 각각의 단어들과 그 단어들의 안정적이고도 관습적이며 이미 정해진 의미 사이의 관계 안에 놓여있다. 헤르메스의 말을 이해한다는 것은, 이 관계를 이해한다는 것이다. 그런데 개별 단어와 그 단어의 안정적이고 이미 고정된 의미를 동원하는 언어 사용은 메마르기 그지없는 행위이다. 그것을 풀어내기 위해 요구되는 것이 해석학이다.[282]

---

280 [원주]《코이포로이》, I, 726-728.

281 [원주] I, 8행.

282 [원주] 플라톤은 진즉에 언어를 해석학—그리고 언어의 도구적 사용—에 국한하였다.《크라틸로스Cratyle》에서 소크라테스는 "헤르메스"라는 명사의 모든 의미는 단어들을 연결하는 언어의 힘, 즉《국가》에서 **해석학**이라고 명확하게 명명된 해석의 기술과 관련이 있다는 것을 설득력 있게 입증하였다. 장-프랑수아 마테이Jean-François Mattéi,《플라톤과 신화의 거울Platon et le miroir du mythe》, Paris, PUF, 1996, p. 157 참조. 플라톤의 언급에 관해서는《크라틸로스》, 407e와《국가》, 260d 참조. 헤르메스에 의해 사용된 바와 같이 언어는 각 어휘의 기호로 줄어들고, 그리하여 명시적 의미의 해석학에 연루된 번역은 따라서 언어의 시학적 사용을 파악하지 못하게 된다. 앙리 메쇼닉은 "해석학적으로 시도된 번역은 단지 죽은 몸만을 전달할 뿐이다"라고 말하며 이런 관점을 비난하였다(《성서가 철학에 가한 일격》, p. 177). 그리고 사실 헤르메스에게 **저승사자**라는 수식어가 붙는 것은 그가 죽은

§ 104 반면 아폴론은 신탁으로 자신을 표현한다. 그런데 신탁이란 메시지가 아니다. 신은 신탁의 의미를 자기에게 물어보는 자들에게는 그 어떤 것도 전해주지 않기 때문이다.[283] 반대로 신탁에서는 각 개인이 신을 접해야만 한다. 관계가 전도된다.[284] 헤르메스가 모든 사람들에게 말을 걸었다면, 아폴론은 여인들이 자신의 신탁에 대해 이러저러한 문의를 하는 것을 금하였다.[285] 신탁의 성역인 성소Adyton[286] 출입은 극히 제한되었으며, 오직 신이 보기에 가치가 있는 자들만이 자기들이 큰 소리로 제기한 질문에 대한 아폴론의 대답을 받을 권리를 지녔다. 도도네Dodone[287]에서 대답은 추첨으로 뽑은 조약돌 형태로 주어졌는데, 그것은 마치 기호와 의미 사이의 전통적인 관계에 이의를 제기하는 것과 같았다. 사실 아폴론의 신탁에 대한 이해는 각 단어들을 따져서가 아니라 오직 **영감**enthousiasme, 즉 **자기 안에 신을 받아들이는 것**[288]에 의해서만 가능하다. 신의 이런 내면화된 현존이 진실을 보장하며, 신탁의 말에 의미를 부여한다. 아폴론의 선언은 뮤즈들의 선언과 분리될 수 없었다. 왜냐하면 "어찌 되고 있고, 어찌 될 것이며, 어찌 되었던 것인지"[289]를 알고 있는 뮤즈들이 결정적으로 그에게 영감을 불어넣어주었기 때문

자를 지하세계로 보내는 자이기 때문이기도 하다.

283 [원주] 메시지의 어원은 'mittere', 즉 '보내다'이다.

284 [원주] 이 점에서 관계는 본래 미학적이다. '예술'은 바라보는 자가 예술작품을 향해 나가도록 만든다.

285 [원주] 델포이에서는 그리하였다.

286 [원주] 게다가 'adyton'은 말 그대로 '출입이 금지된 장소'를 뜻한다.

287 [옮긴이 주] 제우스에게 바쳐진 신탁의 성소를 가리킨다.

288 [원주] 바로 이것이 영감의 본래 뜻이다.

이다. 따라서 글자중심주의는 아폴론 신탁의 요체가 아니다. 운율을 띤 신탁의 형태와 특이한 말장난 그리고 신탁이 새겨진 청동이나 대리석 같은 재료들조차도 신탁의 비유적 속성 그리고 뮤즈들이 뒤를 받쳐주는 미학적 우월성을 증명한다. 이 안을 지배하는 것은 메시지의 어떤 관현학적인 조화로움이며, 바로 그것이 신탁의 수사학을 만들어낸다. 신탁의 의미를 간파해서 이해하려는 노력은 예언자나 시빌라의 도움을 필요로 한다. 헤로도토스의 작품이 전해주는 크로이소스Crésus에게 내려진 한 유명한 신탁을 예로 들어보자. "노새가 메디아의 왕이 된다면, 오, 발이 여린 리디아인들이여, 자갈 깔린 헤르모스 둑을 따라 도망치라, 지금 그 자리에 머물러있지 말 것이며, 겁쟁이가 된다는 것을 두려워하지 말라."[290] 글자의 차원에서 그리고 정신의 차원에서 이 메시지의 구성은 크로이소스가 영원히 지배하리라는 것을 보장한다.[291] 그러나 **수사적 구조 차원**에서 메시지를 살펴보면, 그 의미는 전혀 다른 것이 된다. 사람들이 메디아의 공주들을 암노새jument라고 부르고, 키루스Cyrus와 같이 출신이 평범한 페르시아인을 당나귀âne라고 부른다는 것을 크로이소스가 알았더라면, 그는 걱정에 사로잡혀야만 했을 것이다. 이 사례가 보여주듯, 신탁 언어의 중요성은 어휘와 의미의 일반적 관계를 넘어서는 데 있다. 그것의 발화 내용은 사용된 어휘가 관습적인 언어행위에 따라서 의미하는 것 이상을 전달한다. 아폴론이 크로이소스에게 전해준 신탁의 정보는 함축적이다. 의

---

289 [원주] 헤시오도스, 《신통기》, 38행과 호메로스, 《일리아드》, I, 70.

290 [원주] 헤로도토스, 《역사》, I, 55-56.

291 [옮긴이 주] 노새가 왕이 되는 일이 있을 수는 없기 때문이다.

미의 이런 함축성—이것이 신탁의 진정한 의미일 터인데—이 예언을 구성하고 형성한다. 이런 분명한 사실을 인정하지 않는 것, 혹은 언어를 정보 전달을 위한 단순한 매개체로만 여기는 것, 바로 이것이 헤르메스 콤플렉스의 징후이다.

§ 105 살펴본 바와 같이 헤르메스와 아폴론은 언어의 신들을 대변하였다. 그렇지만 그들의 소통방식에는 차이가 있다. 헤르메스와 관련된 모든 것들은 올림포스 거주자로 전적인 인정을 받기 위한 투쟁 그리고 저자와 그의 메시지에 종속된 비천한 전달자 그 이상이 되기 위한 싸움을 표현한다.[292] 이런 이유 때문에 헤르메스는 속임수를 썼으며, 자신의 독자성을 획득하기 위해 자기의 여러 속성을 최대한 활용하였다. 그래서 그는 (투구 덕분에) 자기 모습을 보이지 않게 만들 수도 있었고, (지팡이를 사용해) 메시지를 변형시켜 그 저자를 알아보지 못하게 할 수도 있었다. 가끔씩 그는 메시지를 있는 그대로, 글자 그대로, 사기치지 않고 전달하는 것 말고는 그 무엇도 할 수 없었다. 왜냐하면 제우스가 그것을 그에게 강제하였고, 그 일을 그는 날개 달린 신발을 신고서 재빨리 수행하였다. 헤르메스의 메시지는 **언어의 형태적 성질**과 결부되어있다. 그리하여 이 교차로의 신은 발화체의 포로였다. 그는 자유롭게 되기를 갈망하였지만, 메시지의 정신과 글자의 노예가 된 자신을 발견하였다. 반면 아폴론은 신탁에 자기 목소리를 부여했다. 그의 신탁에는 어떤 맹

292 [원주] 루키아노스, 《신들의 대화》, 24. 여기에서 헤르메스는 어머니 마이아에게 자신의 처량한 역할에 대해 노골적으로 불평을 늘어놓는다.

목적 숭배도 없었으며, 그것은 삼단논법을 전개해서 의미가 드러날 수 있는 긴 추론의 사슬을 설정하지도 않았다.[293] 그의 예언은 "약호code"라는 고전적인 언어 모델에 부합하지 않았다. 그것의 해석이 **해독**décodage, 혹은 언어의 전통적인 규칙에 근거하여 발화에 결합된 생각을 찾아내는 일에 갇히지 않았다.[294] 신탁은 해독되어야 할 발화가 아니라, 그 자체가 의미로 가득한 발화행위énonciation였다. 신탁의 **수신**이 언어 관습에 토대를 둔 어떤 분석을 수반할지라도,[295] 그것의 완전한 **이해**는 단순한 언어 의미를 넘어서고, 신탁의 의미를 직접적으로 밝히는 문맥에 의존하게 된다. 수사학 혹은 더 넓게 말하면 시학은 이해하는 행위에 간여된 그리고 의미를 추론하는 행위에 간여된 이런 문맥의 일부를 이룬다. 신탁의 의도와 소통의 **방식**은 신탁의 의미가 **무엇이었는지** 못지않게 중요하다. 소통의 "방식"에 관해서라면 우리는 덴마크 철학자 쇠렌 키르케고르의 뛰어난 성찰을 살펴볼 수 있다. 이 덴마크 철학자는 객관적 진실의 전달은 어떤 문제도 제기하지 않는다고 지적한다. 객관적 진실을 전달하는 주체는 합의된 형태로 전해진 사실을 인정하고 그것을 직접적으로 전달한다. 전달하는 자가 **누구**인지 아는 것은 중요하지 않다. 그러나 주관적 진실에게 전달 주체의 문제는 중요하다.

---

293 [원주] "추론의 긴 사슬"에 관해서는 데카르트의 《방법서설》 2부(Paris, GF Flammarion, 1992, p. 40)를 참조(《방법 서설》, 김종호 옮김, 을유문화사, 1995, 356-357쪽).

294 [원주] 댄 스퍼버 & 데어드레 윌슨Dan Sperber & Deirdre Wilson, 〈적절성 개요Précis of Relevance : Communication and Cognition〉, in 《행동과 뇌과학Behavioral and Brain Sciences》, 10, Cambridge, Cambridge UP., 1987, pp. 697-699 참조.

295 [원주] 즉 신탁의 어휘들이 전달하는 표면적인 의미에도 불구하고.

주관적 진실은 어떤 구체적인 전달 주체에게 진실이기 때문이며, **바로 그에게** 진실이기 때문이다. 따라서 전달의 방식은 본질적인 것이 되며, 키르케고르에 따르자면, 바로 이것이 가명 혹은 아이러니나 유머와 같은 간접적인 전달방식에 의지하게 된다.[296] 그러므로 그런 담론은 수사적 형식에 의해 모양새를 갖추게 된다. 담론을 전달하는 자는 전달자의 주관성이며, 종국에는 그것이 담론의 응집력을 만들어내고 보장한다. 이런 까닭에 메지시를 정확하게 이해하기 위해서는 메시지의 **외적 형태**에 관심을 갖는 대신 이런 주관성을 발견해야만 한다. 이 점에서 헤르메스와 아폴론의 대립은 명확해진다. 헤르메스는 전달자가 **누구**인지가 중요시되지 않는 객관적 소통과 연관되어 있으며, 바로 이것이 그의 콤플렉스와 자신에 대한 인정을 얻어내기 위한 그의 고집스런 투쟁을 설명한다. 아폴론은 주관성과 수사성, 그리고 문체가 조직한 내적 진실의 세계, 간접적인 소통의 세계에 속한다. 문학적 관점에서 보면, 그의 영역은 시학이며, 소통을 예술의 차원으로까지 고양시킨다. 번역에 관해서 말해보자면, 번역을 언어학에 국한시킬 것인가(헤르메스),

---

296 [원주] 이 점은 키르케고르의 작품 번역가에게는 키르케고르가 작품을 출간하며 사용한 익명 저자의 문체에 자기 문체를 맞추어야 하는지 아닌지와 같은 상당한 문제를 제기한다.

[옮긴이 주] 키르케고르의 저서의 절반 분량이 익명으로 출간되었다. 그것은 그가 간접적인 의사전달방식을 선호했기 때문이다. 그는 자기가 쓴 것이 아니라 마치 제3자가 쓴 것처럼 글을 구성하면서 하나의 체계 안에 자기 글이 갇히는 것을 피하려 했고, 또한 자기의 관점을 독자가 알아차리기 힘들게 만들려고 했다. 즉 독자가 자기 글의 표면적 의미만 이해해주길 지향했다. 이것이 키르케고르의 작품을 번역하면서 번역가가 경험하게 될 가장 큰 난제이다. 그는 키르케고르의 관점으로 번역할 것인지, 아니면 이 철학자가 선택한 익명 저자의 관점으로 번역할 것인지 선택해야만 하는 기로에 놓이게 된다.

아니면 그것을 소통의 미학 차원에서 고려할 것인가(아폴론)가 헤르메스와 아폴론 사이에 놓인 딜레마이다.

§ 106 하나의 납득될 만한 문장은 그보다 앞서 있었던 다른 문장과 생각의 중개에 의해 **추정된 어떤 관계**를 맺으며 파생되기 때문에, 추론은 보편성을 지닌다. 그러나 이 관계는 논리적 추론에 근거를 두지 않으며, 추정될 수 있는 것, 좀더 정확히 말하자면, 하나의 문장 이전에 있었던 다른 많은 문장들에 의해 단지 연루된 것일 뿐이다. 바로 이런 암시적 연루, 그 안에서 문장들은 의미를 띤 총체les touts signifiants로 간주되고, 그것이 수사적 장치나 창조적인 언어 사용을 가능하게 만든다. 일상적인 우리의 소통이 언어학적 속성을 지닌 규칙에 의해 언제나 지배를 받는 것은 아니다. 지금 문제가 되고 있는 것은 흔히 "비언어적 언어langage non verbal"라고 불리는 그런 것이 아니라, 소통의 암시적 기층이다. 따라서 발타자르 그라시안Baltasar Gracian이 "사자 거죽을 뒤집어쓸 수 없으면, 늑대의 거죽을 걸쳐야만 한다"라고 말할 때, 이 금언의 의미는 메시지의 자구 안에 있는 것이 아니라, 사자의 이미지(힘)와 늑대의 이미지(사악함) 뒤에 놓여있는 **암시된 상상력**sous-entendu imaginaire 안에 놓여있다. 여기서 사용된 수사적 문채(은유)는 이것을 표현한 자와 그의 메시지를 받는 자 사이에 암시적인 상상력이 서로 공유될 때에만 효력을 지닌다.[297] 익히 잘 알려진 저서[298]에서 그라이스Paul Grice는 암시의 수

---

297 [원주] 문화적으로 상당한 차이가 있는 텍스트를 번역할 때의 어려움은 소통에 필수불가결한 내재적 정보를 공유하지 못하는 수용문화에 기인한다. 바로 이

용이 **협력원칙**에 의존한다고 설명하였다. 의사소통 상황에서 청자가 자신이 수용한 문장들의 암시적 내용을 추론할 수 있게 되는 것은, 그런 의견교환이 합리적인 언어 사용자들이 동의한 보편적인 규칙과 규범의 지배를 받고 있기 때문이다.[299] 게다가 어떤 암시된 내용은 의사 소통자들이 떠올린 문맥이나 문화가 공유된다는 것, 그것을 무언가로 대신할 수 있는 방식이 공유된다는 것, 그리고 그들이 각자의 역할을 예상하는 방식이 공유된다는 것과 밀접한 관련이 있다. 번역에 대해 말하자면 이것은, 하나의 언어에서 다른 언어로 전달된 문장들의 의미를 번역이 다루게 된다면, 번역가는 **문장의 의미가 대부분 추론에 의해 드러나고**, 그리하여 그 의미는 글자 혹은 글자들의 총체로 간주되는 정신에 달려있지 않다는 점을 밝히게 된다. 번역가는 **축자역**이나 **의미역**을 넘어서야만 한다. 왜냐하면 수사학을 문학에서 사용할 때 볼 수 있는 것처럼, 번역되고 있는 텍스트는 언어행위를 표현하고 있기 때문이다. 아폴론은 의미의 언어적 단위는 어휘가 아니라 **언어행위 자체**[300]라는 것을 알고 있다. 바로 이것이 그에게 자율성을 부여했으며, 헤르메스는 이것을 시기하였다.

런 암시된 내용을 갖지 못하기에 우리는 테렌티우스Térence의 희극이 더 이상 (혹은 약간은) 웃기지 않는다는 것을 경험하게 된다.

298 [원주] 폴 그라이스, 〈논리와 대화Logique et conversation〉, in《커뮤니케이션Communication》, 30, 1979, pp. 57-72.

299 [원주] 그라이스의 "협력원칙"은 아주 오래된 것이다. 이미 플라톤은 일상인과 교양인 사이의 대화상의 차이점을 설명하기 위해 이 원칙을 환기한 바 있다(《프로타고라스》, 347c-348a).

300 [옮긴이 주] 단위로서의 언어를 포함하는 언어행위 그 자체.

§ 107 수사학의 문채인 아이러니가 이런 생각을 효과적으로 표현해 낸다. 아이러니한 메시지의 의미는 정신이나 글자가 전달하는 의미와는 전혀 다르다. 스위프트가《겸손한 제안A modest proposal》에서 배고픔과 가난에 찌든 아일랜드 사람들에게 자기네 아이들을 부유층 미식가들에게 별미로 팔아버리고, 그렇게 함으로써 "통에 넣은 소고기 수출에 수천의 아기고기들을 추가할 수 있을 것이고, 양질의 베이컨 만드는 기술을 향상시킬 것"[301]이라고 제안했을 때, 그는 텍스트의 글자들이 전달하는 것보다 더 많은 것을 표현한다. 사실 아이러니한 텍스트의 **모호함**이 텍스트—그리고 모든 아이러니한 문장—의 의미를 이룬다. 이런 관점에서 보면 아이러니는 의심을 즐기며 의심을 지속시켜나간다. **따라서 아이러니는 단순히 의미를 전도시킴으로써 번역될 수 있는 것이 아니다.** 아이러니 안에는 확실한 그 무엇도 없으며, 아이러니는 은밀히 비껴가고, 따라서 가면을 쓰고 있다. 대부분의 사람들이 이해하지 못하는 것으로 남아있기를 아이러니는 원하기 때문이다. 그러므로 아이러니는 생각에 즐거움을 주는 것과 밀접한 관련이 있다. **아이러니는 정신과 글자 너머에서 의미를 조직한다.** 아이러니는 배제排除의 장르이다. 머릿속으로 누구에게 말을 걸 것인지를 **미리** 정해놓기 때문이다. 그것은 모든 사람들이 접할 수 있는 그런 텍스트가 아니다. 이런 점에서 다시 한 번 아이러니는 그 자체로 특별하며, 어떤 점에서는 특권적이다. 아이러니에는 **이해를 해야만 하는 사람**과 **이해에서 배제되어야 할 사람**이 있는 법이다.[302] 바로

---

301 [원주] 조너선 스위프트,《겸손한 제안》(1729). 구텐베르크 프로젝트, eBook # 1080.

이 점 때문에 아이러니를 번역하기가 지극히 어렵다. 왜냐하면 번역가 본인은 저자가 염두에 둔 내밀한 모임에서 배제된 사람들에 속하고, 또 그런 일이 자주 발생하기 때문이다.[303] 모든 아이러니한 문장들은 적어도 문장 자체의 이해를 곤란하게 만드는 모순된 요소들을 내포하고 있다. 또한 그것은 독자들이 이해에서 배제되어있기를 전제로 하며, 표현된 것의 모순을 이해하는 사람만이 전달하는 메시지의 진정한 수신자가 된다. 따라서 아이러니는 저자와 독자 사이의 **은밀한 친밀성**을 만들어낸다. 이 친밀성은 **필요한 부분을 변경**하여 문장의 진정한 의미를 구현해내는 가치들을 서로 공유하고 있다는 점에 근거하여 만들어진 비밀스런 관계이다. 따라서 글자가 텍스트의 의미라거나 혹은 정신이 의미를 표현한다고 생각한다면 어떻게 아이러니한 문장을 번역해낼 수 있을 것인가? 글자 그대로 혹은 정신의 차원에서 스위프트의 문장들을 번역하려 한다면, 텍스트의 의미를 놓치고 말 것이다. 당신이 이 작품을 쓰고 있는 스위프트가 고려한 독자들에 속할 때에만 진정한 이해가 가능해지기 때문이다.[304] 언어라는 소굴[305]에서 벗어나있는 개념들에 기반을 두고 텍스트가 만들어진다면, 그것은, 아폴론의 신탁이

---

302 [원주] 우리는 여기에서 해석학이 아무런 소용이 없다는 것을 알게 된다. 아이러니는 해석되는 것이 아니라 이해되는 것이기 때문이다. 해석의 "열쇠"는 텍스트 안에 있는 것이 아니라, 텍스트가 선택한 사람 안에 있기에 그러하다.

303 [원주] 나바코프가 자신의 번역가들에게 했던 불평들을 생각하면 이 말을 쉽게 이해할 수 있다.

304 [원주] 철학용어를 사용하자면, 텍스트를 논리적 문장들의 누적으로 보는 것이 아니라 추론의 관점에서 바라보는 경향이 강한 소수의 선택된 자들.

305 [원주] 의미/기호, 시니피앙/시니피에 등등의 소굴.

잘 보여주고 있듯이, **시학**의 문제가 된다. 게다가 아폴론의 신탁을 최고 형태의 아이러니로 간주하여 살펴보는 것도 흥미롭다. 그것은 소크라테스—평생을 걸쳐 지식을 탐구한 그의 삶은 그리스에서 그가 가장 현명한 자가 될 것이라고 말한 피티아에 의해 초래되었다(그런데 소크라테스는 빠른 화살을 지닌 신의 말씀을 에누리해서 들었다)—가 델포이의 신탁과 맺고 있는 관계를 좀더 잘 이해하게 해줄 수 있다. 그리고 실제로 번역가의 활동은, "신은 거짓을 말하지 않고, 그렇게 하는 것이 그에게 허락되지 않았"[306]기에 그 의미가 급진적일 수밖에 없는 아폴론 신탁의 의미를 간파해내려는 소크라테스의 각오로 대신될 수 있다. 신탁 문장들의 의미는 정신과 글자를 넘어선다고 소크라테스는 확신했기 때문이다. 그런 이유로 이 아테네 철학자는 일반 대중이 자기보다 더 현명하다고 평가하는 사람들을 찾아서 돌아다녀야만 했다. 그는 시인들, 전문가들, 또한 소피스트들을 찾아가서 신탁의 대답을 가늠해보려고 했다. 그리고 마침내 인간의 지혜란 별것 아니며, 혹은 그 무엇도 아니라는 것을 신탁이 말하고자 했다는 결론에 도달하게 되었다.[307] 번역가는 소크라테스를 닮아야만 하며, 문장 하나하나를 신탁으로 간주해야만 한다. 즉 소크라테스가 아폴론의 말을 가지고 그러했던 것처럼 문장의 진정한 의미를 가늠하기 위해서 문장이 면밀한 검토를 거치게끔 만들어야만 한다. 텍스트의 의미에 대한 접근은, 아이러니가 증명하고 있듯이, 언어뿐만 아니라 해당 텍스

306 [원주] 플라톤, 《소크라테스의 변론》, 21b. 바로 이것이 헤르메스와 아폴론 사이의 중요한 차이점이다.

307 [원주] 같은 책, 23b.

트 안에서 작동하고 있는 **소통이론**théorie de la communication에 대한 이해를 요구한다. 이것은 헤르메스의 일이 아니다. 잘 알려져있듯이 아폴론만이 "이론의 신"이기 때문이다. 표현된 것의 의미는 일정한 어휘의 선택 그 이상을 필요로 하고, 또 나아가 다른 무언가에 대한 배제를 수반하게 된다.[308] 반대로 의미는 저자와 독자 — 저자가 만들어낸 메시지를 수용하여 그것을 평가하고 그 무게를 가늠할 책임을 진 독자 — 사이의 대화 혹은 거래를 통한 상호작용에 의해서 형성된다. 인간 사이의 상호작용은 소통이 이루어지는 토대이며, 그것이 의미를 창조해낸다. 번역가와 원전 사이의 상호작용은 텍스트가 번역되는 매 순간 작동하게 된다. 진정 중요하고, 창조적이며, 그리하여 의심할 나위 없이 **시적**인 관계라고 할 수 있는 이런 상호작용이 번역텍스트를 구성해낸다.

§ 108 게다가 언어의 의미단위는 언어 자체이며, 담화문장의 응집성은 번역해야 할 텍스트의 수사학과 문체, 좀더 특별하게 말한다면, 시학의 지배를 받는다. 이 점은 **대화술**에 의해 설득력 있게 증명된다. 16세기에 비로소 탄생한 대화술은 사회 내부에 폭력이 제거된 평온한 공간, 누구와 함께한다는 소박한 행복이 꽃을 피우는 그런 공간을 만드는 방법을 열어 보였다. 모임

---

308 [원주] "생각이 입고 있는 옷을 통해 생각의 윤곽을 상상하기가 불가능할 정도로 언어는 생각의 가면을 쓰고 있다. 걸치고 있는 의복이 몸의 윤곽을 알아보게 해주지는 않기 때문이다." 루트비히 비트겐슈타인, 《논리철학논고Tractatus logico-philosophicus》, trad. par Gilles-Gaston Granger, coll. Tel, n° 311, Paris, Gallimard, 2001, 4.002.

의 흥겨움은 대화를 지배하는 원칙—그렇다, **원칙**이다—을 따라야만 했다. 대화는 **언어의 시학**을 창조하며, 그것은 단어와 문장, 생각들을—원칙에 따라—조직하여, 언어를 단순히 생각을 나누는 도구 이상의 무언가로 만들었다. 대화술은 언어를 세련되게 정돈하고, 그것을 실용성으로부터 끄집어내서 사람들과 어울리는 순수한 즐거움의 원천으로 바꿔놓았다. 《궁정인의 서Livre du courtisan》에서 발다사레 카스틸리오네는 우리에게 이런 사회적 흥겨움의 비밀들을 소개한다. 르네상스시기에 대화는 언제나 폭력적인 인간의 성향을 바꿔놓고, 상호 간에 정신적 기쁨을 함께 나누게 만드는 지극히 축복받은 한 수단으로 간주되었다. 전략과 추정 그리고 예측의 게임—이 게임 안에서는 그 누구도 패할 수 없으며, 바로 이 점이 **변증론**의 지배를 받았던 고대의 **대화**와는 구분 된다—을 거치게 되며, 사회생활을 윤택하게 해줄 어떤 방편들을 찾아내는 것을 지향하였다. 힘을 전면에 내세우는 것이 아니라, 오히려 몽테뉴가 《에세》라는 멋진 제목을 자기 글모음에 달았던 것처럼, 대화는 우리를 둘러싸고 있는 사안들의 무게를 꼼꼼하게 재서exagium 그것들을 제대로 평가해보는 것을 목적으로 삼았다. 그리하여 대화는 논증과는 구분된다. 흑과 백을 확실하게 알고 있다고 주장하기보다는 의미의 감지하기 힘들면서도 미묘하고 모호한 측면을 다루었기 때문이다. 카스틸리오네에 따르면 대화에서 가장 중요한 덕목은 **스프레차투라**sprezzatura이다. 그것은 으스대는 것과는 전혀 다른, 무심하지만 세련되고 우아하게 행동하고 말하는 방식을 가리킨다.[309] **스프레차투라**는 술수를 감추는 술수이며,

---

309 [원주] 발다사레 카스틸리오네, 《궁정인의 서Il libro del crotigiano》, Milan,

우아함을 앞에 내세우는 노련함, 그러나 노련해지기 위해 했던 수고들을 드러내지 않는 노련함이다.[310] 다른 말로 표현하자면, 이상적인 대화에서 **스프레차투라**는 말로 하는 놀이 방식, 굳이 변증법이나 학문 혹은 논리적 담론에 속하지 않는 기준들과 규범들이 아니라, 함께 어울린다는 기쁨을 표면상의 목적으로 삼는 그런 **게임**의 규칙을 따르는 활동방식이라고 할 수 있다. 따라서 대화의 의미단위가 개별 단어들일 수는 없었다. 단어들과 단어들의 의미를 무기로 사용하는 것을 대화는 지향하지 않았으며,[311] 오히려 **스프레차투라**라는 무언가 더 높은 것을 드러내 보이는 **담화 전체**가 대화의 의미단위였다. 따라서 대화의 번역가가 만약 단어들에만 집중한다면 그는 어려움을 겪을 수밖에 없을 것이다. 대화의 의미를 옮길 수 없을 것이기 때문이다. 그는 오히려 대화에 내재된 특징들, **스프레차투라**를 드러내는 특징들을 번역하려고 시도해야만 한다. 텍스트를 만들고 구성하고 조직하는 요소에 초점을 맞출 때, 그의 번역은 진정한 **시학적** 번역이 될 수 있을 것이기 때문이다.[312]

Rozzoli, BUR classici, 1987, I, 26(《궁정론》, 신승미 옮김, 북스토리, 2009, 72쪽).

310 [원주] 배우의 연기는 **스프레차투라**가 의미하는 이런 자연스러운 거리두기의 완벽한 예가 된다. 연기가 뛰어나지 않은 배우는 관객이 "저 사람이 연기를 하구 있구먼" 혹은 "대사를 낭독하구 있구먼"이라고 눈치 채게 만든다. **반면** 뛰어난 배우는, 디드로가 바랬던 **냉정함**을 따라서든 혹은 스타니스랍스키가 중히 여긴 체화personnification를 따라서든, 역할을 자기 것으로 만들어 그 연기가 자연스럽게 보이게 한다. 그는 **스프레차투라**의 연기를 하는 것이다.

311 [옮긴이 주] 단어 자체를 트집 잡음으로써 대화를 불가능하게 만들기 때문이다.

312 [옮긴이 주] 이런 구조의 원칙은 베르만이 강조하는 문자의 본질로서, 독자는 이 책의 저자인 샤를 르 블랑이 여기에서 베르만의 문자역을 지지하고 있다고 파악해도 무관하다.

§ 109 **프레시오지테**는 정신과 글자의 개념을 넘어서는 언어사용의 시학적 양상을 적절하게 보여준다. 게다가 **프레시오지테**는 번역가들에게 도움이 될 뛰어난 사례들을 제공한다. 16세기 후반기로부터 물려받은 의식의 위기로 인해 추동된 바로크라는 세계를 감지하는 새로운 방식—몽테뉴는 "내가 무엇을 아는가?Que sais-je?"라는 명구를 통해 이 세계의 넋들을 환기해내고 그 광대함을 설명한다—은 새로운 언어사용을 요구했다. 이 새로운 언어는 신조어에 대한 숭배와 고풍스런 말투에 대한 경배의 한복판에 놓인 프레시오지테로서, 감정과 열정의 분석에 민감하였고, 신플라톤주의와 장세니즘에도 연관된 종교적 표현으로 자신을 치장했다. 사실 랑부이에 부인의 살롱과 같은 일부 살롱에 국한된 프레시오지테는 사교계의 진정한 유희의 양식이었으며, 그 한복판에는 언어가 자리 잡고 있었다. 이 언어적 유희는 사교계 고유의 말투뿐만 아니라, 언어와 언어사용을 주인공으로 삼는 집단적인 문학작품[313]을 만들어냈다는 측면에서 말할 나위 없이 시적이었다. 저자들이 줄거리를 전개해가는 가운데 무언가 자기들의 말을 덧붙이고 싶어할지라도, 그들의 창작활동을 이끌고 그것에 시적인 짜임새를 제공하는 것은 영락없이 언어였다. 언어의 미학적 사용을 공유한다는 측면에서 작품은 집단성을 띠었고, 그것이 프레시오지테 문학작품을 만들어냈다.[314] 추론과 협동작업, 아이러니, 대화술, 세련됨, 이

---

313 [원주] 《쥘리의 화환Guirlande de Julie》을 생각해보자.

[옮긴이 주] 랑부이에 살롱을 출입한 당시에 유명했던 17명의 시인들이 공동으로 창작한 정교한 구조를 지닌 작품으로서, 총 62개의 마드리갈로 구성되었다.

314 [원주] 의미를 지닌 요소로서의 언어 사용방식은 음악의 음조 체계가 작품을 만들고 거기에 어떤 의미를 부여하는 방식 혹은 12음조로 형성되는 20세기 중반의

모든 시적인 사용방식이 이런 문학과 정신의 역사에서 넘쳐났다.[315] 이런 점에서 헤르메스와 아폴론의 투쟁에는 추호의 협상도 없었다고 할 수 있다. 그 누구도 이런 투쟁에서 최후의 패자가 되길 원치 않았던 것이다.

§ 110 따라서 언어가 관건이 되는 모든 작업에서 언어의 형식화 혹은 달리 표현하자면 **언어의 미학적 사용**은 매우 중요한 비중을 차지하는 것처럼 보인다. 그것은 언어의 의미를 형성하는 주된 요소이기 때문이다. 《수사학, 언어 그리고 문체에 관한 에세이Essai sur la rhétorique, le langage et le style》에서 토머스 드 퀸시는 미학적 기준들과 민족정신을 아주 능란하게 결합시킨 바 있다. 이 영국 작가는 문체와 수사학을 분석하며 그리스와 히브리의 역사와 문화를 대립시켰다. 그러고는 전자가 산문의 지배를 받았다면, 후자는 시와 종교의 지배를 받았다고 설명한다. 이런 차이가 문체와 언어를 이해하는 그들 나름의 방식에 명백한 영향을 끼쳤다는 것이다. 그리하여 지금의 이탈리아에서는 전적으로 질이 떨어지는 예술품들이 키르기스스탄 사람들에게는 경탄을 불러일으킬 수 있게 된다.[316] 그 결과 예술의 기준들과 지식

현대음악의 방식과 유사하다. 계명은 의미의 단위로서, 그것의 가치는 특별한 음조 혹은 무조無調 체계에 의해 결정된다. 문학텍스트에서 언어의 사용은 그와 아주 비슷한 역할을 수행한다. 그것은 어휘에 처음에는 없었던 색채를 부여한다.

315 [원주] 이런 점에서 어떻게 오페라가 언어—그 자체가 음악이라고 정의 내리면서도 개념 이상의 감동을 전달하는 언어—의 또 다른 미학적 사용의 예가 되는지를 설명하는 것은—물론 이것은 우리의 논의를 벗어나긴 하지만—의미가 있다. 게다가 교향악의 음악적 전개 안에서 언어가 수행하는 역할을 기준으로 삼아서 오페라의 등급을 정하는 것도 의미가 있을 것이다.

의 발전 사이의 상호관계는 문학의 형태, 표현방식, 문체 그리고 — 좀더 확장하면 — **번역 그 자체**에 결정적인 영향을 끼치게 된다. 시학과 모든 언어이론의 근본적인 역사성historicité을 설정하는 것이 드 퀸시의 책이 지향한 것이었다. 끊임없이 발전하는 언어는 — 언어를 말하는 방식과 그 방식을 이론화하는 방식은 이 점을 고려해야만 한다 — 글쓰기에 결정적인 영향을 끼치고, 모든 문학을 단번에 살아있는 무언가로 만들어버린다. 이런 관점에서 보면 문체의 문제는 — 그리고 좀더 넓게는 수사의 문제는 — 저자가 자기 텍스트를 단지 돋보이게 만들기 위해 사용하는 하찮은 장식이 아니게 된다. 오히려 모든 살아있는 것들의 구조에서처럼 문학작품의 각 요소들은 작품 전체를 의미를 지닌 총체로 만드는 데 기여한다. 따라서 문체는 문학작품에서 뚜렷한 두 기능을 지닌다고 할 수 있다. "우선, 이해하기에 모호한 주제를 명료하게 밝혀주고, 둘째로, 그것은 감수성으로는 파악하기 힘든 주제의 본래의 힘과 그것이 지닌 감동을 다시 회생시키는 것이다."[317] 문체는 진실의 발견을 지향하는 그 어떤 방법보다도 열등하지 않다. 따라서 문체를 생각의 하찮은 하인으로 간주해서는 안 된다. 문체가 생각을 구현하고, 생각에 다른 무엇인가를 덧붙이고, 그리하여 생각에 "**제3의** 그리고 뚜렷이 구분되는 존재성"을 부여하는 경우들이 있기 때문

---

316 [원주] 인도 영화산업은 그 어떤 나라의 영화보다도 더 많은 작품들을 찍어낸다. 감성과 로맨스, 악한, 서스펜스, 음악, 춤 등이 뒤섞여있는 인도영화는 인도 음식에서 사용되는 "**마살라**masala"라는 혼합 향신료의 이름으로 불리면서 눈에 띄는 사회적 현상을 만들어냈다.

317 [원주] 토머스 드 퀸시, 《수사성, 언어 그리고 문체에 관한 에세이》, trad. et préface d'Eric Dayre, Paris, José Corti, 2004, p. 94.

이다.[318] 그 어떤 경우라도, 문체(방식)는 자신을 만들어낸 생각(재료)과 구분될 수 있는 그 무언가로 간주될 수 없다. 번역가들이 수사와 문체의 중요성을 경시한다면 그것은 자기들의 의식 속에서 번역해야 할 텍스트의 근본적인 의미를 만드는 요소들을 포기하는 것과 다르지 않게 된다.

§ 111 필리프 자코테는 원전의 시학이 옮겨놓는 것이 무엇인지를 포착한 번역가들 가운데 한 명이다. 자코테는 이론의 원칙에 따라서 번역하는 것을 언제나 지지하였지만,[319] 자신이 번역하는 작가들의 고유한 목소리에도 귀를 기울였다. 심미적인 번역—베르길리우스의 《목가》를 번역한 발레리처럼—이나 낯섦을 두드러지게 하는 번역—클로소프스키의 《아이네이스》 번역—을 신뢰하지 않았던 자코테는 오히려 시인을 만드는 어떤 특별함, 시인에게만 고유한 어떤 목소리, 좀더 풀어 말하자면, 언어를 **사용**하는 시인의 독특한 방식을 특징짓는 무언가에 주의를 기울였다. 이 점에서 자코테는 자신이 번역하기도 한 레오파르디에 가깝다고 할 수 있다. 고대어에 푹 빠졌던 라카나티[320] 출신 시인의 《지발도네Zibaldone》는 언어와 번역에 대한

---

318 [원주] 같은 책, p. 96.

319 [원주] "(…) 나는 번역이론(가장 고약한 것은 문학이론인데)이라는 것을 전혀 모른다. 더욱 심각한 것은 내가 번역이론이 제기하는 문제들을 전혀 생각해보지 않았다는 것이며, 따라서 언제나 거의 본능적으로 번역을 한다는 것인데, 그렇다고 그것을 경솔하게 했다는 말은 아니다." 1988년 10월 29일 레마니크Lémanique상 수상식에서의 《감사의 말씀》(1990년 로잔 문학번역연구소에서 소책자 형태로 출간, p. 39).

성찰이 무한히 넘쳐나는 샘이기 때문이다. 자코테는 이 책에서 이렇게 썼다. "완벽한 번역은 다음의 경우에 이루어진다. 번역된 저자는 예를 들어 그가 그리스어나 프랑스어로 썼을 때와 똑같이 이탈리아어나 독일어로 옮겨졌을 때 같은 소리를 내야만 한다. 그런데 이것은 어려운 일이며, 모든 언어로 그렇게 할 수도 없다."[321] 자코테의 번역은 원전의 리듬, 어조, 언어의 수위를 재창조하는 데 일관된 주의를 기울인다. 달리 말해, 텍스트의 최초의 억양, 원전을 조직하고 만약 결여되어있다면 원전의 의미를 불완전하게 만드는 수사적인 밑기둥을 옮기려고 했다. 그 어떤 이론적인 모델 이상으로 자코테의 번역은 텍스트의 시학이 텍스트의 전반적인 의미를 어떻게 형성하는지를 보여주었다. 그리고 이것은 그의 번역 작품 전체를 통해 부인할 수 없는 문학적 성공을 거두었다. 이런 점은 그가 헤르메스보다는 아폴론을 더 선호했다는 것을 암시한다.

§ 112 만약 번역작업이 헤르메스가 수행하는 — 때로는 수동적으로, 때로는 메시지에 은근히 자신을 끌어들이면서 — 봉사에 국한된다면, 이것의 모든 관심사는 의미의 수동적인 전달이나 혹은 논란을 초래하는 기호의 해석에 말려들게 될 것이다. 앞에서 언급한 것처럼, 번역작업을 저자의 개성이나 문체 그리고 좀더

320 [옮긴이 주] 이탈리아 중부 마르케 주에 소재한 레오파르디의 고향.

321 [원주] 자코모 레오파르디, 《모든 것은 그 무엇도 아니다. 지발도네 선집Tout est rien, Anthologie du Zibaldone di pensieri》, trad. par Eva Cantavenera et Bertrand Schefer, Paris, Allia, 1998, p. 133.

넓혀서 수사적인 방식을 무시하는 언어라는 기준에만 전적으로 국한시키기 어렵다. 그러나 이것은 번역가가 텍스트의 미학적 가치로 간주하는 것에 빠져들어야 한다는 것을 의미하지는 않는다. 사실, 번역가는 번역할 텍스트에 "지극히 숭고한éthérée" 접근, 예를 들어 저자가 의도한 텍스트의 "의도"를 신뢰하는 그런 접근을 시도해서도 안 된다. 더불어 이런 접근은 언어가 어휘의 힘을 작동시켜 우리의 생각을, 저자가 **의도한 바**le vouloir dire를 충실히 반영한다고 상정하는 고전적인 의사소통이론을 뛰어넘는 것도 아니다. 저자가 언제나 무언가를 말하려 한다고 추정하는 것은 참으로 단순한 믿음일 뿐이다. **탁월한** 작가들 그리고 수많은 시 작품들의 독서에서 그 무엇도 확실한 것은 없다. 또한 저자가 **의도한 바**가 객관적으로 있다고 가정하더라도, 그 다음에 취해야 할 자세는 번역행위가 아니라 **의도한 바 그 자체**, 즉 사고와 언어를 결합하는 관계들을 기술하는 이론체계를 전개시켜야만 할 것이다. 바로 그런 이론이 원전뿐만 아니라 번역을 조직하는 역할을 수행해야 하기 때문이다.[322] 텍스트의 문체는 존재양상을 드러내는 언어사용 방식이다.[323] 실제로 문체는 작품의 한복판에서 예술가의 개성과 세계에 대한

---

322 [원주] 옮겨야 하는 것은—아이러니의 사례에서 알 수 있다시피—어휘나 표현 혹은 사전적인 의미가 아니라 저자가 의도한 바 그리고 그것이 품고 있는 넓은 의의이다. 그런데 이런 저자가 의도한 바가 내용을 **지니고 있는**, 달리 말해 내용을 만들고, 부풀리고, 치장하는 언어의 힘, 언어 자체를 조직하지도 않을뿐더러 오히려 언어와 언어가 지시하는 대상들에 종속되어있는, 현상학이 **지향성**이라고 이름붙인 바로 그것과 동일한 것이라고 여겨서도 안 된다.

323 [원주] 이 점에 관해서는 움베르트 에코의 《문학에 관하여Sulla letteratura》(Milan, Bompiani, 2004, pp. 172-190)에 실린 짧은 에세이를 참조(《움베르토 에코의 문학 강의》, 김운찬 옮김, 열린책들, 2005, 227-250쪽).

자신의 독특한 관점, **자기의 역사**, 자기의 교양, 텍스트의 전반적인 의미에 간여하는 수많은 요소들을 엮어낸다. 번역에 대한 축자적인 접근은 저자의 문체와 텍스트의 문자를 혼동하는 큰 결함을 지닌다. 그런데 문체는 기호 안에 있지 않다. 문체에는 기호의 속성이 있지 않기 때문이다. 사실 문체는 어휘의 순서를 정하고, 표현을 다듬고, 문장을 비틀고, 문채와 색감 그리고 말의 특이성을 창조하면서 근본적으로는 기호의 **인간적**humaine 성질을 드러내는 것이다. 그리하여 문체에 의하여 기호들은 언어의 도구라는 기능으로부터 자유롭게 되어, 결과적으로 저자의 정신과 지성, 문학텍스트의 진정한 의미가 되는 정신과 지성을 반영하게 된다. 번역해야 할 진정한 대상이 바로 이것이다.

§ 113 앞의 언급은 번역가가 기호를 무시해도 된다는 말이 아니라, 오히려 기호에 대한 고집스러운 집착이 문학텍스트의 본질을 놓치고, 나아가서는 아주 심각한 이론상의 문제에 봉착하게 된다는 것을 의미한다. 만약 기호가 번역에서 중요한 것이라면 — 만약 헤르메스가 아폴론을 결정적으로 무찔러버린다면 — 번역은 기호의 의미를 해석하는 행위에 그치게 될 것이고, 의식하지 못하는 사이에 용어학의 문제들로 빠져들게 된다. 번역에서 축자적 접근은 저자가 (이러저러한) 기호의 도움을 받아 자신을 표현한다는 점을 중시하고, 그가 표현한 것 안에 있는 기호를 절대적인 것으로 간주한다. 그런데 모든 기호는 하나의 사상을 함축하고 있으며, 이런 사상은 많은 경우 다른 기호들에 의해서도 표현될 수도 있다. "행복Bonheur"과 "기쁨Joie"은 서로 다른 단어와 기호로 동일한 정신 상태를 표현해낸

다. 만약 우리가 이 단어들을 서로 분리해놓길 원한다면, 그것들을 엄정하게 정의해야만 할 것이다. 그렇게 하기 위해선 다른 단어들을 사용해야 할 것이고, 이 단어들은 또 다른 단어들을 참조하지 않을 수 없게 된다. 이런 식으로 무한하게 진행될 수밖에 없다. 그 결과 번역에서 축자적인 접근은 틀을 정의하기 위해 그 안의 틀을 또 정의해야만 하는 현상이 되고 만다. 게다가 축자역이 요구하는 이런 무한한 회귀는—글자에 대한 탐색은 정확하게 정의하는 수고를 내포하기 때문이다—엄정하게 말해 실현 불가능한 사명일 수밖에 없다.

§ 114 기호가 번역행위의 목적이 아니라면 번역이 기댈 수 있는 단단한 기둥은 대체 무엇이란 말인가? 만약 우리가 발화의 의미를 판단하길 바란다면, 그 발화가 구체적인 사실에 근거하고 있는지를 알아보는 것 말고는 다른 선택을 할 수가 없다. "바다가 푸르다"로 번역될 "Il mare è blu"와 같은 문장을 보자. 이 문장은 구체적인 사실을 묘사하며—바로 이것이 언어가 해내는 일이다—이 묘사는 이탈리아의 것만도, 프랑스의 것만도 아닌 보편적인 것이다. 사실이 언어의 영역 밖에 놓여있다. 위 이탈리아어 문장은 언어가 아니라 언어 외적인 것과의 관계하에서 정의되는 객관적인 내용을 지닌다. 번역이 사실과 일치하느냐에 의해, 즉 프랑스어 번역문장이 어떤 사실에 부합할 때에, 비로소 번역의 정확성은 평가될 것이다. 그런데 앞에서 말한 것처럼 모든 문장이 사실에 기반을 두는 것은 아니다. 많은 문장들은 가정, 믿음, 감성, 인상 등에 토대를 둔다. 이 경우 문장의 조직이 중요한 것이 되며, 그 조직 안에서 수사성과 문체가 명

시적 의미를 강화시켜나간다. 비트겐슈타인은《철학탐구》에서 이런 문장 구성의 한 사례를 제시한다. 그에 따르면 "Je n'ai pas mal à l'estomac배가 아프지 않다"라는 문장은 "Ces pommes ne coûtent rien이 사과들은 전혀 비싸지 않다"라는 문장에 비견될 수 있다. **글자의 차원에서는** 서로 다른 두 문장은 그러나 **형식의 측면에서는** 동일하다. 두 문장은 영도零度를 표현하기 때문이다. 즉 두 문장의 의미는 돈이 되었든 고통이 되었든 어떤 부재, 존재하지 않음, 비어있음, 무가치를 표현해낸다. 배가 아프다는 것은 그것이 사실일지라도 어쨌든 상당한 주관성을 띤다. 모든 사람이 그 같은 정도의 고통에 민감하진 않기 때문이다. "이 사과들은 전혀 비싸지 않다"는 문장은 사과들이 싸다는 의미를 지니지만 여기에서 사용된 **전혀 ~ 않다**ne ~ rien는 발화자의 판단에 속한다. 이 경우에 따르면 기호의 차이를 넘어서서 내용의 차원에서 어떤 동일성을 발견할 수 있으며, 문장의 의미는 기호의 문제, 단순한 어휘의 문제가 아니라는 결론에 이르게 된다. 문장의 형식적 구조에 신경을 쓸 때 좋은 번역이 가능할 수도 있다. 그러나 **단어 대 단어** 번역은 기호에 집착하기 때문에 좋은 번역을 만들 수 없다. **의미 대 의미** 번역 역시 마찬가지이다. 어휘의 의미가 서로 다른 현실을 표현하는 두 문장 깊숙한 곳에 있는 형식의 동일성을 포착할 수 없기 때문이다. 로마의 발레리우스 막시무스Valerius Maximus에 관한 일화가 떠오른다. "섹스투스 타르쿠이니우스Sextus Tarquinius의 아들은 하인 한 명을 아버지에게 보내 명령을 내려줄 것을 간청하였다. 타르쿠이니우스 왕은 적당한 답변 방식을 찾아냈다. 명을 받으러 온 하인을 믿지 못한 그는 아무런 말도 하지 않았다. 대신 그를 정원으로 데리고 가 큼지막하고 키가 큰 양귀비의 머리 부분을 잘라냈다. 하인으로부터 아버지의 말없는 행동을 들은 아들은 하인이 포착하지 못한 것을 이해하였다. 그는 가비Gabii의 주요 인사들을 유배를 보내거나 사형을 내리면서 제거해버렸다."[324] 이 사례는 메시지의 형식적 구성이 때로는 메시지의 의미를 전달할 수 있다는 것을 보여준다.

§ 115 잠언aphorisme, "시적으로 정의하는 이 형태"[325]는 그 구조에 의해서 반추와 천천히 읽기, 기호 저 너머에 있는 것에 주의를 기울이게 만드는 두 번째 단계의 읽기를 권장한다.[326] 잠언은 저자가 자기 영혼에 대하여, 그리고 타인의 영혼에 대해 자신이 이해한 것으로부터, 혹은 자기가 살고 있는 시대에 대한 비평적 느낌에서—이 모든 것을 그는 명료하고, 대개의 경우 생생한 형식으로 추출해낸다—만들어진다. 여기에서 문체는 의미가 된다. 따라서 초현실주의자들이 이런 문학형식을 선호한 것이 놀랍지 않다. 그들은 어휘의 의미를 궁극에까지 밀고나가기 위한 모든 노력을 경주하였다.[327] 수수께끼나 신탁에 가까운 잠언

---

324 [원주] 발레리우스 막시무스, 《기억할 만한 일들과 말들Faits et dits mémorables》, VIII, 4, 2.

325 [원주] 밀란 쿤데라, 《소설의 기술》, Paris, Gallimard, 1986, p. 150(《소설의 기술》, 권오룡 옮김, 민음사, 2013, 153쪽).

326 [원주] "능수능란하게 주조되어 녹여낸 잠언은 읽는 순간에 그 의미가 **해독**되지 않는다. 반대로 단지 그 순간에 그것에 대한 **해석**이 시작될 수밖에 없다." 니체, 《도덕의 계보학Généalogie de la morale》, trad. par Eric Blondel, Ole Hansen-Love, & Théo Leydenbach, Paris, GF Flammarion, 1996, pp. 33-34(《도덕의 계보학》, 홍성광 옮김, 연암서가, 2011, 22쪽).

327 [원주] 벨기에 출신 초현실주의자 아실 샤베Achille Chavée는 "(…) 우리를 섬

은 많은 측면에서 아폴론의 권한 아래 놓여있다. 잠언의 형태적 속성은 마르셀 베나부Marcel Benabou[328]가 미리 정해진 통사구조들을 한데 모아 새롭고도 별난 다양한 잠언들을 낳게 될 목록을 만들 정도로 예측 가능한 것이다. 게다가 의미론적으로 말해 잠언의 또 다른 속성으로는 그것이 홀로 있기를 혐오한다는 것이다. 그것은 무언가와 함께 있는 것을 좋아한다. 잠언집은 모순되고 때로는 서로 배치되는 그리고 많은 경우 생략된 구절들을 한데 모아, 다양한 요소들이 다양하게 서로 대화하게 만들면서, **그 전체가 하나의 의미를 이루도록 만들어낸다**. 이런 점에서 잠언은 모음집에 특별한 암시적 의미를 부여한다고 말할 수 있다. 왜냐하면 각각의 잠언은 저자의 독특한 생각들을 되풀이해 말하면서 작품의 전체적인 의미를 구축하기 때문이다. 어원적으로 말한다면, 잠언집의 의미는 **객관적**이다. 각각의 생각은 전체로부터 그 의미를 가져오면서도 동시에 전체의 의미를 형성하는 데 기여한다. 그리하여 잠언은 수사성의 지배를 받는다. 이런 이유로 잠언의 번역가는 텍스트의 글자나 정신에 휘둘려서는 안 된다. 반대로 개별 잠언들이 **작품의 의미를 만드는 데** 기여하는 것과 마찬가지로, 모음집의 전체적인 구조가 개별 잠언들의 의미를 어떤 방식으로 밝혀주는지를 살펴야 한다.[329]

뜩하게 만드는 것은 낯선 것이 아니라 오히려 알려진 것이다", "만약 당신에게 티눈이 필요하다면, 추호도 꺼리지 말고 옆 사람 눈에서 그걸 뽑아 써라". 《탕약Décoctions》, La Louvière, Daily-Bul, 1964.

328 [옮긴이 주] 파리7대학 로마고대사 전공 교수. 1969년에 조르주 페렉과 함께 울리포OuLiPo에 가입. 문학작품의 생성과 자서전을 연구.

329 [원주] 리히텐베르크의 《영혼의 거울》(trad. Charles Le Blanc, Paris, José Corti,

§ 116 이런 모든 문제와 때로는 격렬한 이런 논쟁들은 번역행위와 번역이라는 때로는 불가능한 행위에 대한 성찰을 헤르메스와 아폴론이 벌이는 경쟁적인 대결 한복판에 위치시킬 수밖에 없다는 것을 잘 보여준다. 이제 우리는 길을 떠나야만 했던 헤르메스가 가졌던 것과 동일한 문제의식을 가지고 지금까지 우리가 걸어온 여정의 끝에 이르고 있다. 전령사로서의 역할을 수행하며, 헤르메스는 자신이 나르는 메시지의 의미가 어디에 있는지를 결정해야만 한다. 이런 의미는 대체 어떤 기준에 의지하는가? 그 기준이 정신인가 글자인가? 대체 무엇에 충실해야 한단 말인가? 헤르메스는 다시 걱정에 휩싸이고, 이론을 통한 고통스런 긴 우회는 자신을 제외한 모든 사람을 속일 수 있는 일련의 눈속임으로서만 비칠 뿐이다. 헤르메스는 이론의 구축이 자신의 사명을 정당화할 수 있을 것이며, 어떤 면에서는 그것이 메시지에 관한 책임으로부터 자기를 구할 수 있고, 그리하여 그것이 자신이 결코 가져보지도 못했고, 예술의 신에게 리라를 건네주며 아폴론에게 속임을 당한 자가 되면서 단념해야만 했던 올림포스 정상의 영광스런 한 자리를 자기에게 마련해 줄 것으로 생각했다. 자기가 불러일으킨 의미 없는 이론상의 소란스러움이 자신의 방황뿐만 아니라 자기 한계를 정당화하면서 자기를 언어의 감금으로부터 해방시킬 것이라고 여겼다. 그런데 어찌 되었던가? 그의 이론에 의한 연막작전은 성공을 거두었는가?

1997, pp. 93-94)에 관한 언급을 참조. 이 작품집은 잠언들의 수사적 구조를 중심으로 구성되어있다.

§ 117 하나의 이론은 사실들을 설명하는 데 쓰임이 있다. 이론에 도달하기 위해서는 가정들을 사용해야만 한다. 그러나 번역의 영역에서 그 결과물은 사실이 아니다. 완성된 번역은 언제나, 우리가 지금까지 본 것처럼, 하나의 **가정**일 뿐이다.[330] 번역은 그 의미를 끊임없이 해독해내는 과정 중에 놓인 가정만을 사용할 수 있을 뿐이다. 가정이 사실이 될 수는 없다. 이런 모순이 "번역학"의 근본적인 핵심을 형성하는 것처럼 보인다. 헤르메스 콤플렉스는 어떤 단단한 토대를 향한 공허한 탐구의 징후일 뿐이다. 이런 일련의 가정들의 늪에서 이론가는 빠져나오려 하지만, 그가 어떤 특별한 번역텍스트에 국한한다는 점에서 단 하나의 번역이론에 도달하는 것은 불가능하다. 따라서 그런 이론의 내용은 텍스트 자체가 아니라, 그리고 저곳이 아니라 이곳에서 이제 그만 멈추려 하는 이론가의 의지에 토대를 둔다. 달리 말해 하나의 본보기가 될 번역 **패러다임**이라고 그가 판단한 것 위에 그 토대를 마련하고 있을 뿐이다. 하나의 번역이론은 번역 자체에 대해서가 아니라 텍스트를 옮긴 번역가와 그런 텍스트에 국한하여 번역이론을 만든 자를 중심에 갖다 놓으며, 메시지를 전달하는 헤르메스만 예상하며 말을 늘어놓을 뿐이다. 모든 번역은 원전에 대한 추정일 뿐이고, 나아가 모든 번역이론은 사실에 의해서만 입증될 수 있을 것이기에, 그 어떤 번

---

330 [원주] § 42를 참조. 리히텐베르크에 대한 우리의 번역은 확정된 것이 아니다. 단지 독일 텍스트에 대한 번역가의 추정들만을 담고 있을 뿐이다. 번역텍스트는 원전의 의미를 포착하려는 번역가의 시도가 만든 결과일 뿐이다. 따라서 그것은 다른 번역가들의 다른 번역들에 의해, 그리고 더 중요한 것은, 텍스트의 의미를 "해독"해낼 독자 자신에 의해 완성되어져야만 하는, 텍스트의 의미에 대한 독서의 한 방식일 뿐이다. 번역과 독서는 뗄 수 없을 정도로 서로 엮여있다.

역이론도 특정한 텍스트에 대한 체계화된 가정일 뿐이거나(그런 이유로 그것은 과학적이고 보편적이라고 주장할 수 없다[331]), 혹은 단지 가정에 기초해서만 만들어져서 실증적으로 입증될 수 없기 때문에 본질적으로 그 토대는 합리성이 결여되어있다는 결론을 낳고 만다. 논리적이어야 한다는 것에 단단히 갇혀버린 거짓말쟁이들의 신, 헤르메스는 견디기 힘든 버거운 짐을 혼자 지고 있을 뿐이다.

§ 118 일반적으로 이론 덕분에 우리는 현상을 이해하고 그것을 다시 만들어낼 수 있다. 그런데 번역이론은 이런 일반적인 기준들을 충족시키지 못한다. 예를 들어보자. 나는 중국어를 모른다. 따라서 그 어떤 번역이론도 내가 중국어를 번역하도록 이끌지는 못할 것이다. 바로 여기에서 번역이론은 제한적이라는 생각을 할 수 있다. 아니면 서로 다른 중국어 번역본들을 비교하게 만들 수도 없다. 비교 그 자체가 이미 과학적인 가치를 지니지 못하기 때문이다.[332] 혹은 하나의 언어를 다른 언어로 옮기는 행위와 그 문제점들에 대한 성찰을 이끌지도 못한다. 그것은 방법론의 사안이기 때문이다. 결국 하나의 번역을 이해하게 만들어주는 것은 번역텍스트나 번역의 기술이 아니라 번역텍스트의 **독서**lecture이다. 번역이론은 독서론과 불가분의 관계를 이룬다.

---

331 [원주] 하나의 번역이론은 하나의 특정한 텍스트에 유효해야 한다. 그러나 이것이 다른 텍스트에 적용될 때에도 유효할 수 있다는 것을 의미하지는 않는다.

332 [원주] "Omnis compratio claudicat."

§ 119 문학과 번역은 어깨를 나란히 한다. 그림과 음악 그리고 조각품은 어떤 매개체가 없어도 보편적으로 감상될 수 있다. 그러나 문학은 그런 보편성에 도달하기 위해 중간매체를 필요로 한다. 저자와 독자의 사이에는 대개 제3의 존재가 미끄러져 들어오는데, 그는 원전의 **독자**이면서 동시에 번역텍스트의 **저자**이기도 한 번역가이다. 모든 번역이 우리 앞에 내놓는 것은, 그것이 아무리 뛰어난 번역이라고 할지라도, **단지 번역가의 원전에 대한 독서**일 뿐이다. 이런 지적이 하찮은 것일 수는 없다. 왜냐하면 원전과 그의 번역은 질적인 측면에서 다르기 때문이다. 원전은 **글쓰기**라는 행위에서—글쓰기 문화가 내면에 지닌 자유를 누리며—태어나지만, 번역은 **독서**에서—읽는다는 행위가 지닐 수밖에 없는 교양, 감정상태, 기억 그리고 상대성과 함께—나온다. 조지 스타이너가 지적하고 있다시피, 잘 읽는다는 것은 "텍스트에 답하는 것이며, 텍스트에 답해질 수 있어야 하는 것이며, 이런 **답변할 수 있음**은 답변réponse과 책임responsabilité이라는 중요한 요소들을 내포한다.[333] 잘 읽는다는 것은 읽고 있는 책과 서로 답을 나누는 것이다. 그것은 총체적인 교류에 올라타는 것이다".[334] 번역가는 원전에 대한 독자이며, 앞에 놓인 텍스트와의 이런 상호성에 뛰어든 자이다. 그의 번역은 의미의 복원일 뿐만 아니라, 그런 의미에 자기를 개입시키는 것이기도 하다. 따라서 저자가 글쓰기에서 나오는 성찰과 창조적

333 [옮긴이 주] 프랑스어의 "réponse"와 "responsabilité"는 라틴어 "respondere"에 어원을 둔다.

334 [원주] 조지 스타이너, 《처벌받지 않은 열정들Passions impunies》, trad. par P.-E. Dauzat et L. Evrard, Paris, Gallimard, 1997, p. 18.

인 충동의 총체라고 할 수 있는 독백을 만들어낸다면, 번역가의 **작품**oeuvre은 저자와 번역가 사이에 나누는 대화의 결과, 독서의 아들인 셈이다. **번역이 글쓰기에서 독서로, 독백에서 대화로 건너가며 질적인 변화를 겪을 수밖에 없다는 것을 고려한다면**, 번역이 요구할 수 있는 **권위**는 단지 사기일 뿐이다. 번역텍스트의 독자가 손에 쥔 것은 결코 원전이 아니며, 심지어는 원전의 아바타도 아니다. 그가 보고 있는 것은 역량이 있는 열정적인 독자가 저자가 쓴 페이지 여백에 남겨놓은 **마르지날리아**marginalia일 뿐이다. 그것은 **작품의 독서**이지 작품은 아니다. 그것은 마치 구세주로서 횔덜린을 바라보는 하이데거의 관점이 실은 이 튀빙겐의 미친 시인과는 별 관계가 없는 것과 같다. 따라서 번역에서 읽기의 역할은 결정적이다. 번역사는 이런 읽기의 중요성을 투명하게 드러내야만 할 것이다.

§ 120 성 히에로니무스의 《좋은 번역에 관한 서Liber de optimo genere interpretandi》에서 시작하여 레오나르도 브루니의 《완벽한 번역에 관하여De interpretatione recta》에 이르는 천 년 이상의 기간 동안에 번역이 이론화되지 않았음을 지적하는 것은 매우 흥미롭다. 이런 긴 침묵은 독서를 바라보는 방식이 중세세계와 고대세계 사이에 차이가 있다는 사실에 기인한다. 고대의 독서에 대한 관점으로 회귀한 르네상스에 와서야 번역은 이론화 작업을 하기 시작한다.

§ 121 중세라는 이 긴 기간은 무엇보다도 로마제국의 언어의 통일성

파괴와 함께, 라틴어 사용이 눈에 띌 정도로 감소하여 종교의식과 신학교육, 외교, 공공행정, 그리고 상거래에 국한된 언어가 되는 현상을 목격하였다. 이런 언어통일성의 상실은 번역에 영향을 끼쳤다. 유럽 각국은 자기네의 정신적이고 문화적인 통일성을 종교적 성격을 지닌 조형예술에서 발견하였으며, 이 조형예술이 문자텍스트를 대체하였고, 나름대로 일종의 통일된 언어의 역할을 수행하였다. 모자이크, 프레스코, 스테인드글라스, 종교건축물의 인상적인 양식들 자체는 기독교의 메시지를 확산하고 기독교의 역사와 가치를 전달하는 언어요소가 되었다. 다수의 사람들에게 즉각적으로 접근할 수 있는 기회를 제공하는 이미지는 텍스트와 외롭고도 고된 독서에 비해 우위를 획득하였다. 이미지의 힘은 너무도 강력하여 수많은 공간을 차지하였지만, 중세의 주요 학문이었던 번역은 일종의 **단어 대 단어**의 옮겨 적기calque가 되어버렸다. 여기에서 번역을 이론화할 까닭은 매우 빈약하였다.

§ 122 이 점에서 번역에 대한 새로운 관심이 독서에 대한 새로운 관점과 함께 시작되었으리라는 것은 쉽게 이해될 수 있다. 게다가 이런 새로운 관심은 르네상스라고 불리는 시기를 특징짓는 중요한 양상의 하나를 형성한다. 르네상스라는 말이 성 바울의 편지들과 성 요한의 복음서에 종교적 어원을 둔다는 것이 오늘날 공히 인정받고 있을지라도,[335] 르네상스가 목격한 것은 무엇보다도 인간, 특히 **독서에 의해 형성된 정신** 덕분에 새롭게 다

335 [원주] 《성 요한 사도복음》, 3, 3-8.

시 태어난 인간이었다. 고대작가들로의 회귀—중세시기에도 고대작가들에 대한 독서는 여전히 지속되었다—는 이런 작가들의 재발견이라기보다는 **그들을 읽어내는 새로운 방식**을 보여주었다. 이때의 독서는 고대를 살았던 있는 그대로의 그들에 대한 읽기였다. 인문주의자들의 고대연구와 중세의 고대연구 사이의 차이가 여기에 있다. 인문주의자들은 종교적 해석의 도움을 받지 않고, 그리고 개입을 금지하는 교리에 방해받지 않고 고대인들을 그네들의 역사적 문맥 안에서 있는 그대로 이해하려고 했다.[336]

§ 123 **원전의 원칙** 그리고 **인간** 기원으로의 **회귀**, 나아가 신플라톤주의에 힘입은 이런 엄청난 회귀는 독서 방식의 혜택을 입었으며, 독서를 통해 (기독교) 이데올로기가 전파한 과거에 대한 어떤 **교리적** 편견이나 관점이 지식의 **기술적** 형태(라틴어와 그리스어에 대한 이해, 고대문화와 고대문학에 상세한 지식)로 대체되었다. 인문주의자들은 역사적 진실에 주의를 기울였다. 그들은 이것이 고대에 가장 완벽하고도 조화로웠던 영원한 진리를 드러내준다고 생각했다. 고대텍스트에 대한 학문적 접근방식인 문헌학은 역사적 진실의 객관적 기준을 제공하는 구체적 방법으로서의 가치를 지니게 되었다. 그리하여 문학과 밀접한 관련을 맺고 있었으며, 문화의 전달에 결정적이었던 문자유산의 형

---

336 [원주] 아리스토텔레스 철학의 진정한 속성에 관한 논쟁에 참가하였던 인문주의자 로렌초 발라의 경우에서 우리는 이런 역사적 진실에 대한 탐구와 이런 탐구의 **객관적** 토대를 제공하는 부수학문(문헌학과 번역)의 발전 사이에 상호 직접적인 관계가 있었음을 이해해야만 한다.

성에 근본적인 역할을 한 번역은 15세기 초부터 엄청난 중요성을 띠게 되었다. 문헌학과 더불어 번역은 인문주의자들이 구축하려 했던 고대세계의 역사적 진리에 대한 탐색에 참여하게 된다. 인문주의 철학의 초기 구축 시대에는, 레오나르도 브루니가 그랬던 것처럼, 고대 텍스트를 정확하게 옮기는 번역기술에 경도된 것이 당연한 것이었다. 텍스트에 대한 박식한 독서기술과 맺어진 번역은 중세의 **단어 대 단어** 번역에서 벗어나, 원전의 진실이 도착어에서 빛을 발하게 해줄 수 있는 방법론적인 원칙들을 수립해야만 했다.

§ 124 모든 번역이 원전에 대한 독서의 결과이고, 번역이 원전이 아니라 원전에 대한 주관적일 수밖에 없는 독서를 우리에게 보여준다는 점에서 번역가에게 요구되는 자질, 그가 피해야 할 결함들, 원전의 의미에 대한 개입—언어의 전이에서는 불가피한—으로 인해 원전이 손실을 입지 않게 만들기 위해서 그가 지녀야 할 지적 배경에 관해 진지하게 생각해보아야만 한다. 르네상스와 더불어 전달할 메시지가 정치적이거나 종교적인 의도에서가 아니라, 자유로운 연구, 문헌학적 엄정성 그리고 원전의 검증성에 기반을 둔 "학문적"인 방식들에서 만들어지는 한 시대가 등장하게 되었다. 텍스트와 독서 그리고 번역은 이런 운동의 한복판에 놓여있었다.

§ 125 그런데 "있는" 그대로의 원전을 재발견하려는 욕망은 문헌학과 번역을 동반하지 않을 수 없으며, 그것을 위해 반드시 요구

되는 방법론의 발전을 매우 중요한 것으로 만들었다. "〔…〕 훌륭한 번역가는 원전의 구조와 입장, 내적 운동성, 색감 그리고 모든 특성들을 표현하기 위해 자신의 생각, 자신의 영혼 전체, 자신의 모든 의지를 원전에 쏟아부음으로써 소위 원전 그 자체로 변화한다"[337]라고 말할 때의 레오나르도 브루니에게서 우리는 원전을 완전하게 복원하는 번역에 대한 명백한 주장을 발견할 수 있다. 원전에 대한 번역가의 개입은 오류일 수밖에 없다. 자신을 보이지 않게 만들 수 있는 방식의 기준들을 위반하기 때문이다. 번역을 거치면서 옮겨져야 하는 것은 의미 그 이상이어야 한다. 번역이 옮겨놓아야 하는 것은 무엇보다도 존재방식manière d'être, 말하고 생각하는 양상이어야 하며, 그것들은 고대작가들의 것이어야 하지만, 대개는 번역가의 방식과 양상이 된다. 독서에 기반을 둔 번역은 이런 현상들에 초점을 맞추고 있다.

§ 126 번역에 대한 이 탐색의 끝에서 우리는 제2의 원전이라는 신화—르네상스의 정신에 의해 고무된 번역의 근본을 이루는 신화—와 만나게 된다. 올림포스 정상의 **충실함으로 무장한** 전령사로서의 헤르메스는 제2의 원전이라는 신화의 특징을 구현한다.[338] 이 신화는 번역을 단순히 원전의 대체물로 간주하고,

---

337 [원주] 레오나르도 브루니, 《번역에 관하여》, trad. Charles Le Blanc, Ottawa, Presses de l'Université d'Ottawa, 2008, § 13, p. 47.

338 [원주] 어휘상의 원전이든 정신적 측면의 원전이든, 여기서는 별로 중요하지 않다.

번역가가 자기 생각을 표현하거나 자신으로 남을 수 없게 만들며, 대개는 보이지 않는 존재가 되도록 만들 수도 있었다. 이런 관점에 대항하여 트집을 잡기 좋아하는 이론가들이 긴 논쟁에서 무르익은 결실을 들고 등장한다. 그들은 언어학의 정리定理와 터무니없는 철학적 경향들과 의사소통이론으로부터 번역가를 구해내려고 시도한다.[339] 번역이 독서의 결과물이라면, 그것은 저자와 그의 번역가 사이에 이루어진 대화의 산물이다. 그 어떤 대화라도 저자와 번역가의 일부분이 개입되기 마련이며, **이것이 담화의 본질이다.** 그리하여 번역가를 제한하기 위한 어떤 조치들이 취해진다 할지라도, 저자의 작품에 번역가가 개입하는 것은 불가피하다. 헤르메스가 승리를 거둔다. 그러

339 [옮긴이 주] 이 문맥에서 저자인 샤를 르 블랑의 관점은 매우 모호하다. 그에 따르면 마치 르네상스시기에 제2의 원전으로서의 번역에 대하여 서로 대립하는 뚜렷한 두 입장, 즉 원전에 충실하여 보이지 않는 번역가로 남아야 한다는 주장과 번역가를 원전으로부터 구해내려는 상이한 주장들이 있었던 것 같다. 그러나 당시에 상이한 관점 이외에 제3의 입장이 있었음을 지적할 필요가 있다. 뒤 벨레Du Bellay의 경우가 그러하다. 뒤 벨레가 《프랑스어의 옹호와 현양》 1권 6장에서 "착상의 신성함, 문체의 위대함, 어휘의 웅장함, 의미의 진지함, 문채의 담대함과 다양함, 그리고 시를 빛내는 수많은 광채들", 즉 원전에 담긴 "에네르게이아Energie, 그리고 로마인들이 탁월함Genius이라고 부는 알 수 없는 어떤 정신Esprit"을 옮기는 것을 충실한 번역가의 과제로 지적할 때, 그는 분명 어휘로부터의 충실함에서 벗어날 것을 주장한 것이지만, 그렇다고 해서 어휘가 가진 힘을 소홀히 할 수 있다고 말한 것도 아니기 때문이다. 원전의 존재방식과 말하는 방식을 번역해야 할 핵심 대상으로 삼는 관점이 원전의 표현에 대한 소홀함을 허용한 것은 아니며, 원전의 어휘와 문장에 대한 관심이 저자의 사고와 의도 그리고 방식에 대한 소홀을 부추긴 것도 아니다. 제2의 원전으로서의 번역 관점에는 원전에 대등한 번역은 원전에 대한 충실한 번역가, 즉 원전의 힘을 꿰뚫어 보고 그것을 자기 언어의 역량으로 표현해내는 번역가에 대한 기대도 내포되어있다. 따라서 르네상스시기에 번역가의 충실함과 자유로움에 대한 정의는 다의적이고 중의적일 수밖에 없었다. 충실함과 자유로움, 얽매임과 해방이라는 관점은 서로 겹쳐있었다.

나 금지적 성격을 지닌 번역에 대한 규범들은 번역으로 원전을 대체하고, 번역가가 제자리를 벗어나지 못하도록 강요하여, **저자로부터 번역가를, 창조로부터 의사전달을 격리**하고, 아폴론으로부터 헤르메스를 떨어지게 만들어버린다. 자기 모습이 보이지 않도록, 달리 말해 소통의 주인인 번역가에게 침묵을 강요하는 이런 이론의 등장은 번역가를 저자와 원전 모두에게 굴복시키는 상황, 즉 헤르메스 콤플렉스의 뿌리에 박혀있는 그런 소외를 만들어낸다. 헤르메스가 패배한다. 그러나 만약 번역이 저자와 번역가, 그리고 작가와 주의 깊은 독자가 서로 나누는 대화의 결과로 이해된다면, 그것은 창조를 하는 아폴론과 창조의 결과물을 전달하는 헤르메스에게 그들의 일이 서로를 필요로 한다고 말하면서 이 두 신을 한순간만이라도 서로 화해할 수 있게 만들지 않겠는가? 번역 작품을 연구한다는 것은 번역에 의해 복원된 의미 **안에서** 그리고 그 의미를 **통해서** 작품의 의미를 연구하는 것을 말한다. 번역의 의미는 원전의 의미에 일조한다. 헤르메스와 그의 성격, 그의 열정, 그의 영혼(신에게 영혼이 있다면)은 반드시 그가 나르는 메시지를 통해 드러나기 마련이다. 자신의 과도한 오만함 때문에 치러야 할 그의 대가가 언제나 용서를 받지 못하는 것은 아니다. 그 역시 빛을 만날 수 있다.

혀를 놀리지 말라!Favete linguis!

밀레투스의 국왕이 전쟁무기를 발명한 철학자 탈레스를 치하하기 위해 그에게 발명의 대가로 무엇을 받고 싶은지 물었던 일화는 잘 알려져있다. 아마도 헤르메스의 설득술πείθω에서 영감을 받았는지 어쨌는지, 이 철학자는 국왕에게 체스의 첫 번째 칸에 밀알 하나, 두 번째 칸에 두 개를, 세 번째 칸에 네 개를, 네 번째 칸에 열여섯 개 등 그런 식으로 놓아달라고 요청했다. 국왕이 보기에 부탁이 합당해 보여서 그러겠노라고 했다. 그러나 나중에 밝혀진 것처럼, 이런 지수 알고리즘을 사용하여 체스판의 64칸 모두를 채웠다면 이오니아 전체, 아마도 그리스 모든 도시국가의 곡식창고를 텅텅 비게 만들었을 것이다.

마찬가지로 한참 뒤 1742년, 독일 쾨니히스베르크 출신 수학자 골드바흐Goldbach는 2보다 큰 모든 짝수는 두 개의 소수의 합으로 표시할 수 있다고 가정하였다. 그런데 수의 숫자는 무한하기에 이 가정이 참인지 거짓인지, 혹은 그 진위를 결정할 수는 있는 것인지 증명할 수 없었다. 수학과 같이 정확성을 위한 학문에 이런 가정은 참으로 난처한 것이었다.

더 나아가 보르헤스가 기막히게 만들어낸 난제도 있다. 천하룻밤 동안에 세헤라자드는 필경사의 마법과도 같은 실수 덕분에[340] 술탄에게 천일야화를 단어 하나하나 있는 그대로 읽어

---

340 [옮긴이 주] 이 책의 원제는 '천일 밤'이었다. 천이라는 숫자에 대한 미신 때문에 필경사들은 하룻밤을 덧붙이게 되었다.

주었고, 밤이 되면 다시 그 이야기를 또 있는 그대로 읽어주었다. 그렇게 밤마다 무한히 계속되었다. 세헤라자드의 입에서 흘러나오는 자기 이야기를 들으면서 듣고 있는 이야기 안에 자신이 기이하게도 갇혀버리고 말았음을 알게 된 이 술탄의 공포를 상상해볼 수 있다.

콩트에서 배워야 한다. 위 세 편의 에피소드는 **참인 모든 문장 전체를 자명한 것으로 여길 수 없다**는 동일한 진리를 다루고 있다. 번역이론이라는 것도 이런 전체가 아니라면 그 무엇이겠는가? 제임스 조이스의 《율리시스》가 말하고 있는 것처럼, 하나의 텍스트를 번역하는 데에는 실제로 무한한 가정이 있을 수밖에 없기에, 그 가정들은 단 하나의 확실한 해석 체계 안에 놓여있을 수 없다. 그 어떤 번역이론도 어떤 걸작을 읽으면서 갖게 되는 온갖 가정들을 아우를 수 없으며, 기껏해야 그것이 기대할 수 있는 것이라곤 이러저러한 텍스트 혹은 이러저러한 번역에서 언어가 사용되는 방식에 대한 나름대로 질서 잡힌—그런데 그것도 우연에 의지할 수밖에 없는—묘사일 뿐이다. 이 점이 번역이 제기하는 제반 문제의 한복판에 시학을 위치시킨다. 번역가는 헤르메스가 아니라 아폴론의 안내를 받아야만 하는 것이다.

헤르메스의 보호 아래 놓이게 되면 번역에 대한 성찰은 수많은 샛길들이 나있는 미로가 된다. 여행자들을 종종 헤매게 만드는 이 신에게는 엄청 기쁜 일이 될 것이다. 게다가 헤르메스는 이 방황하는 여행자들의 배낭에, 하나의 범주에서 또 다른 범주로 넘나드는 의미를 지닌 용어들, 즉 **충실성**, **직관**, **이타성** 등과 같이 이론적 고찰에 따라서 때로는 이런 내용을, 때로는 다른 내용을 의미하는 용어들로 가득 채워 넣는다. 변장을 좋아하고 여러 개의 가명을 지니고 여행하는 것을 좋아하는 헤르메스에게 그들은 떠밀린 셈이다.

헤르메스를 숭배하는 것, 그것은 영혼을 하데스에게로 끌고 가는 것을 가장 은밀한 사명으로 여기는 그런 자에게 자신을 갖다 바치는 것이며, 빛 보다는 어둠을 선택하는 것이다. 그것은 말하자면 그 자체가 말라버린 샘에서 목을 축이려고 하는 것이다.

전령사이자 신인 헤르메스가 이제 자신의 비상飛上을 그만두도록 만들자! 우리가 지금까지 보아왔던 저 걱정에 사로잡히고, 우울한, 올림포스 정상을 열망하고, 아폴론의 자유를 시기하는 그가 예전의 자리였던 저 그늘진 샘가로 돌아가게 만들자. 그가 얼마나 충실성의 고통에 불안해하는지, 자기에게 주어진 메시지를 전하기 위해 끝없는 여행에 얼마나 지쳐버렸는지, 다른 이의 말들—스스로에 대해 자신 역시 생경하게 만드는 말들—을 되풀이하면서 그의 정신이 얼마나 녹초가 돼버렸는지를 이제 바라보도록 하자. 그는 오직 다른 이를 통해서만 존재할 뿐이다. 화가 난 그의 시선은 저 샘의 푸르른 수면 위에서 찰랑거린다. 그는 자신이 그 누구도 알아들을 수 없을 정도로, 때로는 자기 목소리를 떨리게 만드는 저 번민과 불확실성을 추호도 벗어버릴 수 없다는 것을 알고 있다. 그는 자기 메시지에 포위되고 짓눌려서 억압당하고 있다고 느낀다. 샘은 그가 목을 축이고, 그늘을 음미하고, 침묵—"**혀를 놀리지 말라!**"—으로 갈증을 해소할 수 있는 유일한 은신처일 뿐이다.

여전히, 그는 자기 생각pensée만큼이나 그렇게 빠르게 여행할 수 있다. 벌써, 이미, 그는 멀리, 저 멀리 가버렸다.

옮긴이 후기

1. 2009년 오타와대학출판부에서 간행된 샤를 르 블랑의 《헤르메스 콤플렉스》는 기존의 번역이론을 정리하거나 새로운 이론의 전망을 제시하는 책이 아니다. 오히려 이 안에서는 번역 그리고 번역이론이란 무엇이고 무엇이어야 하는가라는 근본적인 질문에 대한 답을 찾으려는 시도가 철학적 어조에 실려 이루어진다. 질문이 근본적이기에 현존하는 번역이론이 비판의 장으로 소환되는 경우가 빈번하다. 많은 번역이론 연구자들이 스스럼없이 언급하는 베르만, 벤야민, 데리다 등의 낯섦과 타자의 이론이 독서로서의 번역, 문체의 중요성, 낯섦이 아닌 동일성이라는 번역의 원칙, 그리고 창조적 결과물로서의 번역에 대한 주장과 부딪히면서 저자의 비판적 목소리의 희생물이 되기도 한다. 따라서 번역과 번역이론에 관한 논리들이 철학적 성찰이라는 망 안에서 좀더 단단한 체계를 지니고 제시될 것을 기대했던 독자는 이 책의 독서에서 당황하지 않을 수 없다. 《헤르메스 콤플렉스》가 수많은 반박과 논란을 불러일으킬 만한 무모하고도 위험하며, 도발적인 책의 부류에 속한다고 생각할 수도 있을 것이다.

게다가 아폴론의 영광을 질투하는 호메로스의 《헤르메스 찬가》에 영감을 얻어 번역에 대한 성찰을 전개하는 이 책은 매우 복잡한 철학적 관점들을 때로는 간단하게 소개한다는 장점을 지니지만, 많은 경우 그 소개는 추상적이라고 평가할 수 있는 저자의 관점에 실려 전달된다. 심지어 이 책에 대한 기존 서평들이 지적하고 있듯이 그것은 여러 곳에서 반복적으로 이루어지기도 한다. 저자의 논지가 일관성을 상실했다고 충분히 볼 수 있는 것이다. 그런데 이에 대한 저자의 변명이 없는 것은 아니다. 그는 이 책이 2009년 캐다나 주지사 문학상 최종후보에 선정되었으며, 이듬해 퀘벡 문예 아카데미로부터 "에세이" 부문 빅토르-바르보Victor-Barbeau 상을 수상한 것을 역자에게 상기시킨 바 있다. 《헤르메스 콤플렉스》는 번역에 대한 철학적 성찰을 이루었다는 연구의 측면뿐만 아니라 문학의 측면에서도 성과를 인정받았다는 것이다. 역자가 보기에 책의 독특한 이런 성격은 저자의 활동과도 관련이 있다.

캐나다 퀘벡 주 종키에르Jonquière에서 1965년에 출생한 샤를르 블랑은 현재 오타와대학 통번역학과에서 번역사와 번역철학을 가르치고 있다. 그렇지만 그는 키르케고르와 리히텐베르크 철학의 전공자이기도 하다. 프랑스와 독일 그리고 이탈리아에서 수학한 그는 1995년 라발대학에서 프리드리히 슐레겔을 주제로 삼은 독일낭만주의철학 연구로 박사학위를 받았다. 《헤르메스 콤플렉스》의 후반부가 이 철학적 경향을 참조하는 것은 이 때문이다. 르 블랑의 관심은 단지 연구에 머물지만은 않았다. 리히텐베르크와 키르케고르, 슐레겔뿐만 아니라 영국작가 조너선 스위프트와 크리스토퍼 말로를 번역하여 그는 세상에 내놓았으며, 르네상스 철학자인 레오나르도 브루니를 프랑스어로 옮기기도 했다. 철학연구자와 번역자로서의 이런 경험은 번역과 철학의 밀접한 상관성에 대한 저자의 관심을 배양하는 역할을 했다고 볼 수 있을 것이며, 최근에 그는 주편집자로서

《글쓰기의 가면—르네상스에서 계몽주의까지의 철학과 번역Le masque de l'écriture : Philosophie et traduction de la Renaissance aux Lumières》(Genève, Droz, 2015)을 출간하기도 했다. 여기에 작가로서의 명함을 덧붙일 필요도 있다. 《헤르메스 콤플렉스》 안에 콩트에 대한 언급이 있듯이, 그는 퀘벡과 바이킹의 콩트와 전설을 다룬 아동문학작품을 저술한 아동문학작가이다. 그의 기발한 착상과 독특한 문체는 문단의 인정을 받고 있다. 저자의 이와 같은 다양한 관심사를 고려한다면, 《헤르메스 콤플렉스》가 철학적 성찰이라는 부제를 지니고 있음에도 불구하고 번역에 대한 관점을 자유롭게 피력한 문학작품으로서의 색채를 띠게 된 이유가 설명될 수 있을 것이다.

《헤르메스 콤플렉스》는 현재 영어, 이탈리아어, 아랍어, 스페인어, 포르투칼어로 번역되었지만, 여전히 번역연구에서 이 책에 대한 깊이 있는 학술 차원의 분석을 발견하기는 매우 힘들다. 문학연구자들은 저자가 철학전공자이기 때문에, 그리고 철학자들은 이 책이 문학상을 받은 까닭에 언급하기를 기피하는 경향이 있다고 저자는 역자에게 밝히기도 했다. 그러나 번역학과 번역이론에 관한 저자의 관점이 여러 논쟁적 비판을 불러올 충분한 소지를 갖고 있다는 다른 이유를 들 수도 있다.

2. 현재의 번역학 연구에 대한 비판의 목소리를 《헤르메스 콤플렉스》의 전반부에서 발견하게 되는 것은 무엇보다도 소통에 관한 저자의 입장에 기인한다. 그가 보기에 소통에 관한 인간의 노력은 유토피아적이다. 자기 생각을 인간은 완벽하게 언어로 표현할 수 없다. 그런데 이런 언어의 무능력을 핑계 삼아 번역이

론은 모호하고도 비의에 가득 찬 이론적 개념들, 그리고 이 개념들을 제시하는 용어들을 남용하며 번역에 대한 진지한 성찰을 가로막는다. 번역이론가들은 번역을 "주제화"하면서 번역을 "성찰"했다고 착각한 것이다. 이런 저자의 입장이 번역학의 중요성을 부인하는 것이라고 말할 수는 없을 것이다. 저자가 보기에 가시적 원칙이 부재한 기존의 번역학은 텍스트에 대해 말하기보다는 이론을 마치 정론으로 여기면서 번역을 실천학문이 아니라 이론의 학문으로 간주하게 만들고야 말았다. 이론에 국한된 번역학이 번역을 정의하려는 시도를 어렵게 만든다는 것이다.

저자에 따르면 번역학에서 다루어지는 수많은 이론들은 '헤르메스 콤플렉스'의 징후이다. 자유를 상실하였지만 리라를 아폴론에게 건네준 자로서의 헤르메스에게 예술성과 창의성을 누리며 신의 반열 맨 앞자리에 자리를 마련하려는 욕망이 초래한 콤플렉스가 낳은 현상들이다. 언어의 자유를 누리는 아폴론의 자리를 전령사임에도 불구하고 언제나 겨냥하는 헤르메스를 짓누르는 징후들, 언어 안에 갇혀버린 헤르메스가 신으로서의 인정을 받으려는 탐색이 그에게 가한 고통의 흔적들, 그것들을 정신과 글자의 이분법에 갇혀버린, 언어학에 국한된, 그리고 추상적인 이론들만을 제시하는 번역학 역시 비껴가지 못하였다. 이런 이유로 저자는 번역학을 뜻하는 'traductologie'라는 프랑스어보다는 'translation'이란 표현을 선호한다. 프랑스어로 《헤르메스 콤플렉스》를 저술했기에 프랑스 용어를 사용하지 않을 수 없었지만, 프랑스어에는 학문의 로고스적 성격이 지나치게 내포되어있다고 그는 본 것이다. 실천학문인 번역에 로고스의 개념을 개입시키면, 언어전이의 활동에 대한 이론적으로 정의된 조건들이 명확히 존재해야 하는데, 마치 우리의 언어 사용이 개연성에 의지하고 있는 것과 마찬가지로, 그것들이 존재한다고 볼 수 없다는 것이다.

이런 진단은 저자가 전령사로서의 헤르메스가 지녀야만 했던 충실성을 정의할 수 있는지에 대해 물음을 던지는 배경이 된다. 헤르메스에게 가해진 유일하고도 무거운 사명은 '충실성'이었다. 그런데 번역학에서 '충실하라'는 말의 대상은 무엇인가? '정신'인가 아니면 '글자'인가? 번역해야 할 텍스트는 닫혀있지 않고 열려있으며, 텍스트의 의미를 구성하는 것이 언어가 아니라 미학이고, 따라서 이론의 협소함을 번역에 대한 성찰은 벗어날 필요가 있을 터인데, 번역이론은 오히려 추상성 안에 머물고 있다. 이 한복판에 저자는 "번역윤리"라는 이름으로 타자에 대한 관점을 중시한 베르만을 불러들인다. 베르만에게 충실한 번역가는 자신이 포착한 낯섦을 독자에게 전달하여 독자가 그 낯섦을 경험하도록 만드는 자였다. 이 번역가 덕분에 독자는 자신의 익숙함에서 벗어나게 되고, 낯선 저자를 낯선 것이 되어버린 자기 존재 안에서 포착하게 된다. 이것이 번역가의 윤리를 형성한다.

그런데 저자는 번역해야 할 텍스트는 베르만의 이타성이 아니라 '동일성'의 관점에서 고려되어야 한다고 주장한다. 번역은 동일성을 다른 것에 열어 보이는 행위이기 때문이다. 낯선 것은 텍스트가 아니라 오히려 번역가라는 것이다. 만약 타자를 내가 아닌 다른 자로 규정하고, 나와 타자를 구분해버리면, 번역은 영원히 낯선 것으로 남게 된다. 낯섦을 근거로 삼을 때 번역 자체는 불가능하고 불필요한 행위가 되어버린다. 따라서 번역해야 할 텍스트는 베르만이 참조한 레비나스의 '타자'가 될 수 없다고 저자가 말하지 않을 수 없는 것은 번역이 텍스트의 '비자기의미화' 특성에서 나오는 것으로 그가 보고 있기 때문이다. 베르만이 제시한 타자의 윤리학이 번역에 적용될 수 없는 것은 객관적 타자란 존재하지 않고, 나아가 번역은 언어와 언어 앞에 존재하는 의미들의 망을 필요로 하기에 그러하다. 따라서《헤르메스 콤플렉스》의 저자에게 타자는 번역가이다. 이 번역가는 자기 모국어의 모든 재능을 탐색하면서 자기를 원전에 낯선 것이 되지 않도록 만들어야 하는 자이다.

여기에서 르 블랑이 지적하는 베르만의 오류는 같음/다름, 동질성/낯섦 등의 대립항을 발전시키면서 번역을 비평의 차원이 아니라 윤리의 차원으로 국한시키고 말았다는 데 있다. 이와 달리 번역가가 발견해야 하는 것이 동질성이라면, 그에게는 공유된 것을 냉정한 시선으로 찾는 작업이 요구된다. 번역에서 타자는 번역가 자신의 보완이다. 원전은 번역자의 손을 거쳐 변형됨으로써 완벽한 자기로 완성되는 것이기에, 같음/다름의 대립항으로 번역행위를 요약할 수는 없다. 이것을 르 블랑은 유전자의 속성에 비유한다. 번역은 원전을 다른 문화 안에서 말하게 만드는 언어와 원전 사이의 혼종교배이기 때문이다. 따라서 대립항에 근거한 번역방식은 번역이론을 통일하려는 의도에서 나오지만, 그것이 그의 입장에서는 수용될 수 없는 것은 당연하다. "번역의 유전학"을 강조하는 그에게서, 언제나 무언가를 대상으로 하는 번역은 실천을 고려한 성찰을 요구한다. 이 점에서 본다면 독자는 이 책의 저자가 번역가 그리고 도착어에 무게 중심을 두고 있다고, 번역을 옹호하고 번역가를 옹호하는 것을 기반으로 그의 생각이 형성되었다고 말할 수도 있을 것이다.

또한 베르만의 번역관점을 이해한 독자라면 르 블랑의 이런 판단에 크게 놀라지 않을 수 없다. 그가 베르만의 '문자' 개념을 오해하고 있다는 인상을 가질 수밖에 없기 때문이다. 물론 베르만의 문자는 추상적인 개념이고, 베르만 자신도 예견한 것처럼 많은 논란을 초래할 수 있었다. 이 책의 저자가 축자역을 다루면서 베르만을 비판하는 것은 문자와 글자의 개념을 구분하지 않았다는 것에 연유한다. 그런데 역자가 그를 이 자리에서 옹호해야 한다면, 그의 베르만에 대한 언급이 지나치게 사유화된 개념어가 번역의 목적과 본질을 파악하지 못하게 만드는 데 기여한다는 점을 강조하는 가운데 제시되었음을 상기할 필요가 있다고 말할 수밖에 없다. 번역이론이 가정에 기초할 수밖에 없는 것이라면, 번역은 실천의 차원에서 파악되어야 한다는 견해를 지닌 그가 번역이 지향해야 하는 것이 무엇이어야 하는지를 실제적 관점에서 탐구하는 와중에 베르만을 비판할 수밖에 없었다고 변호해야 할 것이다. 순수언어를 자유롭게 만드는 것을 번역가의 과제로 보는 벤야민의 관점이나 데리다의 보편이성이 베르만과 함께 다루어진다면, 그것 역시 추상적이고 원칙을 세우기가 불가능한 개념어에 근거해서 이론적 모델을 제시하는 번역학의 경향들이 언제나 경계되어야 한다는 관점이 이 책의 저자를 이끌었기 때문이라고 보아야 할 것이다. 예를 들어, 순수언어에 대한 벤야민의 관점을 인정한다 할지라도, 각각의 번역은 깨져버린 유리병의 조각들과 다르지 않은데, 그리고 이 조각들이 한데 모아진다면 온전한 모양이 복원될 수 있다고 생각하겠지만, 그런 일은 벌어지지도 않았고, 벌어지지도 않을 것이라고 그는 판단한다. 데리다의 경우에도 마찬가지이다. 보편이성을 위해서는 보편언어가 필요하지만, 보편언어라는 것은 존재하지 않는다. 만약 보편언어가 존재한다면 번역은 영원히 불가능한 행위가 되고 말 것이기 때문이다. 따라서 순수언어나 보편이성은 번역을 이론화하고 주제화한 결과일 뿐, 번역을 실천의 수위에서 가늠하지 못한다.

그러나 르 블랑 자신이 이 책의 후반부에서 베르만의 문자 개념을 인정하고 수용하는 자세를 취할 수밖에 없었던 것에서도 알 수 있듯이, 그의 비판적 목소리가 번역이론의 성과를 간과하거나 평가절하 한다고만 볼 수는 없다. 역자는 모호한 정체를 지닌 이론들로 실천에 기반을 둔 번역을 설명한다는 행위의 위험을 경고하는 것이 그의 주된 관심이었다고 옹호해야 할 것이다. 이 이론들을 그는 헤르메스 콤플렉스의 징후들로 간주한다. 무한한 자유를 누리게 된 전령사 헤르메스가 가져온 비극, 그리고 아폴론의 메시지를 자기 의도대로 해석하는 오류를 범하게 된 헤르메스 스스로가 처할 불행이다. 가정과 추측에 근거할 뿐인 이론을 정론으로 수용하는 것은, 텍스트에 기초한 분석이 아니라 '의도'라는 이론적 개념에서 궁극을 맛보려 하는 것은 번역을 그리고 번역에 대한 성찰을 자기 의도대로 메시지를 해석해나가는 자유롭게 된 헤르메스처럼, 초월적 행위로 만들어버린다. 번역개념은 이론적인 '선험'을 다루지 않을 수 없게 되고 만 것이다. 번역을 설명하는 데 오히려 실패하게 될 이런 징후들에 맞서 이 책의 저자가 제시하는 것은 비평행위일 수밖에 없는 번역의 속성이다.

3. 헤르메스가 전달한 메시지 안에는 근본적이고 시간적인 차원이 있다. 시간성이 메시지에서 본질적인 것이라면, 그것의 해석 역시 시간의 모든 우여곡절을 따르지 않을 수 없다. 이런 점

에서 모든 번역은 텍스트의 번역이기 이전에 어떤 특정 시대에 널리 퍼져있는 생각의 번역이라고 할 수 있다. 또한 번역은 현재 진행 중인 문학형태들의 발전에 관한 생생한 증언이며, 어느 특정 시기가 낳은 텍스트의 의미를 탐색하는 해석이라는 사슬의 한 고리이다. 따라서 원전의 의미체계를 넘어서 원전의 언어체계를 사용하는 저자의 '방식'을 번역은 도착어 독자에게 전달해야 한다. 언어 자체보다는 주어진 언어의 정신을 표현하는 예술가의 방식을 번역은 고려해야 하는 것이다. 모국어로 된 시를 읽으면서 우리가 낯설다고 느끼는 것이 모국어의 의미 때문이 아니라 저자의 모국어 의미사용방식에 기인하는 것과 마찬가지이다. 시 텍스트는 시라는 것이 글자나 정신에 머무는 것이 아니라 글자와 정신을 결합하는 언어사용 안에 머물고 있다는 것을 보여준다. 이런 점에서 번역을 글자와 정신 안에 가둬두려는 것은 아폴론의 시적 사용보다는 메시지를 우선시하는 사고방식의 증거일 뿐이다.

리라의 창조자인 헤르메스는 아폴론에게 이것을 건네주며 모든 소통행위는 예술이고, 그런 까닭에 이런 행위가 시학의 지배를 받는다고 말해주고 싶었을지도 모른다. 언어가 표현이나 생각의 소통이라는 역할 이외에 묘사와 논증의 기능을 가지는 것처럼, 그리고 이 후자들이 수사학에서 미학으로 옮겨가서 텍스트를 분석하게 만드는 것처럼, 번역이론은 번역의 시학 자체에 대해 성찰하는 것을 지향점으로 삼았어야 한다. 저자가 이 책의 본문에서 메쇼닉을 언급한 경우는 거의 없지만, 번역의 시학을 주장한 그에 대한 간접적인 지지가 암시되지 않는 것은 아니다. 바벨 이후에 언어의 "의미론적 담화"와 "심리적 담화" 사이의 구분이 발생했다면, 번역은 한 언어에서 다른 언어로의 이동이 아니라 한 편의 시에서 다른 한 편의 시로의 이동, 달리 말한다면 언어의 창조력을 극단까지 밀고 나가는 텍스트에 대한 시학적 접근의 결과라고 말하는 것이 적절하다. 하나의 텍스트를 번역하는 데 실제로는 무한한 가정이 있을 수밖에 없고, 그 가정들이 단 하나의 확실한 해석체계 안에 놓여 있을 수도 없다면, 그 어떤 번역이론도 텍스트에 대한 독서가 펼쳐놓은 온갖 가정들을 아우를 수 없다. 그것이 기대할 수 있는 것이라곤 이러저러한 텍스트 혹은 이러저러한 번역에서 언어가 사용되는 방식에 대한 나름대로의 질서를 잡은 묘사이다.

바로 이런 속성이 번역이 제기하는 문제의 한복판에 시학을 위치시키게 만든다. 따라서 르 블랑이 보기에 정신과 글자 사이에 무엇을 번역할지 질문을 던지는 것은 방법론적인 선택의 문제이지, 번역원칙의 문제가 되지는 못한다. 그리고 언어의 본질적 역량이 표현에 국한되지 않고 의미를 창조하는 데 있다면, 번역은 한 언어에서 다른 언어로 옮겨가는 표현활동이 아니라 도착 언어 안에 출발언어를 재창조하는 시도의 차원에서 고찰될 필요가 있다. 총체성을 지향하는 번역, 재창조의 영역 안에 위치한 번역에 대한 이런 입장은 독일 전기낭만주의철학이 이 책에서 참조되는 이유를 설명한다.

르 블랑에 따르면 이 철학적 경향은 번역을 글쓰기 예술의 반열에 올려놓았다. 총체성과 관련하여 작품을 파악하는 직관이 원전의 저자에게 있다면, 번역은 총체성을 형성하는 모든 개별적인 것들을 재건축하고, 꿰뚫어보고, 평가하여 그 특징을 드러내는 것, 즉 비평행위에 해당한다. 이 책의 저자가 번역과 수사학을 연관시키는 것도 바로 이런 이유 때문이다. 모든 메시지는 완벽한 참인 전제 위에 구축되는 것이 아니라, 추론의 토대를 필요로 한다. 개연적이고 진실임 직한 전제가 사회적이고 정신적인 인간 삶의 본질을 이룬다. 언어를 작동시키는 수사학의 이런 속성이 일반적인 모든 의사소통에 영향을 끼치는 것이 사실이고, 작가의 손을 거치게 되면 텍스트의 개방적 의미를 이루는 요소가 된다. 수사학은 텍스트를 거치며, 그리고 텍스트를 만드는 창조행위를 통과하며 시학의 위상을 얻게 된다. 텍스트의 개방성이 번역의 가능성을 열어놓는 것이다. 텍스트도, 번역도, 해석도, 그리고 인간 삶도 생략논법의 세계 안에 살고 있다는 것을 간과할 수 없고, 하나의 납득될 만한 문장이 그보다 앞서 있던 다른 문장이나 생각과 어떤 추정된 관계를 맺으며 파생되기 때문에, 이런 암시적 연루 안에서 문장들은 의미를 띤 총체로서 간주될 수 있다. 그것이 창조적인 언어사용을 가능하게 만든다.

그러므로 텍스트의 개방성에 대한 해석은 여러 가정에 문을 열어놓는다. 개방성이 메시지의 수사적 조화로움를 형성하는 요소가 되고, 바로 이 점이 번역을 가능하게 만든다. 저자가 만들어낸 메시지를 수용하여 그것을 평가하고 그 무게를 가늠할 책임을 진 독자이기도 한 번역가와 텍스트 사이의 대화, 즉 상호작용은 개방성을 지향하지 않을 수 없다. 이런 개방성이 텍스트가 번역되는 매 순간 작동한다. 시적인 관계라고 할 수 있는 이런 상호작용이 번역텍스트를 구성해내는 것이다.

4. 독자는 아마도 텍스트의 언어사용방식과 시학을 연계하는 르블랑의 관점에서 그가 파악하는 충실성의 정의를 발견할 수도 있을 것이다. 많은 잠재적 의미들이 공존하는 원전의 다의성을 보존하는 것, 그것이 그가 생각하는 원전에 충실한 번역일 수

있다. 그러므로 번역가는 원전 앞에서 메시지를 수동적으로 수용하는 자가 아니라는 그의 관점이 형성된다. 원전의 다의성을 조직하는 것이 원전의 저자가 언어를 다루는 방식임을 인정한다면, 그 방식을 고려하는 번역가는 저자가 행한 수많은 방식과 유사하게 번역을 구성할 필요가 있기 때문이다. 그는 도착어의 여러 자원을 개척하는 자이다. 이때 비로소 원전의 미학적 의도가 구현될 수 있고, 번역가의 비평적이고 미학적인 인식도 함께 드러날 수 있다. 번역이론은 텍스트에 대한 시적인 독서의 이론인 셈이다. 번역은 소통의 기술이기 이전에 독서술이고, 저자의 문체가 있는 것과 마찬가지로 독자이기도 한 번역가의 문체도 역시 있는 것이다.

소통에 관한 《헤르메스 콤플렉스》 저자의 이 같은 주장에서 조금 명민한 독자라면 그의 인간주의적 측면, 혹은 인간행위를 지지하는 성찰의 한 면을 엿볼 수도 있다. 소통을 언급할 때의 그는 인간 사이의 관계맺음이 매우 중요하고 필요하다는 생각을 숨겨놓기 때문이다. 사실 현실에서의 소통이 언제나 이성의 작동에 이루어지는 것은 아니다. 암시와 추측, 가정과 개연적 판단에 기반을 둘 수밖에 없는 상호 간의 대화와 거래를 통해 그것은 진행된다. 인간의 행위를 이론으로 가공하고, 인위적인 틀에 가둬놓기를 거부하는 이 책의 저자가 번역가와 원전 사이의 상호작용이 텍스트가 번역되는 매 순간마다 작동한다고 지적하는 것은 그래서 당연하다. 매 순간이 중요하고, 매 순간이 창조적인 속성을 띠기에 원전과 번역가는 시적인 관계를 맺고 있다. 인간 행위의 본질적 속성을 있는 그대로 보려는 그의 관점이 번역가에 대한 옹호와 번역의 창조성에 대한 언급에 이르게 만들었다고 볼 수 있다. 인간을 온전히 대하려는 의도가 자리하고 있고, 그것이 이 책의 논지를 이끌었다고 말할 수도 있다. 따라서 대화에 내재된 특징들, 즉 '스프레차투라'를 드러내는 번역의 필요성을 소개하고, 정신과 글자의 개념을 넘어서는 언어사용의 시학적 양상을 적절히 보여준 프레시오지테를 살펴보고, 원전의 리듬과 어조 그리고 언어의 수위를 재창조하는 데 일관된 주의를 기울인 자코테를 굳이 언급하는 것은 텍스트의 시학이 텍스트의 의미를 형성하는 중요한 요소이고, 그래서 번역가가 이것을 간과할 수 없다는 것을 지적하기 위해서였다. 텍스트의 수사성을 언급하는 자리에서 문체의 중요성에 대한 강조가 《헤르메스 콤플렉스》 안에서 발견되는 것도 바로 여기에 기인한다.

5. 문체는 원전의 저자가 텍스트를 돋보이게 만들기 위해 사용하는 장식이 아니라 텍스트를 의미를 지닌 총체로 만드는 데 기여하는 요소이다. 그래서 문체는 텍스트의 존재양상을 드러내는 언어사용의 한 '방식'이다. 이런 점에서 '의도'를 신뢰하는 접근은 위험하다. 이런 접근은 원전의 저자가 언제나 무언가를 말하려 한다는 추정에 근거하는데, 이 추정이 확실하다고 증명할 만한 것은 없기 때문이다. 번역이 시학이라고 말할 수 있는 것은, 이때의 시학이 어원적 뜻을 띤 그 무엇, 즉 '의미를 창조하는' 행위를 가리키기 때문이다. 텍스트의 의미가 언어적 요소뿐만 아니라, 언어의 사용방식이 증명하듯 미학성을 지니고 있다는 것을 인정할 때 번역은 창조적일 수 있다. 번역이 해석의 학문이라고 할 수 있는 것도 바로 이런 이유 때문이다. 모든 해석은 해석되어야 할 것에 대한 어떤 감상을 전제하기에, 해석

은 미학적 활동이다. 메시지와 해석가의 관계를 고려하지 않고 메시지 자체만을 해석하려 하다면, 방법론만이 제시될 수 있을 뿐, 텍스트의 미학적 의도를 구현해내지 못하게 된다. 그래서 번역은 원전을 드러낼 뿐만 아니라 독자인 번역가의 비평적이고 미학적인 인식을 드러내는 활동이라고 할 수 있다. 이를 번역이론으로 확장한다면, 그것은 텍스트에 대한 시적인 독서의 이론으로서의 속성을 지녀야 한다. 이 점에서 저자의 문체는 독자인 번역가의 문체도 필요로 한다고 말할 수 있다.

르 블랑의 이런 성찰은 번역행위의 창조성을 강조하기 위해 필요했다. 이를 위해 그는 음악을 예로 든다. 음악에서 악보의 템포지시들과 표시들은 텍스트에서의 수사학과 문체와 동일한 역할을 수행하는데, 음악을 만드는 것은 이런 요소들이 아니라 그것을 해석하는 자의 역량에 달려있다. 마찬가지로 모든 문학 텍스트가 언어라는 자원을 사용하는 규칙이고 동시에 이런 생산적인 규칙의 결과물, 즉 언어를 창조적으로 사용해서 만든 결과물이라면, 번역은 텍스트의 객관적 의미를 전달한다는 목적을 넘어서 텍스트의 주관적 경험이 도착 언어 안에서 이해될 수 있도록 만든다는 목적 역시 지니고 있다. 번역은 창조의 문제인 것이다. 다른 글에서 르 블랑은 이런 생각을 제시하기 위해 스위프트를 번역한 자신의 경험을 들려준 바 있다. 그의 번역서는 기차 여행자들을 대상으로 삼았다. 그래서 역자였던 저자는 기차의 소음, 흔들림, 일상의 무거운 짐을 벗어내려는 여행자의 심적 상태를 고려하여 번역했다고 한다. 이것은 번역에 단 하나의 해법이 존재하지 않는다는 것을 말한다. 일견 도착어 독자를 중시하는 듯한 이런 관점에 문제가 없다고 볼 수만은 없지만, 이것을 도착어와 출발어의 이분법에 근거하여 비판할 수도 없을 것이다. 저자 자신이 이런 이분법을 배격하기 때문이며, 창조활동으로서의 번역에 대한 관점을 우리가 부정할 수도 없기에 그러하다. 《헤르메스 콤플렉스》의 번역에 대한 성찰이 독일어의 "bildung"의 개념과 여러 번에 걸쳐 연관되며 제시되는 것은 침묵하는 자가 아닌 원전과 역동적 관계를 맺는 번역가의 창조적 위상을 드러내기 위해서였던 것처럼 보이기도 한다.

르 블랑에 따르면 번역가에게 침묵을 강요하는 것은 원전의 저자로부터 번역가를 격리하고, 창조로부터 의사전달을 떼어놓는 일과 다를 수 없다. 나아가 침묵은 번역가를 저자와 원전 모두에 굴복시키는 상황을 만들어낸다. 또한 번역을 연구한다는 것은 번역에 의해 복원된 의미 안에서, 그리고 그 의미를 통해서 원전을 연구한다는 것을 말한다. 번역의 의미가 원전의 의미에 일조할 수 있다면, 헤르메스가 콤플렉스를 벗어나 그 역시 빛을 볼 수 있도록 만드는 것이 번역에 대한 연구가 지향해야 할 지점이다. 콤플렉스를 짊어진 헤르메스를 따르다 보면 이론과 성찰은 미로의 수렁에 빠지고 말 것이기 때문이다.

6. 바로 여기에서 우리는 메시지를 조화롭게 조절하고 통제하는 예술의 신 아폴론으로부터 벗어나려는 헤르메스를 경계해야 한다는 외침을 들을 수 있다. 번역은 창조적 행위이지만, 방종으로 나아가지 않으며, 그럴 수도 없다. 만약 헤르메스가 아폴론에게 자리를 양보하지 않는다면, 그의 메시지는 모호하게 되고 이해될 수 없으며, 시적 울림마저 상실하게 되고 만다. 따라서 예술가의 시적 방식을 옮기는 번역가에게는 예술가로서의

지위를 누리고 그런 인정을 받을 목적으로 메시지를 가다듬고 수정하는 헤르메스를 제지하고 가로막을 책임이 있다. 그렇다고 번역을 헤르메스의 보호 아래에만 갖다 놓을 수도 없다. 메시지와 메시지의 전달만이 중시되는 텍스트를 마주하게 되고, 메시지를 실어 나르는 데만 도움이 되는 자신의 속성들을 선택할 뿐인 헤르메스를 마주치게 되기 때문이다. 그러므로 번역은 말이 조직한 내적 진실의 세계가 마련할 소통을 예술의 차원까지 고양시키는 힘을 지닌 아폴론을 인정하지 않는 전령사 헤르메스의 권력으로부터 떨어져있어야 한다.

이 점에서 르 블랑은 번역이란 독서론과 연관되어있음을 재차 강조한다. 번역가는 원전의 독자이면서 동시에 번역텍스트의 저자이고, 번역텍스트는 저자와 그 사이에 나누는 대화의 결과, 독서의 산물이다. 번역은 글쓰기에서 독서로, 독백에서 대화로 건너가며 질적인 변화를 겪을 수밖에 없으며, 만약 번역이 권위를 요구한다면, 번역가가 원전의 존재방식, 즉 말하고 생각하는 양상을 간과하며 개입한다면, 그것은 독서로서의 번역이라는 진실을 위반하는 것과 다르지 않게 된다. 그래서 르네상스의 번역에 대한 성찰이 이 책의 마지막 부분에서 소개될 수밖에 없었다. 텍스트에 대한 박식한 독서기술과 맺어진 이 시기의 번역은 레오나르도 브루니에게서 발견할 수 있는 것처럼 단어 대 단어 번역에서 벗어나, 원전의 진실이 도착어에서 빛을 발하게 만들 수 있는 방법론적인 원칙들을 수립해나갔기 때문이다. 텍스트와 독서 그리고 번역을 한 영역에 그러모으려 시도했던 르네상스는 저자와 주의 깊은 번역가가 서로 나누는 대화의 결과로 번역을 이해하려고 시도했던 시대이며, 창조를 하는 아폴론과 창조의 결과물을 전달하는 헤르메스에게 그들의 일이 서로를 필요로 한다고 말하며 이 시대는 그들을 서로 화해시키려 했다.

《헤르메스 콤플렉스》의 독자인 우리는 이런 주장에 이상주의적 관점이 내재되어 있으며, 이 역시 번역에 대한 기존의 성찰들이 간과하지 않았던 것, 혹은 번역이 지향해야 할 것으로 제시되었던 바로 그것을 되풀이하고 있다고 비판할 수 있을 것이다. 그럼에도 불구하고 이 책의 저자가 경계하는 것이 콤플렉스를 벗어나 과도한 자유를 누리려는 헤르메스의 욕망이라는 점을 재강조하지 않을 수 없다. 또한 영원히 거듭나는 번역텍스트, 혹은 원전을 배반하지 않으면서도 새로운 환경 안에서 새롭게 태어나는 번역의 가능성에 대한 전망을 저자가 지지한다고 옹호할 수도 있을 것이다.

물론 그의 주장을 잘못 읽으면 그가 번역의 창조성만을 전적으로 주장한다고 판단할 수도 있다. 그러나 그가 번안과 변형을 지지하는 진보주의자들과 창조주의자들의 입장을 되풀이한다고 말할 수는 없다. 번역이 언제나 계속되어야 한다는 신념을 지닌 그가 번역텍스트의 창조성이 저자의 언어사용방식에서 나와야 한다는 것을 강조하기에 그러하다. 텍스트가 의미를 지닌 언어사용방식을 본질적으로 드러내는 것이라면, 번역가가 번역해야 할 것이 바로 이것이라는 주장에서, 그리고 그것이 자유로운 헤르메스가 누릴 자의적인 번역, 그리고 번역가의 전적인 주관적 판단에 따라 도착어 독자의 '이해만을 도우려하는' 의도에서 나오는 번역과 다른 것이라는 그의 되풀이에서 번역의 진정한 가치를 확인하려는 의지를 읽을 수 있다.

《헤르메스 콤플렉스》의 서술이 명확하지 않다는 비판은 분명 가능하다. 이 책이 어느 측면을 강조하는지 모호하다고 판단할 수도 있으며, 베르만을 비판하면서도 문자역을 주장한 그의 지향점과 의도를 수용하는 저자의 태도에서 비일관성도 읽어낼 수도 있다. 그러나 이런 입장은 번역과 번역이론을 어느 틀에 가둬두지 않으려는 자유주의적 인식의 결과에서 나오는 것으로 볼 수도 있다. 어떤 번역이론의 지지자도 아닌 이 책의 저자는 번역이 창조의 찬란함으로 이어질 속성을 내재하고 있으며, 또 그렇게 되어야 한다는 신념을 지니고 있다. 만약 번역이 새로운 것의 탄생을 이끌지 못한다면, 번역을 통한 새로운 인식과 문화의 지평이 불가능할 것이기 때문이다. 창조에 대한 의지, 바로 이것이 콤플렉스로부터 헤르메스를 벗어나게 하려는 르 블랑의 관점이라고 말할 수 있다.

《헤르메스 콤플렉스》의 저자에게는 용기가 필요했을 것이다. 실천의 차원에서 번역의 중요성과 필요성, 그 가치와 효용성을 재확인하기 위해 그는 기존의 학술적 이론과 관점들을 자기 생각과 충돌하게 만들 때의 위험성을 알고 있었을 것이다. 그러나 이 책이 제시한 그의 입장이 초래할 수 있는 가능한 논란 역시 번역에 대한 성찰을 더욱 풍부하게 만드는 데 기여할 수도 있을 것이다. 그가 번역의 윤리를 비판하면서도 인간과 세상에 시선을 기울이며 그것들을 더 풍부하게 만드는 데 기여할 번역의 자유로운 힘을 언급하는 데에서 그의 윤리성을 발견할 수도 있을 것이다. 언제나 개연적인 인간의 행위와 사고가 실은 인간을 객관적 과학성으로부터 벗어나게 만들면서 더 풍요롭고 자유로운 존재로 거듭나게 만드는 동력이라는 생각을 지닌 저자를 읽으면서, 《헤르메스 콤플렉스》라는 제목에 '번역에 대한 인간학적 성찰'이라는 또 다른 부제를 부여할 수도 있을 것이라고 생각해본다.

7. 이 책의 문체가 문학적이고 사색적이며 때로는 현학적이어서 번역에 많은 어려움이 있었다고 이제는 고백할 시간이 되었다. 무엇보다도 저자의 사유를 따라가기가 힘들었다. 주절과 종속절 사이에, 문장과 문장 사이에 논리적 연관성이 생략되는 경우가 빈번했다. 통사구문이 지나치게 단순화되어서 구문에 담긴 의미의 포착을 어렵게 만드는 시적 문체가 책을 지배하였다. 심지어 관계사 앞과 뒤에 명사절이 각각 놓이고 명사절들을 연결하는 동사가 생략된 경우도 있었으며, 주절이 명사구문으로 구성되고 이 구문의 동사가 전체 문장의 동사로 재등장하는 경우도 발견되었다. 뜬금없이 튀어나오는 개념어들 그리고 관계사와 동사들이 널려있는 장문 등이 번역의 흐름을 가로막았다.

이보다 더 어려웠던 것은 드러난 표현 뒤에 저자의 복잡한 생각이 언제나 숨어있었다는 점이다. 저자의 사유흐름을 추적하면서 번역을 시도할 수밖에 없었다. 게다가 번역이론과 철학적 흐름을 언급할 때 저자의 목소리가 명시적인 지표에 의지하지 않고 뒤섞이는 경우 역시 많았다. 예를 들어 훔볼트의 번역관을 설명하는 구문에서 저자의 번역에 대한 관점이 연결사나 접속사 없이 개입한 까닭에 훔볼트의 관점과 저자의 관점을 구분해내기가 힘들었다. 이것이 저자의 글쓰기나 논지전개가 논리적 일관성을 지니지 못한다는 비판을 얻은 한 이유가 되기도 한다.

저자의 사유를 추적하기 위해 이 책에서 소개되고 다루어진 많은 것들을 다시 확인하는 과정을 거치며 역자는 상당한 시간을 보내야 했으며, 시적 문체가 숨겨놓은 논리성을 파악하기 위해 영문번역을 참조하지 않을 수도 없었다. 오타와대학 통번역학과 명예교수인 바버라 폴카트Barbara Folkart는 저자인 르 블랑과 많은 부분을 논의하며 영문번역을 준비하였다. 난해하기 그지없는 저자의 문장들은 대부분 이해되기 쉬운 구문으로 바뀌었고, 역자가 저자의 견해와 차이를 지닌 경우 그는 자신의 이해와 지식에 근거하여 번역문을 마련하였다. 많은 문장들이 각색되었다고 해도 과언이 아니다. 그러나 가능한 선에서 저자의 입장을 명료하게 영어권 독자에게 전달하려는 입장을 벗어난 것은 아니다. 이런 번역방식은《헤르메스 콤플렉스》의 저자가 바랐던 것이기도 하다. 그가 한국어 역자에게 독자의 이해를 고려하는 번역을 부탁한 것을 굳이 밝힐 필요는 없으리라. 저자의 목소리가 새로운 언어를 거치며 새로운 목소리의 울림을 지니도록 만드는 것이 번역의 역할 가운데 하나라는 관점이 그런 요구를 낳았다고 할 수 있다. 여러 번역이 가능하다는 것, 번역이 창조의 일환으로 고려되어야 한다면 저자의 글에 대한 정확한 인식이 만들어내는 변형은 언제나 가능하다는 것이 저자의 일관된 입장임을 이 책의 독서가 제공하기 때문이다.

물론 영문번역이 지나치게 원문을 단순화한다는 인상을 주지 않는 것은 아니다. 예를 들어 a1－a2－A의 논리적 흐름을 추적할 때에만 이해가 가능한 구문을 저자가 a1－A의 구문으로 구성하는 경우, 저자의 표현에 내포된 a2를 파악하지 못한다면 원전의 이해뿐만 아니라 번역은 불가능해진다. 그런데 영문 번역가는 저자가 숨겨놓은 a2를 자신의 판단에 근거해 삽입한다. 원전보다 영문번역의 독서가 훨씬 더 용이해지는 것은 말할 것도 없다. 이런 가운데 원전의 구문이 지닌 농축되고 압축된 의미의 깊이 혹은 생략의 미학은 희미해져갔다. 영문 번역 역시 헤르메스 콤플렉스와 다툴 수밖에 없었던 것이다.

저자는 한국어판 서문에서 독자를 행복하게 만들기 위해 온갖 수고를 짊어지는 역자를 비난하지 말 것을 권고했다. 비난받을 자는 메마른 가슴을 지닌 저자라는 것이다. 그러나 역자 역시 이런 비난에서 자유로울 수는 없다. 번역이라는 지난하지만 풍요로운 행위와 그것을 다룬 이론들과 성찰들을 내용으로 삼은 한 책을 번역하는 데 있을 어려움을 변명으로 내세울 수는 없겠지만, 오독에 기인하는 번역의 오류가 있다면 그것은 전적으로 역자의 지식과 이해가 부족했기 때문이며, 번역된 표현에 납득하기 힘든 어색함이 있다면 역자의 우리말 역량이 충만하지 않기 때문이다. 《헤르메스 콤플렉스》가 번역과 번역이론을 둘러싼 문제들을 해결한다고 볼 수 없다. 번역이 무엇인지, 번역과 이론 사이의 긴장된 관계가 어떻게 유지되는지에 대한 성찰의 기회를 한국어 독자에게 제공하고, 성찰을 심화할 수 있는 자리를 이 번역이 마련해줄 수만 있다면, 나름의 성과를 얻은 셈이 된다.

끝으로 이 책의 출판제안을 기꺼이 받아준 고려대학교출판문화원에 깊은 감사를 표한다. 번역에 착수한 후 오랜 시간이 지났다. 한국어 번역의 출간을 서두르지 않음의 미덕으로 기다려준 저자 르 블랑에게도 그의 성찰이 이 번역을 통해 더 넓은 장에서 공유되기를 바라며 감사의 뜻을 전한다.

2016년 11월 15일

헤르메스 콤플렉스

번역에 대한 철학적 관점들

초판발행 2016년 12월 20일
초판 2쇄 2017년 12월 15일

지은이 샤를 르 블랑
옮긴이 손주경
펴낸곳 **고려대학교출판문화원**
www.kupress.com
kupress@korea.ac.kr
02841 서울특별시 성북구 안암로 145
02-3290-4230, 4232
Fax 923-6311

찍은곳 (주)동화인쇄

ISBN 978-89-7641-920-0 93800

값 20,000원

* 잘못 만들어진 책은 바꿔드립니다.